中国的城市化是21世纪对全人类最具影
China's urbanization is one of the most influential events for the hu

安徽城市发展
评价与探索

孙自铎　主编

ANHUI CHENGSHI FAZHAN
PINGJIA YU TANSUO

全 国 百 佳 图 书 出 版 单 位
时代出版传媒股份有限公司
安徽人民出版社

图书在版编目(CIP)数据

安徽城市发展评价与探索/孙自铎主编.—合肥:安徽人民出版社,2019.9

ISBN 978－7－212－10387－3

I.①安… Ⅱ.①孙… Ⅲ.①城市建设—研究—安徽 Ⅳ.①F299.275.4

中国版本图书馆 CIP 数据核字(2019)第 001021 号

安徽城市发展评价与探索

孙自铎　主编

出 版 人:徐　敏　　　　　　　　　　选题策划:白　明　李　芳

责任编辑:李　芳　　　　　　　　　　责任印制:董　亮

封面设计:钱志刚

出版发行:时代出版传媒股份有限公司 http://www.press-mart.com

　　　　　安徽人民出版社 http://www.ahpeople.com

地　　　址:合肥市政务文化新区翡翠路 1118 号出版传媒广场八楼　邮编:230071

电　　　话:0551－63533258　0551－63533292(传真)

印　　　制:安徽新华印刷股份有限公司

　　　　　　　(如发现印装质量问题,影响阅读,请与印刷厂商联系调换)

开本:710mm×1010mm　　1/16　　印张:17　　字数:260 千

版次:2019 年 9 月第 1 版　　　2019 年 9 月第 1 次印刷

ISBN 978－7－212－10387－3　　　　　定价:58.00 元

序 言

高铁时代下的区域城市协调发展

郭万清

中国正在进入高铁时代

当今中国最引人注目的经济现象之一,无疑是高速度、大运力、全天候、省能源、更环保的高速铁路,成为引领经济社会发展的先行官。2008年国务院调整《中长期铁路网规划》,确定到2020年,全国铁路营业里程达到12万公里以上,建设客运专线1.6万公里以上。到2012年,新建高速铁路将达到1.3万公里。到2020年,新建高速铁路将达1.6万公里以上,快速客运网将达到5万公里以上,连接所有省会城市和50万人口以上城市,覆盖全国90%以上人口。中国正飞速进入高铁时代。在高铁时代速度与力量的强烈冲击下,经济社会文化生活的方方面面都将面临现实的新选择。泛长三角地区是国家高速铁路网的重要组成部分。目前,长三角地区已建成及在建项目包括沪宁、沪杭城际、宁杭甬城际、嘉苏常城际等。安徽省在建高铁有京沪高铁（安徽段）、南京至安庆城际铁路、合肥至蚌埠客运专线等，即将开工京台高速、郑徐高铁（安徽段）等。合肥筹划的交通枢纽地位正在确立。

高铁时代的宏观背景

背景之一：外需主导向内需主导转变。国际金融危机的爆发暴露出中国实施了 30 年的以面向国际市场需求为主导的增长模式的结构性矛盾，从而对完善幅员辽阔的国内基础设施提出了新的要求。与此同时，"铁公基"也成为扩大内需与"救市"的重要途径。高铁网的建设可以说是生逢其时。

背景之二：极化向均衡转变。科学发展观的提出，把城乡之间、区域之间、经济和社会之间、人与自然之间的统筹发展放到突出的战略位置。一方面，随着资源环境约束的增强，在市场力量的作用下，沿海产业出现向中西部地区的大规模转移；另一方面，国家区域政策由"让一部分地区先富起来"的不平衡战略向统筹区域协调发展的均衡战略转变，制定出台了加快中西部发展规划和一系列区域规划，中国宏观经济格局正在发生深刻变化。

背景之三：工业化、城镇化加速。沿海向工业化后期及后工业化阶段转变的趋势明显，而广大的中西部地区则加速由工业化初、中期向中后期转变。城镇化加速的趋势更为显著，城市建设突飞猛进，建成区与人口规模快速扩张。所有这些都对高铁运输方式提出了现实的巨大需求。

高铁影响之一:重构产业分工

长期以来,客货混杂的铁路运输方式在很大程度上压制了货运业务的发展,铁路货运能力常年供不应求,时效性很难得到保障。铁路集装箱在中国的市场份额仅占集装箱行业的5%左右,与发达国家有相当大的差距。高速铁路网建成之后,运力资源得到有效整合,既有铁路运力得以释放,铁路繁忙干线将实现客货分线运输,从而缓解货运瓶颈。

高铁运输方式的出现,直接导致商品、要素流动成本的变化,并进一步导致区域经济比较优势的变化。高铁网和高速公路网相互交融构成的高效综合运输体系,对产业和要素资源的空间布局有重大影响:其一,将大大降低人流、物流成本,促进产业转移,优化资源配置和产业布局,从而将重构城市和区域间的产业分工;其二,将大大促进服务业特别是生产型服务业的大发展,以适应高速度、大运量的交通运输方式对产业结构和空间布局的要求;其三是以上述因素为基础,城市区域间产业的垂直分工将进一步强化,而水平分工将相对弱化。金融保险、国际贸易、研发设计、咨询评估、传媒创意等高端服务业将进一步向特大城市集中,中心城市的服务半径将进一步扩大,总部经济效应得到进一步提升,从而将促进以垂直分工为主要特征的沿海与内地产业结构的同步提升。

高铁影响之二:重构城镇体系

高铁时代下,交通运输方式的革命性进步,无疑使城市发展模式从单个城市的孤立发展模式,走向多个城市相互联动、相互制约的新的发展时代。城市和区域经济一体化进程将加速,社会、文化发展和体制、机制的接轨将加速,城镇体系将面临重大调整。

高铁网连接城市群及其广大腹地,缩短城市间的时空距离,加快人流、物流、资金流、信息流等生产要素的快速流通,降低人流、物流成本。

这种人力、技术和资金的大流动,对突破行政区划壁垒、打破地方保护将产生重大影响。高铁时代带来一个新的经济学概念:"N 小时经济圈",如京津冀"1 小时经济圈",沪宁杭"1 小时经济圈",成渝"1 小时经济圈",长株潭"1 小时经济圈"等等,其含义已经不只局限于交通范畴,而更多体现了城市和区域经济的一体化发展。在市场机制的作用下,以企业为主导的要素流动将使城市间的经济技术联系更加紧密,社会分工将进一步深化。在中国区域经济格局由"极化"发展向"扩散"式发展转化的过程中,高铁网的建设无疑成为促进城市、区域经济一体化的重要物质基础。

高铁网在拉近城市区域间时空距离的同时,东部沿海城市的快节奏生活方式将更快地进入中西部地区。发达地区与落后地区之间的观念碰撞和体制、机制软环境及社会文化生态的融合将进一步加快。由于人口的自由迁徙流转速度加快,许多地方的旧有生活节奏将"被迫"与东部大都市的快节奏接轨。

高铁网将大大促进城镇体系的重构及规模和范围的扩大。"都市圈""同城效应"进一步显现,与相邻大城市的同城化发展成为许多城市制定发展战略的重要选择。由于高铁通车缓解了长期以来运能与运量的紧张矛盾,更加快人流、物流、资金流、信息流等生产要素的快速流通。因此,高铁沿线城市受到投资商的青睐。一些"资源枯竭型"城市的开发价值受到重新评估。

皖江城市带的合淮、合巢、合六、芜马同城化将加速,随着宁宜城际铁路和京台高铁、黄杭高铁的规划建设,安徽皖江城市带将与上海、江苏、浙江等城市加速融合,形成亚太地区新城市经济联合体,从而形成新的经济增长点。合肥 1 小时交通圈中,到南京已经实现;2 小时交通圈中,到武汉已实现,到上海也将逐步实现;3 小时交通圈中,到北京 2012年实现;到福州 2014 年只需 4 小时。

城市间发展的不协调及其原因

高铁时代城市间相互联系、影响和制约日益密切,而现实中城市发展的不协调现象比比皆是:

——城市规模盲目扩张,"城市病"日渐严重。近年来相当一部分城市规模急剧膨胀,交通拥堵、环境恶化、水资源匮乏、住房紧张等城市病日渐明显,严重影响居民的生活质量,甚至有观点认为,我国已经进入城市病的集中爆发期。在新一轮城市规划调整中,一些城市不顾资源环境承载力,盲目追求扩大城市规模;部分城市脱离实际,提出建设国际大都市的宏大目标。

——城市定位趋同,导致城市间的恶性、过度竞争。长三角区域不少城市的发展战略定位高度趋同,电子信息、新材料、新能源、生物医药、环保产业等成为众多城市着力培育的支柱、主导产业,能源、原材料、制造业、高新技术产业等利用国际一流技术、装备的"高水平"重复建设比比皆是。不少城市强调大力提升本地配套率、延伸本地产业链。为吸引投资商,各城市竞出优惠政策高招,"招商大战"狼烟四起,成为新形势下的地方保护主义。

——基础设施建设缺乏统筹协调,资源环境承载力面临严峻挑战。一方面各地建设高铁、城际铁路、机场、高速公路的积极性空前高涨,占用了大量的土地资源。目前长三角每 1 万平方公里就有 1 个机场,超过美国每 1 万平方公里 0.6 个机场的密度。不同运输方式竞相发展,竞争激烈,综合运输体系名存实亡。在高铁冲击下,民航、公路客运呈现不同程度的萎缩。另一方面,由于生态补偿机制的缺失,对迫切需要各地共同治理的大气、水污染的相关工程进度迟缓。

——城镇体系失衡,城市特色迷失。在现行规划体制下,城镇体系规划缺乏权威的实施主体。各地纷纷"以自我为中心",在"做大做强"思维指引下,小城市按大城市规划建设,大城市按区域性中心城市、特大城市规划建设。当年风靡全国的"小城镇、大战略"思想早已为众多城市政府所抛弃。区域内中心城市、次级中心城市、其他城市及小城镇关系失衡。与此同时,大拆大建成为各地规划建设的普遍模式。不少城市采用类似的技术、追求大规模的建筑群、大体量的建筑物,导致城市面貌千篇一律。大量老旧历史街区、建筑毁于一旦,城市历史文化遗产、自然环境和独特风貌受到严重破坏。

造成上述现象的主要原因

一是现行体制下的政府主导作用过于强大。中国是一个政府主导推进现代化的后发型国家,一方面,政府手中掌握了大量的直接控制经济运行的资源和权力,另一方面,市场经济发育还极不成熟、公民社会的力量还有待于发展和壮大,所以,除非政府之间达成共识,依靠一致性的政策资源和法律制度去推进,否则在政府之外不可能有足够的力量和制度渠道来实现各城市自主发展向区域经济一体化的制度变迁。城市协调发展的主要障碍,即地方保护主义的根源在于现行的体制和结构。在市场机制尚不完善、法治仍不健全的情况下,仅仅依靠民间经济交往这一自下而上的市场力量,显然难以冲破这一体制性的障碍。

二是市场失效。当前众多城市中出现的"城市病"和城市间的过度竞争,反映出市场机制在调节资源配置方面的失效。除了由于政府力量过于强大,市场机制无法充分发挥作用外,市场调节的滞后性也是重要原因。在市场完全发挥作用的条件下,要素及产业受比较利益的驱动会自发地向高收益的地区和产业集中,而在比较成本发生变化挤压利润边界后,产业和要素才会向其他地区和产业转移。也正因为如此,市场机制对资源配置的调节往往伴随周期性的经济剧烈波动,其代价是经济资源的大量浪费。

三是宏观协调机制的缺失。近年来不少媒体和一些主流学者对地方政府指责颇多,如地方政府与中央政府的"博弈"、"诸侯经济"、土地财政等等。其实在现行制度设计下,地方与中央的博弈无可厚非。"跑部钱进""驻京办现象"是由于中央过分集中了财权、事权;"诸侯经济"是由于地方政府承担了过多的责任;土地财政的源头是地方财权过小,而且是在中央政府制定的经营性土地"招拍挂"制度下实现的;不少地方出现的"高水平"重复建设项目绝大多数都是经过国家审批的。毋庸置疑,改革开放以来,中国的宏观调控积累了很多成功经验,也取得了巨大成效,但是区域差距的不断拉大、城市间发展的诸多不协调现象,反映出在国家层面协调城市和区域发展的体制机制存在不小的差距。当"城市病"和城市间的恶性竞争在不少地方已经相当严重的情况下,长三角、珠三角等区域规划才迟迟面世,而且迄今为止缺乏权威的实施主体。国家近年来批准的十几个区域规划,除长三角规划外,主要是对某个省区内的局部地区的规划,这也反映出中央和地方事权划分的紊乱。

完善国家区域发展协调机制

研究现阶段城市间协调发展问题,需要从政治经济学的维度切入,通过对宏观体制架构、政府层级结构、政府决策程序及其微观基础的考察和审视,推进问题的解决。

就宏观体制架构而言,最重要的是解决城市政府自身无法解决的外部问题。在这方面,国家制定主体功能区规划是一个良好的探索。规划根据不同区域的资源环境承载能力、现有开发密度和发展潜力等要素,划分出具有某种特定主体功能的地域空间单元。这对于各城市和区域明确发展定位,对于国家提高区域调控水平、完善区域协调机制都有积极的意义。

对城市发展而言,最重要的外部因素是铁路、公路、民航、水利、电网、油气、通信网络等重大基础设施和大气、水环境等生态影响。以中央政府为主导,制定并实施好基础设施和生态保护规划,对城市协调发展具有极其重要的意义。要加强基础设施建设的一体化,加强各专项规划之间的统筹协调。城市与区域间的环境生态合作,是当前值得关注的一个重大问题。应积极探索建立城市、区域间生态补偿机制。如流域下游城市应当对上游地区保护生态实行合理的补偿;发电地区与用电地区在碳排放方面应当建立合理的分担机制。

当前区域经济一体化进程正在进入布网及耦合阶段。做好城镇体系规划,引导经济圈内城市群及大中小城市和小城镇的科学定位,对城市间的协调发展具有重要意义。要做好产业规划,加强城市间产业发展的统筹,构建新型产业分工。

区域协调体制既是推进城市和区域协调发展的重要条件,也是多年来各方争议颇多的一个大问题。20世纪八九十年代,国务院曾设立上海经济区规划办等协调机构,后无疾而终。在当前区域经济合作的新形势下,比较可行的途径:一是国家应推进区域规划的立法,为规划实施提供可靠的法律保障;二是中央政府加强对区域规划及各专项规划实施的监督,并建立健全规划实施的报告、监测、评估、奖惩、调整机制。当前制约长三角区域经济一体化的突出问题是对各城市实施统一的区域规划、推进合作交流的绩效缺乏统一的监测、考核机制,区域协作与本行政区绩效考核脱节,在一定程度上导致各地执行不到位,影响实施效果。因此,应尽快建立健全区域协调绩效评估体系、激励与督促机制,促进各级地方组织真正将区域协调机制落到实处。

完善城市政府间合作机制

通过构建一个强有力的城市政府合作机制,为区域内资源的优化配置提供一个一体化的制度平台,是在现行体制下实现城市间协调发展的理性选择。近年来,长三角地区在城市政府合作体制方面进行了大量卓有成效的探索,从1996年长三角城市经济协调会开始,发展到现在的三个层面:省市主要领导峰会的"决策层"负责战略;常务省市长形成的战略贯彻"协调层";最后是政府部门间专题委员会的"执行层",包括信用体系建设、长三角金融合作、旅游合作、异地就医联网结算的医疗保险合作、标准相互认证的质量监督合作、城市"一卡通"的交通合作、市场准入联动的工商管理合作以及异地人才服务、高层次人才智力共享、专业技术职务资格互认、企业配套协作、科技联合攻关、科技公共服务平台建设、流域生态补偿机制框架的建立等等,由硬件向软件,由经济向民生,由基础设施一体化向公共服务一体化拓展。尽管如此,前述种种城市发展的不协调现象表明城市政府间的合作机制仍有待进一步调整和完善。

当前和今后一段时间,加强泛长三角区域城市政府间合作机制,应在以下几个方面取得突破:

一是加强地方立法、司法和政策制定方面的合作,完善统一的法制环境和政策环境。在当前的地方立法体制下,不同省市根据国家上位法制定的实施性地方性法规和政府规章往往存在规范、标准不一的情况,导致各地执法依据不一、规章冲突、统一规划难实施等问题;在司法实践中,往往存在审判权属争议、审判中的地方保护主义及执行难等问题;各地政策的制定更是五花八门、差异明显。为此,要加强城市之间在地方性法规和政府规章、规范性文件制定过程中的合作,加强司法合作,积极探索由各城市共同参与的区域性立法,维护法制统一,真正推进长三角区域城市之间的协调发展。

二是建立健全区域生态和各类补偿机制。地方利益是制约城市协调发展的关键。应本着互惠互利原则,建立责任共担、利益共享制度。尽快建立区域性建设项目的利益共享机制,尽快研究跨区域的产业转移、收益分成、土地资源、水环境治理、节能减排等的协调机制,建立区域生态补偿机制和财政转移支付方式,形成生态保护的长效机制。

三是加快信息平台建设,完善城市之间信息交流和共享机制。信息的顺畅流通,是实现资源共享、优势互补的基础。近年来各地纷纷加强数字城市建设,跨地区的信息平台建设也取得一定进展,但由于各地信息系统建设多为自主开发,缺乏城市之间的统筹协调,因而城市信息系统相互之间存在不少应用系统不统一、不兼容等问题,在信息资源共享范围和方式上也存在一定分歧。加强一体化的信息平台建设,对推进城市协调发展具有重要意义。

在城市政府合作方面,安徽目前仅有合肥、马鞍山两市被吸收为城市经济协调会成员且参与较迟,因此在合作的广度、深度方面有较大差距。下一步需要付出更多的努力,争取尽快融入长三角城市群。

积极探索区域协调组织创新

区域规划明确了经济区内各城市的发展方向、目标,但作为典型的跨行政区域规划,单靠各城市行政主体自觉自愿、不折不扣地执行规划并不现实,仅靠中央政府强制推行也难以达到预期目标。经济一体化的过程实质上是一个制度或体制改革的过程。积极探索区域协调组织制度创新,对泛长三角区域城市协调发展具有重要意义。在这方面,欧美国家通过形式多样的协调组织或者都市区政府,培育社会第三方机制,对跨区域的问题进行协调的做法,很值得我们借鉴。区域协调组织既有政府支持的组织,也有民间成立的非营利组织,如区域规划协会、大气质量管理区、大都市区委员会等,在倡导区域合作、实施区域规划、形成区域发展协调机制等方面发挥着重要作用。这些跨行政区的协调组织或者都市区政府的存在,并没有剥夺地方政府的权力,而是对传统行政管理体制的必要补充。它的存在增强了规划的科学性和决策的民主性,对城市间的协调发展起着重要的促进作用。党的十七届五中全会提出,要积极稳妥地推进政治体制改革,加快社会体制改革,创新社会管理体制,这就为跨区域协调组织机制的探索、创新开辟了道路。

借鉴国际经验,以近年来泛长三角区域协调组织创新为基础,应从

以下两个方面入手,进一步深化协调组织体制创新:

其一是以流域管理、大气污染控制、重大基础设施规划等解决城市外部性问题为重点,以现有三省一市的部门联席会议组织为基础,组建若干专门委员会。委员会作为非政府组织,在中央和相关省市政府的授权和指导下开展工作,如统一制定污染控制标准,进行断面监测;根据资源环境承载力分析,协调基础设施规划的制定和实施等。委员会要有效地开展工作,应享有一定的公共资源分配权。

其二是以遏制地方保护主义为重点,组建泛长三角或若干都市区委员会,作为半官方组织,在三省一市政府指导下开展工作。委员会的主要任务是监督区域规划的实施、协调产业转移和生态保护中的利益关系、统一市场准入标准、加强市场监管等。

(作者系安徽省人大常委会原副主任、安徽省社会科学院特约研究员)

目　录

安徽省城市科学发展评价
（2009—2016）

安徽省城市研究中心课题组

　　自从 2009 年,本课题组就开始"安徽省城市科学发展评价",至 2016 年底连续进行了 8 年。在这期间,研究报告得到了全省上下的关注,取得了一定的社会效果,支持了我省经济社会又好又快的发展。为了进行纵向比较,更好地反映安徽各城市 8 年来科学发展情况,现将 8 年来做的研究报告进行汇总,更好帮助各市正确认识在发展中的问题。需要强调的是,本研究旨在对安徽城市科学发展评价进行研究探讨,以供政府决策参考,并非政府绩效考核依据。

一、建立科学发展评价体系的重要意义

　　当前安徽正处于经济社会发展全面转入科学发展轨道的关键时期,如何把科学发展观落实到当前的各项经济建设和社会发展各项工作中,是一个值得研究的重大课题。目前社会各界从不同的方面对科学发展观进行了阐述和解读,许多研究成果已见之于各种报纸、期刊等媒体。但不足之处是绝大多数只是做了定性的研究,鲜有从定量方面去研究,因此,其科学性与准确性受到质疑,不能令人信服。如何对科学发展观进行指标量化,建立一套指标模型去进行评估,把全省各方面的积极性有效引导到科学发展的轨道上来,对推进安徽快速发展、科学发展、和谐发展具有重大的现实意义。

（一）建立科学发展评价体系，是安徽落实科学发展观的内在要求

当前我省正处于经济社会发展全面转入科学发展轨道的关键时期，建立科学发展评价考核体系，就是要把贯彻落实科学发展观的目标具体化，形成正确导向，把科学发展观转化为各级党委、政府的自觉行动，在科学发展道路上迈出新步伐，创造出新经验。

（二）建立科学发展评价体系，是安徽实现快速崛起的必然选择

东部沿海地区产业正向中西部大规模转移，国家批准设立了皖江城市带承接产业转移示范区，批准了合芜蚌自主创新综合配套改革试验区，安徽的发展获得难得的机遇，但在发展过程中也面临一些问题。如经济发展存在着产业结构不合理、自主创新能力不够强、生产经营方式比较粗放、城乡及区域发展不平衡、深层次体制障碍、社会矛盾凸显等突出问题。运用过去老经验很难破解这些矛盾问题，继续沿着旧路径，很难实现快速崛起的目标。建立科学发展评价考核体系，就是要以解放思想为先导，转变发展观念，创新发展思路，破解发展难题，探索出一条符合安徽实际的科学发展新路子。

（三）建立科学发展评价体系，是实现包容性增长的重要途径

当前我省不适应、不符合科学发展要求的思想观念还不同程度地存在，一些影响和制约科学发展的突出问题亟待解决。如有的地方项目建设达不到规定的要求，过分重视 GDP 增长，轻视其他方面发展。建立科学发展评价体系，就是要促进各地更加自觉地树立、落实科学发展观和正确的政绩观，切实把思想方法转到科学发展观要求上来，也是落实中央十七届五中全会提出包容性增长的重要举措。

（四）建立科学发展评价体系，是加快建立有利于科学发展的体制机制的有力抓手

能否构建起充满活力、富有效率、更加开放、有利于科学发展的体制机制，是衡量实践科学发展观活动能否取得实效的重要标准。建立科学发展评价体系，是形成有利于科学发展体制机制的重要组成部分。通过

建立科学评价考核体系,可以有效地把经济发展、科技创新、社会进步、生态文明和民生改善统筹协调起来,促进发展道路和发展目标相一致,为推动科学发展、促进社会和谐提供强大动力。

二、省内外有关科学发展的评价体系研究及实践

目前,以科学发展为导向的综合评价体系研究在国内还处于起步阶段,学术界对此进行了一些有益的探索。较有代表性的有:

中国社科院的"中国城市科学发展综合评价指标体系"包含发展指数、协调指数和支撑能力指数三项一级指标。其中,发展指数由经济发展水平、社会发展水平2个二级指标构成;协调指数由城乡协调、经济社会协调、发展与资源环境协调3个二级指标构成;支撑能力指数由基础设施、环境条件、科技研发、体制支撑4个二级指标构成。中国人民大学提出的"中国发展指数"包括健康指数、教育指数、生活水平指数、社会环境指数4个单项指数。邵腾伟等提出的科学发展指标体系分为经济发展、社会进步、生态良好3个方面,其中经济发展包括经济速度、经济结构、经济效益3个复合指标;社会进步包括物质生活、公用事业、教育培训、主观感受4个复合指标;生态良好包括人口因素、资源利用、环境保护3个复合指标。李敏提出的科学发展指标体系包括5个一级指标、15个二级指标、67个三级指标。一级指标包括经济、社会、人口、资源和环境5个方面。另外还设置了3个功能指标:发展度、协调度和持续度。井波提出的科学发展指标体系设置了全面发展、协调发展和可持续发展3个指数。其中,全面发展指数由经济发展水平、社会发展水平及生态水平三方面的指标构成。协调发展指数在科学发展观"五个统筹"的要求下,由反映社会经济环境协调、城乡协调、区域协调、对外开放几个方面的指标构成。可持续发展指数由反映经济发展潜力、社会发展潜力、生态承载力的三方面指标构成。

在实践方面,北京、广东、山东、江苏等地政府部门对科学发展评价考核体系开展了积极有益的探索。北京市从经济发展、社会和谐、人居环境 3 个方面,分别设置了若干项最具代表性和导向性的指标,反映区县功能的差异性,进行分类评价。广东从经济发展、社会发展、人民生活、生态环境方面,按照不同地区的功能定位,不同权重对各地区科学发展进行了评价。山东省以经济发展、社会发展、可持续发展、民生状况、政治建设、文化建设、党的建设和群众满意度等 8 个类别共 60 项指标对不同地区进行科学发展考核评价。深圳市从宏观效益、生态环境、创新能力、社会和谐 4 个方面制定科学发展考核评价体系。江苏省以经济发展、科技创新、社会进步、生态文明和民生改善 5 大类建立科学考核评价体系。

我省在这方面的研究较少,除了本课题组以前的研究外,韩静等人以全省 17 个地市为例对科学发展综合评价方法进行了研究,他们从自然环境、人民生活、物流通讯、人力资本、经济发展、对外贸易、科学教育等 7 个方面 38 个指标,运用层次分析法、熵值法、主成分法分别对 17 个市进行综合评价。

以上评价指标体系大体可分为三种类型。第一类是综合型,综合测评经济社会文化生态的发展,第二类是与主体功能区相适应的考核指标体系,第三类是目标集中的专项考核指标体系。这些指标体系结合各地实际各有特色,反映了科学发展观的基本要求,但在全面反映科学发展观的基本内涵和本质要求上还有进一步改进的空间。

三、建立指标体系的思路和基本原则

(一)建立指标体系的思路

对科学发展观内涵的准确把握,是建立科学发展考核指标体系的前提或基础。科学发展,第一要义是发展,核心是以人为本,基本要求是全面协调可持续,根本方法是统筹兼顾。建立科学发展评价体系,要围绕"好字优先、又好又快"的发展主题,紧密结合安徽实际,按照转变发展方式、提升发展质量、改善社会民生、建设生态文明的总体要求,体现区域发展的阶段特征,突出指标体系的导向作用,建立一套导向明确、指标科

学、分类指导、行之有效的评价考核体系,逐步形成科学发展的体制机制,引导各地向有利于实现科学发展的方向迈进,努力推进速度和结构、质量、效益相统一,经济发展与人口、资源、环境相协调,切实把经济社会纳入科学发展的轨道。因此,在确定评价指标时,注意"五个体现,五个突出":

一是体现发展第一要义,突出发展质量。不能把经济发展简单地理解为 GDP 增长,但是也不能脱离经济发展来谈科学发展,科学发展必须以发展为基础,并以提高质量和效益为核心,进一步提高资本、劳动力、土地等生产要素的投入产出率,优化产业结构,从一般以工业为主向以先进制造业和现代服务业为主转变,努力实现发展的速度和结构、质量、效益相统一。

二是体现发展方式转变,突出创新驱动。发展方式转变是实现科学发展的核心内容,要鼓励科技创新,培养高素质的人才。突出依靠科技进步、高素质人力资源和管理创新,推动增长动力从投资驱动向创新驱动转变,要素支撑从物质资源为主向人力资源为主转变,提高科技人才对经济发展的贡献率,促进经济发展方式的根本性转变。

三是体现协调发展,突出社会进步。在经济发展的同时,要更加关心社会的全面进步,努力做到统筹经济与社会发展,统筹城乡与区域发展,进一步强化教育、文化、医疗、社会保障等社会事业的建设,促进社会公平,提高社会管理水平,提高财政对社会发展的支出比重,逐步实现区域之间和城乡之间基本公共服务均等化,维护社会稳定,不断提高人民群众的幸福感和满意度。

四是体现可持续发展,突出"两型"社会建设。节约资源和保护环境就是保护生产力、提升竞争力,要坚定不移地推进生态文明建设,着力解决资源环境的瓶颈制约,通过节能减排和污染防治,不断降低单位产出的能源消耗、用地消耗、用水消耗,减少污染物排放,加强环境治理和生态建设,推进资源节约型社会和环境友好型社会建设。

五是体现以人为本,突出民生改善。以促进人的全面发展为发展的最终目标,把民生放在更加突出的位置,关注人的生活质量、发展潜能和幸福指数,着力解决关系人民群众切身利益的突出问题,促进就业,提高收入,不断提高生活水平和生活质量,帮助困难群众解决生活问题,增强人民群众共享改革发展成果的普惠性,提高全体人民的福利,体现大多数居民对科学发展成果的直观感受。

(二) 构建指标体系的原则

区域科学发展系统是一个多要素、多维、多层次的复杂系统,对其进行全面客观评价有一定的难度,既需兼顾评价的全面性,力图对发展内涵做一完整的诠释;又要考虑指标之间要尽量保持独立性,防止指标庞杂和重叠。在分析国内外指标体系的基础上,借鉴国际经验,紧扣科学发展观的内在要求,我们认为首先需要确定以下一些研究原则:

1.科学性与可行性

评价指标体系要体现科学性,做到指标选取科学、权重设置合理、评价方法有所创新,符合科学发展观的要求。同时,要充分考虑指标的代表性和动态性,兼顾统计资料的可获取性,使指标可采集、可量化、可对比,做到综合系统、简便易行、务实有效,能够及时监测,较好地评价科学发展的程度。

2.系统性与层次性

环境资源、经济科技、人口社会系统是一个复杂的巨系统,它由不同层次、不同要素组成。而且这些系统既相互联系又相互独立,在不同层次上应有不同的管理指标体系,以利于政府决策者在不同层次上对经济社会发展进行调控。指标体系既要客观地反映系统发展的状态,又要避免指标之间的重叠。

3.代表性与可比性

所谓代表性,是指各评价指标在其适用范围内应具有充分的代表性。每一个指标都要以特定的角度反映系统运行质的特征。所谓可比性,是指各考核指标应能进行横向、纵向比较,具有区域间的可比性和历史可比性。

4.稳定性与前瞻性

评价指标需要有相对的稳定性,才能保持客观连续性,但同时要有前瞻性。科学的发展观是一个长期的动态演变过程,反映这一进程的指标体系也应该是动态变化的。一方面,各评价指标应具有时代特征,能充分体现这一进程的方向和目标。另一方面,评价指标体系应具有一定阶段的稳定性。同时,在构建考核指标体系时,不但要考虑当前的需要,还要有一定的超前性,不仅要评价当前效益,还应能评价长期效益,要充分预测指标的发展变化,使评价指标体系的使用具有长远性。

四、指标体系构建及评价方法

根据上述思路和基本原则,结合安徽的实际,考虑指标的可得性,同时合理借鉴省内外科学发展指标体系的研究成果,形成安徽省城市科学发展评价指标体系。

（一）指标分类

在建立科学发展评价体系时,为更好地体现安徽城市发展的特征,把指标体系分为4大类,即经济发展、资源利用效率、生态环境保护、社会和谐发展,根据4大类情况选取关键性的30个具体指标(详见表1)。

表 1　城市科学发展指标体系

一级指标	二级指标	指标范围	指标性质	备注
经济发展	人均 GDP（x_1）	市辖区	正向	
	人均财政收入（x_2）	市辖区	正向	
	居民可支配收入（x_3）	市辖区	正向	
	人均 GDP 增长率（x_4）	市辖区	正向	
	人均财政收入增长率（x_5）	市辖区	正向	
	居民可支配收入增长率（x_6）	市辖区	正向	
	二、三产业的比重（x_7）	市辖区	正向	
资源利用效率	万元 GDP 耗电量（x_8）	市辖区	逆向	
	万元 GDP 耗水量（x_9）	市辖区	逆向	
	万元 GDP 占地（x_{10}）	市辖区	逆向	
	万元 GDP 耗电下降率（x_{11}）	市辖区	正向	
	万元 GDP 耗水下降率（x_{12}）	市辖区	正向	
	万元 GDP 占建设用地下降率（x_{13}）	市辖区	正向	
生态环境保护	城市污水处理率（x_{14}）	市辖区	正向	
	生活垃圾无害化处理率（x_{15}）	市辖区	正向	
	空气中可吸入颗粒物（PM10）含量（x_{16}）	市辖区	逆向	
	空气中二氧化硫含量（x_{17}）	市辖区	逆向	
	空气质量优质率（x_{18}）	市辖区	正向	
	建成区绿化覆盖率（x_{19}）	市辖区	正向	
社会和谐发展	人均财政支出（x_{20}）	市辖区	正向	
	人均社保支出（x_{21}）	市辖区	正向	
	万人病床数（x_{22}）	市辖区	正向	
	人均公共医疗卫生支出（x_{23}）	市辖区	正向	
	人均教育费支出（x_{24}）	市辖区	正向	
	人均住房面积（x_{25}）	市辖区	正向	
	人均公共绿地面积（x_{26}）	市辖区	正向	
	万人公交车辆拥有量（x_{27}）	市辖区	正向	
	用水普及率（x_{28}）	市辖区	正向	
	用气普及率（x_{29}）	市辖区	正向	
	人均道路面积（x_{30}）	市辖区	正向	

1.经济发展类

经济发展是科学发展的本质要义,也是社会发展和人的全面发展的前提和保证。实现经济又好又快发展,努力使速度与结构、质量、效益相统一,对于安徽快速崛起具有重要意义。该大类指标包括发展速度与质量、结构等方面的 7 个指标。

2.资源利用效率类

我国是人均资源匮乏的国家,多年来资源的高强度开发及低效利用,加剧了资源供需的矛盾,资源短缺和资源低效利用已成为制约我国经济社会可持续发展的重要瓶颈。资源利用效率指标是衡量经济增长方式转变的重要一类指标。提高资源利用效率是实现经济又好又快发展的保证。该类指标包括反映用电、用水和土地利用等方面的 6 个指标。

3.生态环境保护类

可持续发展是科学发展的基本要求,要科学发展,不仅强调发展,更要强调在发展中保护环境,坚持发展与环境保护相统一,不断改善生态环境。该类指标共有 6 个。

4.社会和谐发展类

社会和谐发展体现了科学发展的核心以人为本,必须做到发展为了人民、发展依靠人民、发展成果由人民共享,使全民生活质量和生活环境显著改善,促进人的全面发展。该类指标共有 11 个。

(二)指标说明

1.经济发展类

(1)人均 GDP。反映经济水平的指标,没有选用总量,而是选用人均,指标既体现发展第一要义,又体现以人为本。

(2)人均财政收入。反映一个城市政府税收及其收入情况指标。

(3)居民可支配收入。反映城市居民的收入水平高低指标。

(4)人均 GDP 增长率。反映经济发展的动态指标,没有用总量增长指标,用人均指标。

（5）人均财政收入增长率。反映政府税收及其收入增长的动态指标。

（6）城市居民可支配收入增长率。反映城市居民收入增长的动态指标。

（7）二、三产业占 GDP 比重。主要反映经济发展结构的指标，间接反映经济质量的指标。

2.资源利用效率类

（1）万元 GDP 耗电量。反映用电与创造 GDP 的对比指标，指标越小越好，逆向指标。

（2）万元 GDP 耗水量。反映当前用水与创造 GDP 的对比指标，指标越小越好，逆向指标。

（3）万元 GDP 占用建设用地。反映当前建设用地占用与创造 GDP 的对比指标，指标越小越好，逆向指标。

（4）万元 GDP 耗电下降率。反映城市开展节约电能的效率指标。

（5）万元 GDP 耗水下降率。反映城市开展节约用水的效率指标。

（6）万元 GDP 占建设用地下降率。反映城市开展节约用地的效率指标。

3.生态环境保护类

（1）城市生活污水集中处理率。反映城市对生活污水处理程度的指标。

（2）生活垃圾无害化处理率。反映城市生活垃圾无害化处理程度的指标。

（3）空气中可吸入颗粒物（PM10）含量。现在人们开始重视空气中颗粒物（PM10、PM2.5）的含量。反映空气质量的指标。

（4）空气中二氧化硫含量。反映空气中含二氧化硫量的一个指标，是人们直接感受到环境改善的指标。

（5）空气质量优质率。反映空气质量的综合指标。

（6）建成区绿化覆盖率。反映城市生态建设的指标。

4.社会和谐发展类

（1）人均财政支出。反映政府提供给市民公共服务总体水平的指标。

（2）人均社保支出。反映政府用于社会保障方面的支出水平的指标。

（3）万人病床数。反映城市医疗服务水平的指标。

（4）人均公共医疗卫生支出。反映政府用于居民公共医疗支出水平的指标。

（5）人均教育费支出。反映政府用于居民公共教育支出水平。

（6）人均住房面积。反映居民居住水平的指标。

（7）人均公共绿地面积。反映城市居民生活环境的指标。

（8）万人公交车辆拥有量。反映城市居民公共交通状况的指标。

（9）用水普及率。反映城市自来水的普及情况的指标。

（10）用气普及率。反映城市燃气普及情况的指标。

（11）人均道路面积。反映城市道路建设的指标。

（三）科学发展指标体系评价方法及数据来源

科学发展指标体系评价是一系列多指标、多维度的评价。过去多指标体系评价常采用人为平均加权计算，各指标的权重受人为因素影响较大。如果指标之间存在多重共线性关系，就会出现权重失调现象。

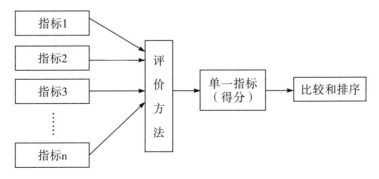

图1　多指标评价机理

目前多指标评价,国内学界用得较多的是主成分分析法或因子分析法,也有用聚类方法对样本进行分类评价。本文采用主成分分析法对安徽城市科学发展指标体系进行评价。主成分分析法(Principal Components Analysis)是由 Hotelling 提出的,是利用降维的思想,把多指标转化为少数几个综合指标的多元统计分析方法。同时,新的综合指标保留了原始指标的主要信息。在进行主成分综合评价中,通常的做法是挑选前几个方差较大的主成分,对它们进行加权,合成综合评价值。其基本步骤如下:

(1)用 z-score 方法对分指标进行无量纲化处理:

设原始数据矩阵为 $X = (x_{ij})m \times n$,标准化后的矩阵为 $Y = (y_{ij})m \times n$,

则:$y_{ij} = x_{ij} - \overline{X}_j/s_j$,式中,$\overline{X}_j$ 为第 j 个指标的平均数,$\overline{X}_j = (1/m) \times \sum_{j=1}^{n} x_{ij}$

sj 为第 j 个指标的标准差:$s_j = \sqrt{[1/(m-1)]\sum_{i=1}^{n}(x_{ij} - \overline{X}_j)^2}$

(2)求标准化数据矩阵的相关系数矩阵:

$R = (r_{ij})n \times n, r_{ij} = [1/(m-1)] \times \sum_{t=1}^{m} x_{it}Y_{tj}, (i,j = 1,2\cdots,n)$,$r_{ij}$ 为指标 i 与指标 j 的相关系数。

(3)计算相关系数矩阵的特征根和特征向量:

令 $|\lambda_i - R| = 0$,可以求出 R 的全部特征值:$\lambda_1,\lambda_2,\cdots,\lambda_n$(其中 $\lambda_1 \geq \lambda_2 \geq \cdots \geq \lambda_n$),以及各特征值所对应的单位正交特征向量 $a_j = (a_{1j},a_{2j},\cdots,a_{nj})^T$。

(4)计算各主成分的贡献率,并按累积贡献率提取主成分,一般以累积贡献率达到85%以上,提取前 K 个主成分。

由于相关系数矩阵 R 的特征值:$\lambda_1,\lambda_2,\cdots,\lambda_n$ 正是对应主成分的 $F_1,F_2,\cdots,F_N$ 方差,而方差越大,包含的信息就越多,对综合评价的贡献就越大,因此定义主成分 F_i 的贡献率 b_i 为:

$B_i = \lambda_1 / \sum\limits_{i=1}^{n} \lambda_i$，当前 K 个主成分累积贡献率到 85% 时，就可以确定该系统的分指标的主成分为：$F = (F_1, F_2, \cdots, F_k)$

（5）分别计算各系统的综合得分值：

$$U_i = \sum\limits_{j=1}^{k} b_j F_j$$

（6）结果标准处理：

根据上述主成分计算结果，得到安徽各城市科学发展各项得分，为了消除负数影响，使数据更直观，用下列方法进行标准化处理，设置最高值为 100，最低 40。公式为：

$$z_i = 40 + 60 \times (x_i - x_{min} / x_{max} - x_{min}),$$

其中：z_i 为指标的标准分数，x_i 为某类指标的指标值，x_{max} 为某类指标的最大值，x_{min} 为某类指标的最小值。

（7）本文所用的数据：

根据 2006—2016 年《安徽省统计年鉴》和安徽省各市的统计年鉴的数据整理和计算得出数据。文中用到数据是仅指城市辖区数据，不含县的统计数据。

五、结果

（一）2009 年评价结果

表2　2008 年安徽各城市科学发展指数

城市	总指数		分指数								
	科学发展指数	排名	经济发展指数	排名	资源利用效率指数	排名	生态环境保护指数	排名	社会和谐发展指数	排名
合肥市	100.0	1	91.6	2	64.0	3	42.4	16	100.0	1
淮北市	65.8	6	52.6	9	45.4	13	52.0	10	64.0	7
亳州市	47.2	14	45.4	15	45.4	14	50.2	12	40.0	17
宿州市	40.0	17	40.0	17	51.4	8	40.0	17	41.8	16
蚌埠市	62.2	7	55.6	7	40.0	17	49.0	14	71.8	5

（续表）

城市	总指数		分指数								
	科学发展指数	排名	经济发展指数	排名	资源利用效率指数	排名	生态环境保护指数	排名	社会和谐发展指数	排名
阜阳市	46.0	16	46.6	13	41.8	16	46.6	15	52.0	11
淮南市	60.4	8	53.8	8	59.8	4	49.6	13	59.2	10
滁州市	57.4	10	50.8	10	47.2	11	50.8	11	65.2	6
六安市	46.0	15	44.8	16	46.6	12	55.6	8	47.8	15
马鞍山市	92.2	2	100.0	1	100.0	1	61.0	2	82.6	2
巢湖市	50.2	13	46.6	12	54.4	7	52.6	9	50.2	13
芜湖市	76.0	4	73.6	3	55.0	6	60.4	3	71.8	4
宣城市	53.2	12	46	14	55.6	5	56.8	6	50.8	12
铜陵市	85.0	3	71.8	4	98.2	2	58.0	5	82.0	3
池州市	55.6	11	56.2	6	47.8	9	60.4	4	49.6	14
安庆市	60.4	9	50.8	11	47.8	10	56.2	7	62.8	9
黄山市	73.0	5	58.6	5	41.8	15	100.0	1	62.8	8

（二）2010 年评价结果

表3　2009年安徽各城市科学发展指数

城市	总指数		分指数								
	科学发展指数	排名	经济发展指数	排名	资源利用效率指数	排名	生态环境保护指数	排名	社会和谐发展指数	排名
合肥市	100.0	1	91.1	2	99.7	2	61.5	9	100.0	1
淮北市	63.4	7	47.2	12	63.8	9	68.4	2	69.9	8
亳州市	47.3	13	45.9	13	100.0	1	50.0	14	40.1	16

（续表）

城市	总指数		分指数								
	科学发展指数	排名	经济发展指数	排名	资源利用效率指数	排名	生态环境保护指数	排名	社会和谐发展指数	排名
宿州市	40.0	16	45.3	14	59.4	13	64.2	7	40.0	17
蚌埠市	57.5	9	53.2	9	54.0	15	56.8	12	72.4	5
阜阳市	40.0	17	40.0	17	53.3	16	59.0	11	46.4	15
淮南市	62.5	8	50.7	10	62.4	10	67.1	5	71.9	7
滁州市	47.5	12	48.3	11	75.5	4	60.4	10	59.3	11
六安市	45.5	14	43.0	16	61.8	11	68.3	3	51.3	13
马鞍山市	92.2	2	75.5	4	70.3	7	67.8	4	83.7	2
巢湖市	51.1	10	54.3	8	54.4	14	40.0	17	50.1	14
芜湖市	81.3	4	100.0	1	76.2	3	63.4	8	78.2	3
宣城市	43.8	15	59.9	5	72.5	6	51.1	13	53.7	12
铜陵市	81.8	3	79.0	3	61.1	12	47.0	15	78.2	4
池州市	67.3	6	58.7	6	75.5	5	67.0	6	61.3	10
安庆市	51.0	11	44.3	15	40.0	17	42.4	16	63.0	9
黄山市	75.2	5	55.4	7	68.6	8	100.0	1	72.4	6

（三）2011 年评价结果

表4　2010 年安徽各城市科学发展指数

城市	总指数		分指数								
	科学发展指数	排名	经济发展指数	排名	资源利用效率指数	排名	生态环境保护指数	排名	社会和谐发展指数	排名
合肥市	100.0	1	93.9	2	97.2	2	74.8	11	100.0	1
淮北市	75.2	6	66.7	9	75.4	3	85.9	5	73.1	6
亳州市	43.8	15	40.0	17	100.0	1	100.0	1	40.0	17
宿州市	40.6	16	47.3	14	53.0	11	69.5	13	43.9	16
蚌埠市	68.9	8	78.4	5	40.0	17	94.1	2	72.9	7
阜阳市	45.7	14	46.6	16	58.3	9	83.1	6	54.0	13
淮南市	65.2	9	56.5	12	56.3	10	58.3	15	68.8	8
滁州市	62.9	10	70.8	8	52.5	12	91.7	4	64.9	10
六安市	40.0	17	46.7	15	44.9	16	42.1	16	45.2	15
马鞍山市	93.0	2	100.0	1	51.8	13	40.0	17	88.4	2
巢湖市	47.0	13	55.5	13	45.2	15	74.1	12	48.8	14
芜湖市	87.1	4	89.0	4	68.2	5	80.7	7	86.7	3
宣城市	48.3	12	57.7	11	65.4	6	77.7	9	55.7	12
铜陵市	92.0	3	93.5	3	62.5	7	61.7	14	85.3	4
池州市	59.6	11	63.3	10	69.3	4	77.9	8	59.8	11
安庆市	69.7	7	76.9	6	46.5	14	92.5	3	67.5	9
黄山市	77.1	5	71.2	7	59.3	8	77.4	10	74.7	5

注：巢湖市在 2011 年 8 月 22 被撤销地级市，2011 年就未纳入评价对象

（四）2012 年评价结果

表5　2011 年安徽各城市科学发展指数

城市	总指数		分指数								
	科学发展指数	排名	经济发展指数	排名	资源利用效率指数	排名	生态环境保护指数	排名	社会和谐发展指数	排名
合肥市	100.0	1	95.0	2	100.0	1	52.0	13	100.0	1
淮北市	70.0	6	61.0	7	66.0	6	56.0	8	75.0	6
亳州市	47.0	13	47.0	12	85.0	3	53.0	12	40.0	16
宿州市	46.0	14	45.0	14	60.0	9	68.0	3	48.0	13
蚌埠市	70.0	7	64.0	6	47.0	14	50.0	14	82.0	5
阜阳市	40.0	16	43.0	15	51.0	11	55.0	10	43.0	15
淮南市	61.0	8	57.0	10	52.0	10	43.0	15	61.0	10
滁州市	61.0	9	60.0	9	40.0	16	54.0	11	75.0	7
六安市	41.0	15	40.0	16	49.0	12	66.0	4	46.0	14
马鞍山市	82.0	2	100.0	1	48.0	13	57.0	7	90.0	2
芜湖市	75.0	5	87.0	4	61.0	8	57.0	6	84.0	4
宣城市	47.0	12	47.0	13	62.0	7	56.0	9	54.0	12
铜陵市	80.0	4	90.0	3	67.0	5	60.0	5	87.0	3
池州市	56.0	10	57.0	11	70.0	4	71.0	2	60.0	11
安庆市	48.0	11	60.0	8	44.0	15	40.0	16	62.0	9
黄山市	81.0	3	66.0	5	87.0	2	100.0	1	75.0	8

(五) 2013 年评价结果

表6   2012年安徽各城市科学发展指数

城市	总指数		分指数								
	科学发展指数	排名	经济发展指数	排名	资源利用效率指数	排名	生态环境保护指数	排名	社会和谐发展指数	排名
合肥市	100.0	1	90.0	2	54.5	11	47.5	10	94.0	2
淮北市	65.5	9	61.9	9	79.9	3	58.6	4	62.5	10
亳州市	49.2	13	45.0	15	46.4	14	50.9	8	40.0	16
宿州市	48.0	15	45.5	14	77.1	5	44.6	13	43.9	15
蚌埠市	71.1	8	65.3	7	42.7	15	57.6	5	74.7	7
阜阳市	40.0	16	46.4	13	47.4	13	43.2	14	46.4	14
淮南市	57.8	10	59.9	10	98.1	2	42.3	15	59.0	11
滁州市	77.6	5	61.9	8	40.0	16	58.8	3	79.3	5
六安市	51.8	12	40.0	16	100.0	1	54.9	7	51.6	12
马鞍山市	77.2	6	100.0	1	56.1	9	50.1	9	75.6	6
芜湖市	89.2	4	74.3	4	71.1	7	57.1	6	82.0	4
宣城市	48.2	14	49.2	12	77.0	6	40.0	16	48.5	13
铜陵市	99.6	2	88.7	3	77.2	4	46.6	11	100.0	1
池州市	75.2	7	57.4	11	63.1	8	65.1	2	69.8	8
安庆市	51.9	11	66.9	5	50.2	12	46.5	12	64.6	9
黄山市	95.4	3	66.1	6	55.8	10	100.0	1	82.3	3

（六）2014 年评价结果

表 7 2013 年安徽各城市科学发展指数

城市	总指数		分指数								
	科学发展指数	排名	经济发展指数	排名	资源利用效率指数	排名	生态环境保护指数	排名	社会和谐发展指数	排名
合肥市	99.1	2	78.6	2	100.0	1	56.0	4	97.9	2
淮北市	72.0	9	49.9	12	80.4	4	57.4	3	61.9	10
亳州市	53.1	15	47.0	14	74.8	10	51.5	10	40.0	16
宿州市	53.9	14	44.4	15	88.5	2	44.7	14	43.2	15
蚌埠市	78.1	5	56.6	7	67.6	12	53.8	7	83.0	5
阜阳市	40.0	16	47.6	13	40.0	16	40.0	16	45.7	14
淮南市	63.7	11	53.5	11	76.5	8	46.1	13	59.8	11
滁州市	77.2	7	58.2	5	50.4	15	55.6	5	83.4	4
六安市	61.5	12	40.0	16	77.7	6	53.9	6	55.0	12
马鞍山市	78.0	6	100.0	1	68.4	11	41.6	15	79.5	7
芜湖市	81.9	4	76.5	3	79.8	5	51.9	9	86.4	3
宣城市	54.7	13	56.4	8	52.9	14	49.4	11	52.1	13
铜陵市	91.9	3	73.5	4	77.2	7	52.9	8	100.0	1
池州市	74.2	8	55.6	10	76.4	9	59.9	2	71.9	8
安庆市	67.5	10	56.3	9	53.3	13	48.4	12	71.6	9
黄山市	100.0	1	57.0	6	81.4	3	100.0	1	80.2	6

（七）2015 年评价结果

表 8　2014 年安徽各城市科学发展指数

城市	总指数		分指数							
	科学发展指数	排名	经济发展指数	排名	资源利用效率指数	排名	生态环境保护指数	排名	社会和谐发展指数	排名
合肥市	100.0	1	100.0	1	100.0	1	52.8	10	96.9	2
淮北市	72.8	9	61.8	9	84.0	6	58.9	7	62.1	10
亳州市	40.0	16	40.9	15	70.6	8	48.3	12	40.0	16
宿州市	59.6	12	42.8	14	92.8	2	59.6	6	42.5	15
蚌埠市	76.2	6	68.2	5	45.6	15	48.4	11	82.0	4
阜阳市	47.0	15	43.5	13	63.3	9	54.8	9	47.0	14
淮南市	60.0	11	61.0	10	58.5	11	40.2	15	60.1	11
滁州市	74.3	8	63.4	7	46.5	14	68.6	3	81.1	6
六安市	59.2	13	40.0	16	70.7	7	67.1	4	54.7	12
马鞍山市	81.2	4	87.8	3	54.3	12	40.7	14	79.2	7
芜湖市	83.0	3	84.3	4	92.0	3	41.5	13	84.7	3
宣城市	55.9	14	51.3	12	63.1	10	54.9	8	51.2	13
铜陵市	98.7	2	93.8	2	90.7	4	40.0	16	100.0	1
池州市	75.7	7	54.8	11	84.4	5	72.0	2	72.1	9
安庆市	70.9	10	62.6	8	40.0	16	60.5	5	72.5	8
黄山市	80.6	5	68.2	6	50.0	13	100.0	1	81.3	5

（八）"十二五"评价结果

表9 "十二五"安徽各城市科学发展指数

城市	总指数		分指数								
	科学发展指数	排名	经济发展指数	排名	资源利用效率指数	排名	生态环境保护指数	排名	社会和谐发展指数	排名
合肥市	100.0	1	100.0	1	80.2	4	55.8	7	98.0	3
淮北市	63.9	10	64.8	9	71.3	7	50.7	13	63.9	10
亳州市	51.3	13	41.5	15	46.2	13	44.4	15	52.7	12
宿州市	60.3	12	42.7	14	91.6	2	55.0	9	47.1	14
蚌埠市	68.4	8	69.3	6	74.2	6	47.4	14	72.0	9
阜阳市	44.3	15	48.9	13	40.0	16	51.4	12	40.0	16
淮南市	40.0	16	62.8	10	45.5	14	40.0	16	42.6	15
滁州市	77.9	6	67.5	7	45.2	15	58.4	5	99.8	2
六安市	61.2	11	40.0	16	84.5	3	65.2	3	57.0	11
马鞍山市	69.4	7	90.3	3	56.0	10	55.3	8	76.4	8
芜湖市	81.3	4	84.6	4	67.7	8	54.5	10	85.0	5
宣城市	51.2	14	55.5	12	54.2	11	57.9	6	47.7	13
铜陵市	90.1	2	92.5	2	76.2	5	53.2	11	97.2	4
池州市	81.1	5	60.1	11	100.0	1	75.1	2	84.3	6
安庆市	66.8	9	65.9	8	50.2	12	61.6	4	80.6	7
黄山市	85.0	3	69.5	5	60.9	9	100.0	1	100.0	1

六、各城市科学发展指数

（一）合肥市

表 10　合肥市科学发展指数

年份和阶段	总指数		分指数							
	科学发展指数	全省排名	经济发展指数	全省排名	资源利用效率指数	全省排名	生态环境保护指数	全省排名	社会和谐发展指数	全省排名
2008	100.0	1	91.6	2	64.0	3	42.4	16	100.0	1
2009	100.0	1	91.1	2	99.7	2	61.5	9	100.0	1
2010	100.0	1	93.9	2	97.2	2	74.8	11	100.0	1
2011	100.0	1	95.0	2	100.0	1	52.0	13	100.0	1
2012	100.0	1	90.0	2	54.5	11	47.5	10	94.0	2
2013	99.1	2	78.6	2	100.0	1	56.0	4	97.9	2
2014	100.0	1	100.0	1	100.0	1	52.8	10	96.9	2
"十二五"	100.0	1	100.0	1	80.2	4	55.8	7	98.0	3

（二）淮北市

表 11　淮北市科学发展指数

年份	总指数		分指数							
	科学发展指数	全省排名	经济发展指数	全省排名	资源利用效率指数	全省排名	生态环境保护指数	全省排名	社会和谐发展指数	全省排名
2008	65.8	6	52.6	9	45.4	13	52	10	64	7
2009	63.4	7	47.2	12	63.8	9	68.4	2	69.9	8
2010	75.2	6	66.7	9	75.4	3	85.9	5	73.1	6
2011	70	6	61	7	66	6	56	8	75	6
2012	65.5	9	61.9	9	79.9	3	58.6	4	62.5	10
2013	72.0	9	49.9	12	80.4	4	57.4	3	61.9	10
2014	72.8	9	61.8	9	84.0	6	58.9	7	62.1	10
"十二五"	63.9	10	64.8	9	71.3	7	50.7	13	63.9	10

（三）亳州市

表 12　亳州市科学发展指数

年份	总指数		分指数								
	科学发展指数	全省排名	经济发展指数	全省排名	资源利用效率指数	全省排名	生态环境保护指数	全省排名	社会和谐发展指数	全省排名
2008	47.2	14	45.4	15	45.4	14	50.2	12	40.0	17
2009	47.3	13	45.9	13	100.0	1	50.0	14	40.1	16
2010	43.8	15	40.0	17	100.0	1	100.0	1	40.0	17
2011	47.0	13	47.0	12	85.0	3	53.0	12	40.0	16
2012	49.2	13	45.0	15	46.4	14	50.9	8	40.0	16
2013	53.1	15	47.0	14	74.8	10	51.5	10	40.0	16
2014	40.0	16	40.9	15	70.6	8	48.3	12	40.0	16
"十二五"	51.3	13	41.5	15	46.2	13	44.4	15	52.7	12

（四）宿州市

表 13　宿州市科学发展指数

年份	总指数		分指数								
	科学发展指数	全省排名	经济发展指数	全省排名	资源利用效率指数	全省排名	生态环境保护指数	全省排名	社会和谐发展指数	全省排名
2008	40.0	17	40.0	17	51.4	8	40.0	17	41.8	16
2009	40.0	16	45.3	14	59.4	13	64.2	7	40.0	17
2010	40.6	16	47.3	14	53.0	11	69.5	13	43.9	16
2011	46.0	14	45.0	14	60.0	9	68.0	3	48.0	13
2012	48.0	15	45.5	14	77.1	5	44.6	13	43.9	15
2013	53.9	14	44.4	15	88.5	2	44.7	14	43.2	15
2014	59.6	12	42.8	14	92.8	2	59.6	6	42.5	15
"十二五"	60.3	12	42.7	14	91.6	2	55.0	9	47.1	14

（五）蚌埠市

表14 蚌埠市科学发展指数

年份	总指数		分指数								
	科学发展指数	全省排名	经济发展指数	全省排名	资源利用效率指数	全省排名	生态环境保护指数	全省排名	社会和谐发展指数	全省排名
2008	62.2	7	55.6	7	40.0	17	49.0	14	71.8	5
2009	57.5	9	53.2	9	54.0	15	56.8	12	72.4	5
2010	68.9	8	78.4	5	40.0	17	94.1	2	72.9	7
2011	70.0	7	64.0	6	47.0	14	50.0	14	82.0	5
2012	71.1	8	65.3	7	42.7	15	57.6	5	74.7	7
2013	78.1	5	56.6	7	67.6	12	53.8	7	83.0	5
2014	76.2	6	68.2	5	45.6	15	48.4	11	82.0	4
"十二五"	68.4	8	69.3	6	74.2	6	47.4	14	72.0	9

（六）阜阳市

表15 阜阳市科学发展指数

年份	总指数		分指数								
	科学发展指数	全省排名	经济发展指数	全省排名	资源利用效率指数	全省排名	生态环境保护指数	全省排名	社会和谐发展指数	全省排名
2008	46.0	16	46.6	13	41.8	16	46.6	15	52.0	11
2009	40.0	17	40.0	17	53.3	16	59.0	11	46.4	15
2010	45.7	14	46.6	16	58.3	9	83.1	6	54.0	13
2011	40.0	16	43.0	15	51.0	11	55.0	10	43.0	15
2012	40.0	16	46.4	13	47.4	13	43.2	14	46.4	14
2013	40.0	16	47.6	13	40.0	16	40.0	16	45.7	14
2014	47.0	15	43.5	13	63.3	9	54.8	9	47.0	14
"十二五"	44.3	15	48.9	13	40.0	16	51.4	12	40.0	16

（七）淮南市

表 16 淮南市科学发展指数

年份	总指数		分指数								
	科学发展指数	全省排名	经济发展指数	全省排名	资源利用效率指数	全省排名	生态环境保护指数	全省排名	社会和谐发展指数	全省排名
2008	60.4	8	53.8	8	59.8	4	49.6	13	59.2	10
2009	62.5	8	50.7	10	62.4	10	67.1	5	71.9	7
2010	65.2	9	56.5	12	56.3	10	58.3	15	68.8	8
2011	61.0	8	57.0	10	52.0	10	43.0	15	61.0	10
2012	57.8	10	59.9	10	98.1	2	42.3	15	59.0	11
2013	63.7	11	53.5	11	76.5	8	46.1	13	59.8	11
2014	60.0	11	61.0	10	58.5	11	40.2	15	60.1	11
"十二五"	40.0	16	62.8	10	45.5	14	40.0	16	42.6	15

（八）滁州市

表 17 滁州市科学发展指数

年份	总指数		分指数								
	科学发展指数	全省排名	经济发展指数	全省排名	资源利用效率指数	全省排名	生态环境保护指数	全省排名	社会和谐发展指数	全省排名
2008	57.4	10	50.8	10	47.2	11	50.8	11	65.2	6
2009	47.5	12	48.3	11	75.5	4	60.4	10	59.3	11
2010	62.9	10	70.8	8	52.5	12	91.7	4	64.9	10
2011	61.0	9	60.0	9	40.0	16	54.0	11	75.0	7
2012	77.6	5	61.9	8	40.0	16	58.8	3	79.3	5
2013	77.2	7	58.2	8	50.4	15	55.6	5	83.4	4
2014	74.3	8	63.4	7	46.5	14	68.6	3	81.1	6
"十二五"	77.9	6	67.5	7	45.2	15	58.4	5	99.8	2

（九）六安市

表 18　六安市科学发展指数

年份	总指数		分指数							
	科学发展指数	全省排名	经济发展指数	全省排名	资源利用效率指数	全省排名	生态环境保护指数	全省排名	社会和谐发展指数	全省排名
2008	46.0	15	44.8	16	46.6	12	55.6	8	47.8	15
2009	45.5	14	43.0	16	61.8	11	68.3	3	51.3	13
2010	40.0	17	46.7	15	44.9	16	42.1	16	45.2	15
2011	41.0	15	40.0	16	49.0	12	66.0	4	46.0	14
2012	51.8	12	40.0	16	100.0	1	54.9	7	51.6	12
2013	61.5	12	40.0	16	77.7	6	53.9	6	55.0	12
2014	59.2	13	40.0	16	70.7	7	67.1	4	54.7	12
"十二五"	61.2	11	40.0	16	84.5	3	65.2	3	57.0	11

（十）马鞍山市

表 19　马鞍山市科学发展指数

年份	总指数		分指数							
	科学发展指数	全省排名	经济发展指数	全省排名	资源利用效率指数	全省排名	生态环境保护指数	全省排名	社会和谐发展指数	全省排名
2008	92.2	2	100.0	1	100.0	1	61.0	2	82.6	2
2009	92.2	2	75.5	4	70.3	7	67.8	4	83.7	2
2010	93.0	2	100.0	1	51.8	13	40.0	17	88.4	2
2011	82.0	2	100.0	1	48.0	13	57.0	7	90.0	2
2012	77.2	6	100.0	1	56.1	9	50.1	9	75.6	6
2013	78.0	6	100.0	1	68.4	11	41.6	15	79.5	7
2014	81.2	4	87.8	3	54.3	12	40.7	14	79.2	7
"十二五"	69.4	7	90.3	3	56.0	10	55.3	8	76.4	8

（十一）巢湖市

表 20　巢湖市科学发展指数

年份	总指数		分指数								
	科学发展指数	全省排名	经济发展指数	全省排名	资源利用效率指数	全省排名	生态环境保护指数	全省排名	社会和谐发展指数	全省排名
2008	50.2	13	46.6	12	54.4	7	52.6	9	50.2	13
2009	51.1	10	54.3	8	54.4	14	40.0	17	50.1	14
2010	47.0	13	55.5	13	45.2	15	74.1	12	48.8	14

注：巢湖市在 2011 年 8 月 22 日被撤销地级市，2011 年就未纳入评价对象

（十二）芜湖市

表 21　芜湖市科学发展指数

年份	总指数		分指数								
	科学发展指数	全省排名	经济发展指数	全省排名	资源利用效率指数	全省排名	生态环境保护指数	全省排名	社会和谐发展指数	全省排名
2008	76.0	4	73.6	3	55.0	6	60.4	3	71.8	4
2009	81.3	4	100.0	1	76.2	3	63.4	8	78.2	3
2010	87.1	4	89.0	4	68.2	5	80.7	7	86.7	3
2011	75.0	5	87.0	4	61.0	8	57.0	6	84.0	4
2012	89.2	4	74.3	4	71.1	7	57.1	6	82.0	4
2013	81.9	4	76.5	3	79.8	5	51.9	9	86.4	3
2014	83.0	3	84.3	4	92.0	3	41.5	13	84.7	3
"十二五"	81.3	4	84.6	4	67.7	8	54.5	10	85.0	5

（十三）宣城市

表 22　宣城市科学发展指数

年份	总指数		分指数								
	科学发展指数	全省排名	经济发展指数	全省排名	资源利用效率指数	全省排名	生态环境保护指数	全省排名	社会和谐发展指数	全省排名
2008	53.2	12	46.0	14	55.6	5	56.8	6	50.8	12
2009	43.8	15	59.9	5	72.5	6	51.1	13	53.7	12
2010	48.3	12	57.7	11	65.4	6	77.7	9	55.7	12
2011	47.0	12	47.0	13	62.0	7	56.0	9	54.0	12
2012	48.2	14	49.2	12	77.0	6	40.0	16	48.5	13
2013	54.7	13	56.4	8	52.9	14	49.4	11	52.1	13
2014	55.9	14	51.3	12	63.1	10	54.9	8	51.2	13
"十二五"	51.2	14	55.5	12	54.2	11	57.9	6	47.7	13

（十四）铜陵市

表 23　铜陵市科学发展指数

年份	总指数		分指数								
	科学发展指数	全省排名	经济发展指数	全省排名	资源利用效率指数	全省排名	生态环境保护指数	全省排名	社会和谐发展指数	全省排名
2008	85.0	3	71.8	4	98.2	2	58.0	5	82.0	3
2009	81.8	3	79.0	3	61.1	12	47.0	15	78.2	4
2010	92.0	3	93.5	3	62.5	7	61.7	14	85.3	4
2011	80.0	4	90.0	3	67.0	5	60.0	5	87.0	3
2012	99.6	2	88.7	3	77.2	4	46.6	11	100.0	1
2013	91.9	3	73.5	4	77.2	7	52.9	8	100.0	1
2014	98.7	2	93.8	2	90.7	4	40.0	16	100.0	1
"十二五"	90.1	2	92.5	2	76.2	5	53.2	11	97.2	4

（十五）池州市

表 24　池州市科学发展指数

年份	总指数		分指数							
	科学发展指数	全省排名	经济发展指数	全省排名	资源利用效率指数	全省排名	生态环境保护指数	全省排名	社会和谐发展指数	全省排名
2008	55.6	11	56.2	6	47.8	9	60.4	4	49.6	14
2009	67.3	6	58.7	6	75.5	5	67.0	6	61.3	10
2010	59.6	11	63.3	10	69.3	4	77.9	8	59.8	11
2011	56.0	10	57.0	11	70.0	4	71.0	2	60.0	11
2012	75.2	7	57.4	11	63.1	8	65.1	2	69.8	8
2013	74.2	8	55.6	10	76.4	9	59.9	2	71.9	8
2014	75.7	7	54.8	11	84.4	5	72.0	2	72.1	9
"十二五"	81.1	5	60.1	11	100.0	1	75.1	2	84.3	6

（十六）安庆市

表 25　安庆市科学发展指数

年份	总指数		分指数							
	科学发展指数	全省排名	经济发展指数	全省排名	资源利用效率指数	全省排名	生态环境保护指数	全省排名	社会和谐发展指数	全省排名
2008	60.4	9	50.8	11	47.8	10	56.2	7	62.8	9
2009	51.0	11	44.3	15	40.0	17	42.4	16	63.0	9
2010	69.7	7	76.9	6	46.5	14	92.5	3	67.5	9
2011	48.0	11	60.0	8	44.0	15	40.0	16	62.0	9
2012	51.9	11	66.9	5	50.2	12	46.5	12	64.6	9
2013	67.5	10	56.3	9	53.3	13	48.4	12	71.6	9
2014	70.9	10	62.6	8	40.0	16	60.5	5	72.5	8
"十二五"	66.8	9	65.9	8	50.2	12	61.6	4	80.6	7

（十七）黄山市

表 26　黄山市科学发展指数

年份	总指数		分指数								
	科学发展指数	全省排名	经济发展指数	全省排名	资源利用效率指数	全省排名	生态环境保护指数	全省排名	社会和谐发展指数	全省排名
2008	73.0	5	58.6	5	41.8	15	100.0	1	62.8	8
2009	75.2	5	55.4	7	68.6	8	100.0	1	72.4	6
2010	77.1	5	71.2	7	59.3	8	77.4	10	74.7	5
2011	81.0	3	66.0	5	87.0	2	100.0	1	75.0	8
2012	95.4	3	66.1	6	55.8	10	100.0	1	82.3	3
2013	100.0	1	57.0	6	81.4	3	100.0	1	80.2	6
2014	80.6	5	68.2	6	50.0	13	100.0	1	81.3	5
"十二五"	85.0	3	69.5	5	60.9	9	100.0	1	100.0	1

（课题负责人：孙自铎；成员：徐本纯、张谋贵、秦柳、许红；执笔：张谋贵）

基于"五大发展理念"的
安徽五大发展指数评价(2017)

课题组

一、研究背景、研究现状及研究意义

(一)研究背景

改革开放以来,中国经济社会取得了突飞猛进的发展,GDP 作为衡量经济发展水平的指标起到了很好的导向作用。但随着经济和社会的快速发展也带来了一些问题,如环境污染、资源消耗过大、发展不可持续、人们幸福感不强等。中国经济社会发展已到了非常关键的"十字路口"。如果发展方式不转变,就会影响发展的质量,有可能陷入"中等收入陷阱",因此特别需要新的理论来指导中国经济社会的发展。党的十八届五中全会提出了创新、协调、绿色、开放、共享"五大发展理念",党的十九大报告中进一步强调,中国进入中国特色社会主义新时代,发展必须是科学发展,坚定不移贯彻创新、协调、绿色、开放、共享的发展理念,为破解当前发展的难题提供了新的路径。"五大发展理念"是在深刻总结国内外发展经验教训的基础上形成的,也是针对我国发展中的突出矛盾和问题提出来的,集中反映了我们党对经济社会发展规律认识的深化,是"十三五"乃至更长时期我国发展思路、发展方向、发展着力点的集中体现,是管全局、管根本、管长远的导向。"五大发展理念"是习近平新时代中国特色社会主义思想的重要组成部分,是新时代坚持和发展中国特色社会主义的基本方略。

当前,安徽面对复杂多变的宏观环境,强化创新驱动,聚焦调整转促,经济社会快速发展,呈现良好的势头。但当前区域竞争十分激烈,不进则退。安徽还必须加快发展,科学发展,认真贯彻落实好"五大发展理念"。为了让"五大发展理念"在实践中落到实处,本课题根据"五大发展理念"编制五大发展指数,正确评价各市在践行"五大发展理念"方面的成绩和不足,为安徽各城市加快发展提供智力支撑。需要强调的是,本研究旨在探讨安徽各市在发展中的长处和不足,以期为政府提供决策参考,并非政府绩效考核依据。

(二)研究现状及研究意义

自从"五大发展理念"提出后,学术界的专家学者从不同视角展开了讨论和研究,并且取得了一定的进展和学术成果。这些研究成果多散见于期刊报纸论文之中,目前关于"五大发展理念"专门的学术著作较少。当前学术界关于这一课题的研究特点主要体现在以下几个方面:

(1)"五大发展理念"的基本内涵及其内在逻辑关系。有学者认为"五大发展理念"是一个有着内在严密逻辑体系的整体,其每个方面各具有功能,对于推进中国特色社会主义发展表现出不同的价值功用。与此同时,"五大发展理念"又旨在实现高质量和高效益的战略发展,以将中国特色社会主义的未来发展路线塑造出来。"五大发展理念"之间相互促进,建立了密切关联,构成中国发展的行动指南,对中国的未来发展之路具有指导性意义。

(2)"五大发展理念"的哲学思想。有学者认为"五大发展理念"与马克思主义发展理论一脉相承,既体现了东方发展观的智慧,又为马克思主义发展理论注入了时代的新内涵,更提出了促进人的全面发展的新途径,是对马克思主义发展理论的重大新贡献。有的学者从哲学的视域审视"五大发展理念",能够从更深层次把握其提出的必然性和科学逻辑。有的学者用唯物史观和辩证法具体分析"五大发展理念",论证了其提出的必然性和合理性,符合社会发展规律和人民利益至上的价值取向。

（3）"五大发展理念"指标评价体系。有学者在深入研究和把握"五大发展理念"科学内涵的基础上,构建"五大发展理念"统计评价指标体系,指导地方政府落实"五大发展理念"。如杜洪策、路鑫、邱昭睿运用5个一级指标、14个二级指标和45个三级指标构建了滨海新区"五大发展理念"统计评价指标体系,确定了45个三级指标,并对2015年滨海新区"五大发展理念"的实现程度进行测算。周志鹏构建了山东省"五大发展理念"指标体系,得出了山东省各区域的"五大发展理念"指数。丁雪、胡玉成紧扣"五大发展理念",建立指标体系,对中国31个省（市、自治区）的竞争力进行客观评价。詹新宇、崔培培利用"五大发展理念"的基础,建立指标体系,对中国省际经济增长质量进行了测度与评价。

综上所述,当前学术界关于"五大发展理念"研究还处于起步阶段,研究领域多集中于"五大发展理念"基本内涵、必要性、基本特征、价值意义以及哲学视域分析等方面,在"五大发展理念"落实方面研究尚需要进一步深化和拓展。"五大发展理念"既是当前我国经济社会发展的指导理论,又是未来较长时期经济社会发展的行动指南。"五大发展理念"是一种发展的理念,在不同的地域和发展阶段,市场主体理解程度是不一样的,因此对"五大发展理念"的践行程度也不一样。如何将"五大发展理念"落实到各级政府的工作中去,是亟待解决的问题。要保证"五大发展理念"落实,最好的办法是建立量化指标,地方政府通过量化指标发现所管辖区发展的长处及不足。因此,构建五大理念发展指数,可以定量地测评各地政府对"五大发展理念"的落实情况,对保证经济社会又好又快发展有着重要的现实意义。

虽然少数地方建立了"五大发展理念"指标评价体系,但城市定位不同,发展模式不同,城市的特色不同,五大发展指数指标体系的构建也有所差别,因此,其他地区的"五大发展理念"指标评价体系还不能直接拿来使用,必须立足安徽城市的特点,以及不同城市数据的可得性与可比性,建立特有的指标评价体系。

二、"五大发展理念"的内涵

构建五大发展指标体系,必须正确理解"五大发展理念"的概念和内涵及各理念之间的关系。"五大发展理念"集中体现了中国在今后的五年发展进程中,甚至更长一段时期,中国特色社会主义现代化都要按照这个发展思路展开工作,而发展方向、发展着力点也在"五大发展理念"中确定下来。把握"五大发展理念"这个贯穿于"十三五"规划的灵魂和主线,不仅要对发展理念有深刻认识,还要深刻领会和把握"五大发展理念"的科学内涵。

坚持创新发展,就是把创新摆在国家发展全局的核心位置,不断推进理论创新、制度创新、科技创新、文化创新等各方面创新,让创新贯穿党和国家一切工作,让创新在全社会蔚然成风。

坚持协调发展,就是把握中国特色社会主义事业总体布局,正确处理发展中的重大关系,重点促进城乡区域协调发展,促进经济社会协调发展,促进新型工业化、信息化、城镇化、农业现代化同步发展,在增强国家硬实力的同时注重提升国家软实力,不断增强发展整体性。

坚持绿色发展,就是坚持节约资源和保护环境的基本国策,坚持可持续发展,坚定走生产发展、生活富裕、生态良好的文明发展道路,加快建设资源节约型、环境友好型社会,形成人与自然和谐发展现代化建设新格局,推进美丽中国建设,为全球生态安全做出新贡献。

坚持开放发展,就是顺应我国经济深度融入世界经济的趋势,奉行互利共赢的开放战略,发展更高层次的开放型经济,积极参与全球经济治理和公共产品供给,提高我国在全球经济治理中的制度性话语权,构建广泛的利益共同体。

坚持共享发展,就是坚持发展为了人民、发展依靠人民、发展成果由人民共享,做出更有效的制度安排,使全体人民在共建共享发展中有更多获得感,增强发展动力,增进人民团结,朝着共同富裕方向稳步前进,这也是社会主义的本质属性。

"五大发展理念"之间的辩证关系可以概括为创新是动力,协调是方法,绿色是方式,开放是战略,共享是目的。

三、五大发展指数指标体系的构建

（一）指标构建的原则

"五大发展理念"评价系统是一个多要素、多维、多层次的复杂系统,指标的选择非常关键。指标既体现"五大发展理念"的全面内涵,力求指标的全面性,又要指标的简洁和数据可得性,还要对指标有一个完整的诠释;此外,指标之间要尽量保持独立性,防止指标庞杂和重叠。因此,在分析国内外指标体系设置原理的基础上,借鉴国内外经验和做法,紧扣"五大发展理念"内在要求,确定以下指标选取的原则:

1.科学性与可行性

评价指标体系要体现科学性,做到指标选取与"五大发展理念"的要求相吻合,同时,指标的设置不可过于繁杂,力求准确和简洁可行。要充分考虑指标的代表性和动态性,兼顾统计资料的可获取性,使指标可采集、可量化、可对比,做到综合系统、简便易行、务实有效,能够及时监测,较好地评价"五大发展理念"落实的程度。

2.系统性与层次性

创新、协调、绿色、开放、共享系统是一个复杂的巨系统,它由不同层次、不同要素组成。而且这些系统既相互联系又相互独立,在不同层次上应有不同的管理指标体系,以利于政府决策者在不同层次上对经济社会发展进行调控。指标体系既要客观地反映系统发展的状态,又要避免指标之间的重叠。

3.代表性与可比性

所谓代表性,是指各评价指标在其适用范围内应具有充分的代表性。每一个指标都要以特定的角度反映系统运行质的特征。所谓可比性,是指各考核指标应能进行横向、纵向比较,具有区域间的可比性和历史可比性。"五大发展理念"强调发展,发展是动态的。为了体现可比性,消除城市大小对指标体系的影响,尽量使用相对量指标,少用绝对量指标。

4.稳定性与前瞻性

评价指标需要有相对的稳定性,才能保持客观连续性,但同时要有前瞻性,指标体系还要体现出一定的先导性与前瞻性,对落实好"五大发展理念"产生引领作用。"五大发展理念"是发展的,是一个长期的动态演变过程,反映这一进程的指标体系也应该是动态变化的。一方面,各评价指标应具有时代特征,能充分体现这一进程的方向和目标。另一方面,评价指标体系应具有一定阶段的稳定性。同时,在构建考核指标体系时,不但要考虑当前的需要,还要有一定的超前性,不仅要评价当前效益,还应能评价长期效益,要充分预测指标的发展变化,使评价指标体系的使用具有长远性。

(二)指标体系

根据上述基本原则,结合各地的实际,考虑指标的可得性,同时合理借鉴当前"五大发展理念"的研究成果,形成"五大发展指数"评价指标体系。

表 1　五大发展指标体系

一级指标	二级指标	指标性质	备注
创新发展	R&D 经费支出占 GDP 比重（x_1）	正向	
	高新技术产业增加值占工业增加值比重（x_2）	正向	
	全员劳动生产率（x_3）	正向	
	万人专利授权量（x_4）	正向	
	金融增加值占 GDP 比重（x_5）	正向	
	科技活动人员占就业人员比重（x_6）	正向	
	财政科学技术支出占财政预算总支出比重（x_7）	正向	
协调发展	农村与城镇居民可支配收入比（x_8）	正向	
	城镇化率（x_9）	正向	
	二、三产业占 GDP 比重（x_{10}）	正向	
	二、三产业就业人员比重（x_{11}）	正向	
	农村与城市居民教育文化娱乐支出之比（x_{12}）	正向	
	财政文化支出占财政预算总支出比重（x_{13}）	正向	
	县域 GDP 占全市比重（x_{14}）	正向	
绿色发展	空气质量优良率（x_{15}）	正向	
	城市生活垃圾无害化处理率（x_{16}）	正向	
	城区绿化覆盖率（x_{17}）	正向	
	森林覆盖率（x_{18}）	正向	
	城市污水集中处理率（x_{19}）	正向	
	万元 GDP 能耗（x_{20}）	逆向	倒数变成正向指标
	万元 GDP 水耗（x_{21}）	逆向	倒数变成正向指标
	万元 GDP 城市建设用地（x_{22}）	逆向	倒数变成正向指标
	万人公交车拥有量（x_{23}）	正向	
	每公顷农用地化肥农药使用量（x_{24}）	逆向	倒数变成正向指标
开放发展	外贸依存度（x_{25}）	正向	
	实际利用外资与本地投资比重（x_{26}）	正向	
	省级以上开发区销售收入占工业销售产值比重（x_{27}）	正向	
	万人货物周转量（x_{28}）	正向	
	百万人口上市公司数量（x_{29}）	正向	

（续表）

一级指标	二级指标	指标性质	备注
共享发展	人均 GDP（x_{30}）	正向	
	城镇居民收入（x_{31}）	正向	
	农村居民收入（x_{32}）	正向	
	人均公共财政预算支出（x_{33}）	正向	
	万人拥有医生数（x_{34}）	正向	
	万人拥有床位数（x_{35}）	正向	
	城镇居民人均住房面积（x_{36}）	正向	
	财政教育支出占财政预算总支出比重（x_{37}）	正向	
	公共服务支出占财政预算总支出比重（x_{38}）	正向	
	社会保障和就业财政支出占财政预算支出比重（x_{39}）	正向	
	每十万人拥有体育馆数（x_{40}）	正向	

（三）指标说明

1.创新发展

创新包括理论创新、制度创新、科技创新、文化创新等各方面创新，涉及指标比较多。本课题的数据主要来源于各市的统计年鉴，选取的指标必须在各市年鉴都能查找到，这样的指标才具有可比性。但由于数据有限性，虽然有些指标最能代表创新的核心指标，但难以获得数据，这样的指标不能选取。城市特色、地理位置不一样，有些指标不具有可比性，这样指标还是不能选取。基于此，这里列举了7项具体关键性创新指标来量化各主要城市对于创新发展的成果。

（1）R&D 经费支出占 GDP 比重：是当年全社会研究与发展的活动经费支出与地区 GDP 总量的比值，反映全社会对于研发投入的规模以及重视程度。

（2）高新技术产业增加值占工业增加值比重：是当年高新技术产业增加值占规模以上工业增加值的比重，反映高新技术产业对工业经济转型升级的贡献度，是科技创新的成果体现。

（3）全员劳动生产率:科学技术就是生产力。全员劳动生产率反映地区企业生产技术水平、经营管理水平、职工技术熟练程度和劳动积极性的综合表现,是技术创新、管理创新等直接成果。由于各城市计算方法不同,为统一统计口径兼顾数据可得性,公式为地区GDP/就业人员总数。

（4）万人专利授权量:为年末专利授权量与年末常住人口的比值,是地区科研产出质量和市场应用水平的综合指标。

（5）金融增加值占GDP比重:反映金融业对地区经济增长的贡献度,一定程度反映了地区金融创新程度。

（6）科技活动人员占就业人员比重:是当年从事科技活动人员数与就业人员总数的比值,反映地区发展对科技的重视程度。

（7）财政科学技术支出占财政预算总支出比重:是当年各地区财政对科学技术支出占财政公共预算总支出的比重,反映地区政府对科技投入的重视程度。

2.协调发展

协调发展主要是需要解决发展不平衡的问题,包括区域协调、城乡协调、物质文明和精神文明、收入协调等方面,涉及指标也较多,同样,省市的统计年鉴里,涉及协调发展的数据并不多。本文选取了7个关键指标衡量各主要城市协调发展的成果。

（1）农村与城镇居民可支配收入比:反映城乡居民的收入水平差距的指标。正向指标,指标越接近1,表明城乡居民收入差距越小。

（2）城镇化率:反映农村人口向城市聚集的过程和聚集程度,间接反映城乡一体化的进程,也是反映城乡协调发展的重要指标。

（3）二、三产业占GDP比重:主要反映经济发展结构指标,间接反映经济质量和产业结构协调指标。

（4）二、三产业就业人员比重:主要反映二、三产业就业人员结构的指标,间接反映产业就业人员结构协调指标。

（5）农村与城市居民教育文化娱乐支出之比:反映城乡居民在精神

文明发展方面的差距。

（6）财政文化支出占财政预算总支出比重:是各地区财政文化支出占财政公共预算总支出的比重,间接反映各地区文化协调的程度。

（7）县域GDP占全市比重:反映区域协调发展程度。

3.绿色发展

绿色发展包括资源节约和环境保护等方面,涉及的指标较多,本文同样考虑数据的可得性和可比性,选取了10项关键性指标衡量各主要城市绿色发展的成果。

（1）空气质量优良率:反映空气质量的综合指标,体现了发展对空气环境的影响程度。

（2）城区生活垃圾无害化处理率:城镇生活垃圾无害化处理率指城市生活垃圾资源化量占垃圾清运量的比值。反映城市对生活垃圾的处理能力。

（3）城区绿化覆盖率:反映城市环境生活质量的指标。

（4）森林覆盖率:反映地区森林面积占有情况和森林资源丰富程度及实现绿化程度的指标,也是反映对环境的重视程度指标。

（5）城市污水集中处理率:反映城市居民生活污水处理程序的重要指标。

（6）万元GDP能耗:反映地区能耗与创造GDP的对比指标,指标越小越好,逆向指标,体现资源节约指标,指标越小越好。

（7）万元GDP水耗:反映地区用水与创造GDP的对比指标,指标越小越好,逆向指标,体现资源节约指标,指标越小越好。

（8）万元GDP城市建设用地:反映使用建设用地与创造GDP的对比指标,逆向指标,越小越好,体现资源节约指标。

（9）万人公交车拥有量:反映城市居民公共交通状况的指标。侧面反映了绿色理念的落实状况。

（10）每公顷农用地化肥农药使用量:农业中化肥农药的使用情况,反映农业对环境的污染状况。逆向指标,指标越小越好。

4.开放发展

开放包括对外开放和对内开放,协同推进战略互信、经贸合作、人文交流,考虑数据可获得性和指标的可比性,本文选取了 5 项关键指标衡量各个城市开放发展的主要成果。

（1）外贸依存度:反映地区的对外贸易活动对该地区经济发展的影响以及经济增长对外贸的依赖程度,也是反映地区开放程度的指标。

（2）实际利用外资与本地投资比重:反映地区经济发展对外资的利用程度。

（3）省级以上开发区销售收入占工业销售产值比重:反映地区开放型经济的发展程度。

（4）万人货物周转量:货物周转量指在一定时期内,由各种运输工具实际完成运送过程的以重量和运送距离的复合单位(吨公里)计算的货物运输量。间接反映对外开放和对内开放的成果。

（5）百万人口上市公司数量:是上市公司数量和地区人口的比值。侧面反映地区的经济发展水平和开放水平。

5.共享发展

共享发展就是全体社会成员在经济社会发展中有更多的获得感,包括经济社会文化,涉及的指标也比较多,同样,考虑数据可获得性和指标的可比性,本文选取了 11 项指标衡量各主要城市共享发展成果。

（1）人均 GDP:反映地区经济发展状况的指标,人均 GDP 高,人民享受到的发展成果相对较多。

（2）城镇居民收入:反映城镇居民可支配收入水平高低的指标。

（3）农村居民收入:反映农村居民可支配收入水平高低的指标。

（4）人均公共财政预算支出:反映政府提供给市民公共产品及服务总体水平的指标,这指标越高,政府分给居民的福利就越多。

（5）万人拥有医生数:反映城市居民医疗服务水平的指标。

（6）万人拥有床位数:反映城市居民医疗服务水平的指标。

（7）城镇居民人均住房面积:反映居民居住水平的指标,一定程度上反映居民共享经济发展成果的指标。

（8）财政教育支出占财政预算总支出比重:反映政府用于居民公共教育支出水平。

（9）公共服务支出占财政预算总支出比重:反映政府提供给市民公共服务总体水平的指标。

（10）社会保障和就业财政支出占财政预算总支出比重:反映政府用于社会保障方面的支出水平的指标。

（11）每十万人拥有体育馆数:侧面反映了地区民生社会事业的发展状况。

四、评价方法的选择及数据来源

（一）各类综合评价方法及优劣

"五大发展理念"指标体系评价是一系列多指标、多维度的综合评价。无论是采用哪种评价方法,都是通过特定的方法将多指标浓缩为一个或几个指标进行比较和排序(见图1)。目前多指标评价方法较多,但每种方法都有优缺点,这就要根据指标体系的特点和指标体系内部的联系来选择评价方法。因此选择合适的评价方法,有利于评价结果与实际情况相符。

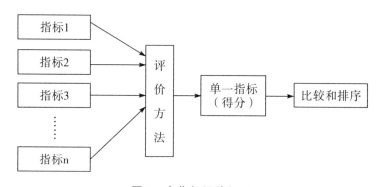

图1 多指标评价机理

多指标综合评价中,最终是通过评价指标与权重系数确定评价结果。因此,按照权数产生方法的不同,多指标综合评价方法可分为主观赋权评价法和客观赋权评价法两大类,其中主观赋权评价法采取定性的方法由专家根据经验进行主观判断而得到权数,然后再对指标进行综合评价,如层次分析法、综合评分法、模糊评价法、指数加权法和功效系数法等。客观赋权评价法则根据指标之间的相关关系或各项指标的变异系数来确定权数进行综合评价,如熵值法、神经网络分析法、TOPSIS法、灰色关联分析法、主成分分析法、变异系数法等。两种赋权方法特点不同,其中主观赋权评价法依据专家经验衡量各指标的相对重要性,有一定的主观随意性,受人为因素的干扰较大,在评价指标较多时难以得到准确的评价。客观赋权评价法综合考虑各指标间的相互关系,根据各指标所提供的初始信息量来确定权数,能够达到评价结果的精确,但是当指标较多时,计算量非常大,有时权重不能与指标的意义相符。下面就对当前应用较多的评价方法进行阐述。

1.变异系数法

（1）变异系数法原理。变异系数法是直接利用各项指标所包含的信息,通过计算得到指标的权重。是一种客观赋权的方法。此方法的基本做法是:在评价指标体系中,指标取值差异越大的指标,也就是越难以实现的指标,这样的指标更能反映被评价单位的差距。例如,在评价区域的经济发展状况时,选择人均国内生产总值（人均GDP）作为评价的标准指标之一,是因为人均GDP不仅能反映各个地区的经济发展水平,还能反映一个地区的现代化程度。如果各个地区的人均GDP没有多大的差别,则这个指标用来衡量现代化程度、经济发展水平就失去了意义。

由于评价指标体系中的各项指标的量纲不同,不宜直接比较其差别程度。为了消除各项评价指标的量纲不同的影响,需要用各项指标的变异系数来衡量各项指标取值的差异程度。各项指标的变异系数公式如下:

$$V_i = \frac{\sigma_i}{\bar{x}_i} \quad (i = 1, 2, \cdots, n)$$

式中:V_i是第i项指标的变异系数,也称为标准差系数;σ_i是第i项指标的标准差;$\overline{x}_i$是第i项指标的平均数。

各项指标的权重为:

$$W_i = \frac{V_i}{\sum\limits_{i=1}^{n} V_i}$$

(2)变异系数法的优点和缺点。当由于评价指标对于评价目标而言比较模糊时,采用变异系数法评价进行评定是比较合适的,适用各个构成要素内部指标权数的确定,在很多实证研究中也多数采用这一方法。缺点在于对指标的具体经济意义重视不够,也会存在一定的误差。

2.层次分析法

(1)层次分析法原理。层次分析法(AHP法)是一种解决多目标的复杂问题的定性与定量相结合的决策分析方法。该方法将定量分析与定性分析结合起来,用决策者的经验判断各衡量目标能否实现的标准之间的相对重要程度,并合理地给出每个决策方案的每个标准的权数,利用权数求出各方案的优劣次序,比较有效地应用于那些难以用定量方法解决的课题。

层次分析法根据问题的性质和要达到的总目标,将问题分解为不同的组成因素,并按照因素间的相互关联影响以及隶属关系将因素按不同层次聚集组合,形成一个多层次的分析结构模型,从而最终使问题归结为最低层(供决策的方案、措施等)相对于最高层(总目标)的相对重要权值的确定或相对优劣次序的排定。层次分析法的步骤为:一是建立层次结构模型,二是构造判断(成对比较)矩阵,三是层次单排序及一致性检验,四是计算组合权重和组合一致性检验。

(2)层次分析法的优点和缺点。层次分析法的特点是在对复杂的决策问题的本质、影响因素及其内在关系等进行深入分析的基础上,利用较少的定量信息使决策的思维过程数学化,从而为多目标、多准则或无结构特性的复杂决策问题提供简便的决策方法。尤其适合于对决策结果难于直接准确计量的场合。层次分析法为这类问题的决策和排序提供了一种新的、简洁而实用的建模方法。

但层次分析法也有其局限性，主要表现在：

（i）它在很大程度上依赖于人们的经验，主观因素的影响很大，它至多只能排除思维过程中的严重非一致性，却无法排除决策者个人可能存在的严重片面性。

（ii）当指标量过多时，对于数据的统计量过大，此时的权重难以确定。AHP 至多只能算是一种半定量（或定性与定量结合）的方法。

3.熵值法

（1）熵值法原理。熵值法是一种客观赋权法，其根据各项指标观测值所提供的信息的大小来确定指标权重。设有 m 个待评方案，n 项评价指标，形成原始指标数据矩阵 $X = (x_{ij})_{m \times n}$，对于某项指标 x_j，指标值 X_{ij} 的差距越大，则该指标在综合评价中所起的作用越大；如果某项指标的指标值全部相等，则该指标在综合评价中不起作用。在信息论中，熵是对不确定性的一种度量。信息量越大，不确定性就越小，熵也就越小；信息量越小，不确定性越大，熵也越大。根据熵的特性，我们可以通过计算熵值来判断一个事件的随机性及无序程度，也可以用熵值来判断某个指标的离散程度，指标的离散程度越大，该指标对综合评价的影响越大。因此，可根据各项指标的变异程度，利用信息熵这个工具，计算出各个指标的权重，为多指标综合评价提供依据。

（2）熵值法优点和缺点。熵值法是根据各项指标值的变异程度来确定指标权数的，这是一种客观赋权法，避免了人为因素带来的偏差，但由于忽略了指标本身重要程度，有时确定的指标权数会与预期的结果相差甚远，同时熵值法不能减少评价指标的维数。

4.主成分法

（1）主成分原理。主成分分析是将多个变量通过线性变换以选出较少个数重要变量的一种多元统计分析方法，又称主分量分析。在实际问题中,为了全面分析问题,往往提出很多与此有关的变量(或因素),因为每个变量都在不同程度上反映这个课题的某些信息。但是,在用统计分析方法研究这个多变量的课题时,变量个数太多就会增加课题的复杂性。人们自然希望变量个数较少而得到的信息较多。在很多情形下变量之间是有一定的相关关系的,当两个变量之间有一定相关关系时,可以解释为这两个变量反映此课题的信息有一定的重叠。主成分分析是对于原先提出的所有变量,建立尽可能少的新变量,使得这些新变量是两两不相关的,而且这些新变量在反映问题的信息方面尽可能保持原有的信息。信息的大小通常用离差平方和或方差来衡量。主成分分析是数学上对数据降维的一种方法。其基本思想是设法将原来众多的具有一定相关性的指标 $X_1, X_2, \cdots, X_p$(比如 P 个指标),重新组合成一组较少个数的互不相关的综合指标 F_m 来代替原来指标。那么综合指标应该如何去提取,使其既能最大限度地反映原变量 F_p 所代表的信息,又能保证新指标之间保持相互无关(信息不重叠)。

(2)主成分法的优点和缺点。主成分分析法具有处理多个具有一定相关性变量的能力,因此,主成分分析法适用于任何领域的多变量分析。主成分分析法对于各评价指标排序,可以直观地分析出起决定性作用和对综合评价结果影响较大的评价指标。但是,它对于主要指标的依赖性过大,对研究所选取指标体系是一个考验。

(二)本研究综合评价方法选择

综上所述,各种综合评价方法各有优缺点,没有最好的方法,只有相对实际情况的较适合方法。"五大发展指数"涉及的五个方面指标,在创新发展、协调发展、绿色发展、开放发展和共享发展指标选取中,选取五个方面指标较多,很难说哪种方法最好。无论采用哪种方法,都有一个赋权问题。如果采用人为主观赋权,指标太多难以把握,因此,我们采用客观赋权法,以上几种方法除层次分析法是主观和客观相结合方法赋权,其他三种方法都是客观赋权法。本研究采取变异系数的赋权法,以变异系数计算客观权重(也即权重取得于指标的标准差与平均数比值，即某项指标，比较对象指标值差距越大，权重也就越大，比较对象的指标值差距越小，权重也就越小)，根据客观权重计算指数。

(三) 变异系数法基本步骤

(1) 用 z-score 方法对分指标进行无量纲化处理

由于不同指标往往具有不同的量纲和量纲单位，为了消除由此带来的不可公度性，对评价指标进行无量纲化处理。

设原始数据矩阵为 X = $(x_{ij})m×n$，标准化后的矩阵为 Y = $(y_{ij})m×n$，

对于正向单向指标(即指标值越大越好)，用下列方法进行标准化处理：

$$Y_{ij}\frac{X_{ij}-min\{X_j\}}{max\{X_j\}-min\{X_j\}}$$

对于逆向指标(即指标值越小越好)，可取该指标的倒数后再按下列方法处理。

$$Y_{ij}=\frac{max\{X_j\}-X_{ij}}{max\{X_j\}-min\{X_j\}}$$

$\overline{X_j}$ 为第 j 个指标的平均数，$\overline{X_j}=(1/m)×\sum_{j=1}^{n}x_{ij}$

sj 为第 j 个指标的标准差：$\delta j=\sqrt{[1/(m-1)]\sum_{i=1}^{n}(x_{ij}-\overline{X_j})^2}$

变异系数为：

$$V_i=\frac{\sigma_i}{\overline{x_i}}\ (i=1,2,\cdots,n)$$

(2) 计算客观权重：

$$v_j=\frac{\delta_j}{\Sigma\delta_j},(j=1,2,\cdots,n)$$

(3) 分别计算各系统的综合得分值和各指标的得分

$F=v_j×y_{ij}$

所有各系统总分之和是总得分。

（四）比较对象选取和数据来源

本文比较对象的选取为安徽 16 个地级城市。

本研究的数据来源于 2016—2017 年安徽省及各市的统计年鉴的数据，使用 2016 年的数据。

五、计算结果

根据上述方法，运用 SPSS21.0，对安徽省地级城市五大发展指数的计算如下：

表 2　安徽省地级城市五大发展指数得分

城市	创新发展指数		协调发展指数		绿色发展指数		开放发展指数		共享发展指数	
	得分	排名	得分	排名	得分	排名	得分	排名	得分	排名
合肥	0.9467	1	0.4838	4	0.3200	6	0.6047	1	0.8054	1
淮北	0.2224	10	0.4034	10	0.1106	15	0.3343	9	0.3486	9
亳州	0.0824	15	0.3602	11	0.2683	10	0.3638	7	0.1780	14
宿州	0.0837	14	0.2637	14	0.2801	8	0.1784	14	0.1323	16
蚌埠	0.4071	5	0.2390	15	0.1761	13	0.5354	3	0.3522	7
阜阳	0.0758	16	0.2306	16	0.1467	14	0.2698	11	0.1882	13
淮南	0.1604	12	0.2859	12	0.0824	16	0.0471	16	0.4088	6
滁州	0.3015	7	0.4508	7	0.3091	7	0.3565	8	0.1348	15
六安	0.1240	13	0.4627	6	0.4090	4	0.1936	13	0.2117	12
马鞍山	0.5819	3	0.4320	8	0.1901	12	0.4966	4	0.4604	4
芜湖	0.9202	2	0.4806	5	0.2795	9	0.4847	5	0.5913	2
宣城	0.3230	6	0.5074	3	0.5806	2	0.3805	6	0.3507	8
铜陵	0.4721	4	0.2655	13	0.2261	11	0.5364	2	0.5105	3
池州	0.2235	9	0.4125	9	0.5096	3	0.2222	12	0.3368	10
安庆	0.1705	11	0.5913	2	0.3567	5	0.1705	15	0.2331	11
黄山	0.2342	8	0.6236	1	0.7646	1	0.2775	10	0.4558	5

表 3　安徽省地级城市五大发展总指数得分

城市	总指数	
	得分	排名
合肥	3.1605	1
淮北	1.4193	11
亳州	1.2527	13
宿州	0.9381	15
蚌埠	1.7099	7
阜阳	0.9111	16
淮南	0.9847	14
滁州	1.5527	9
六安	1.4010	12
马鞍山	2.1610	4
芜湖	2.7564	2
宣城	2.1423	5
铜陵	2.0106	6
池州	1.7046	8
安庆	1.5221	10
黄山	2.3557	3

（一）总指数计算结果

根据以上模型计算结果，安徽省"五大发展总指数"得分排在前5名的城市分别为合肥、芜湖、黄山、马鞍山和宣城市，合肥市遥遥领先。第六至第十名的分别为铜陵、蚌埠、池州、滁州和安庆市（图2）。

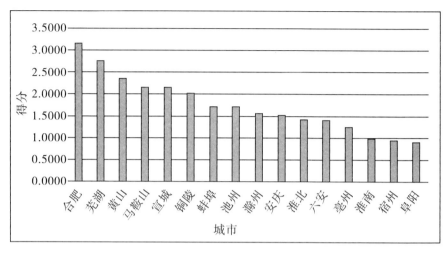

图 2　安徽省地级城市五大发展总指数得分

(二)分指数计算结果

1.创新发展指数

创新发展指数排在前 5 位的城市分别为合肥、芜湖、马鞍山、铜陵和蚌埠,第一名和第二名差距较小,但第二名与第三名差距较大。排在第六至第十名的分别是宣城、滁州、黄山、池州和淮北。

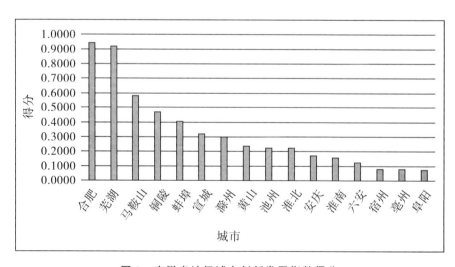

图 3　安徽省地级城市创新发展指数得分

2.协调发展指数

协调发展指数排在前 5 位的城市分别为黄山、安庆、宣城、合肥和芜湖。排在第六至第十名的分别是六安、滁州、马鞍山、池州和淮北。

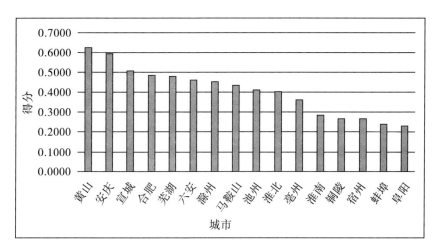

图 4　安徽省地级城市协调发展指数得分

3.绿色发展指数

绿色发展指数排在前 5 位的城市分别为黄山、宣城、池州、六安和安庆。排在第六至第十名的分别是合肥、滁州、宿州、芜湖和亳州。

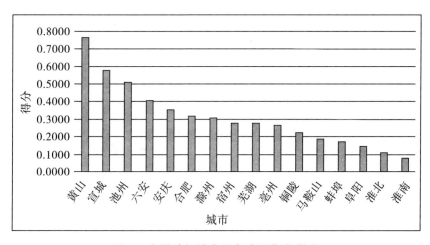

图 5　安徽地级城市绿色发展指数得分

4.开放发展指数

开放发展指数排在前 5 位的城市分别为合肥、铜陵、蚌埠、马鞍山和芜湖。排在第六至第十名的分别是宣城、亳州、滁州、淮北和黄山。

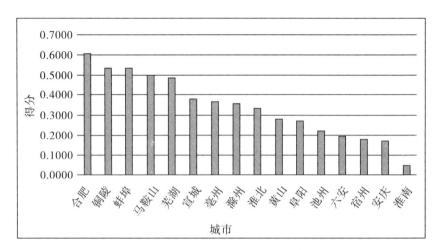

图 6　安徽地级城市开放发展指数得分

5.共享发展指数

共享发展指数排在前 5 位的城市分别为合肥、芜湖、铜陵、马鞍山和黄山。排在第六至第十名的分别是淮南、蚌埠、宣城、淮北和池州。

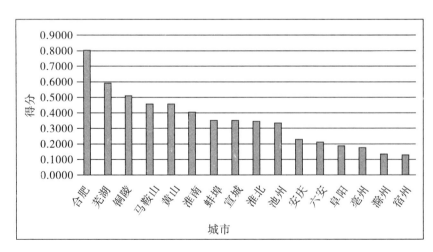

图 7　安徽地级城市共享发展指数得分

六、各城市优势和劣势指标点评

（一）合肥市

创新发展指数指标：全社会 R&D 经费支出占 GDP 比重、高新技术产业增加值占工业增加值比重、全员劳动生产率、万人专利授权量、金融增加值占 GDP 比重、科技活动人员占就业人口比重、财政科学技术支出占财政总支出比重这 7 项创新发展指标都在全省居于领先地位。

协调发展指数指标：城镇化率、二三产业比重、二三产业就业人员比重三项指标处在全省前列，农村居民与城市居民收入比、农村居民与城市居民文化消费之比两项指标处在中等偏高地位，财政文化支出占财政总支出比重、县域 GDP 占全市比重两项指标在全省不高，是弱项指标。

绿色发展指数指标：万元 GDP 能耗、万人公交车拥有量两项指标在全省处于领先水平，万元 GDP 占城市建设用地在全省处于中等水平，空气质量优良率、城市生活垃圾无害化处理率、城市污水集中处理率、城区绿化覆盖率、森林覆盖率、万元 GDP 地区水耗、每公顷耕地化肥农药使用量指标都不高，在全省处于中下水平。

开放发展指数指标：省级以上开发区销售收入占工业销售产值、百万人口拥有上市公司数量两项指标处于全省领先水平，外贸依存度在全省处于中等水平，实际利用外资与本地投资比重、万人货物周转量在全省处于中下水平。

共享发展指数指标：人均 GDP、城镇居民收入、万人拥有医生数、万人拥有床位数、每十万人拥有体育馆数 5 项指标在全省领先，农村居民收入、人均财政公共预算支出在全省处于中等偏上的位置，城镇居民人均住房面积、财政教育支出占财政总支出比重、公共服务支出占财政支出比重、社会保障和就业财政支出占财政支出比重 4 项指标相对弱，在全省处于劣势。

（二）淮北市

创新发展指数指标：全员劳动生产率指标处在全省中等的位置，

R&D 经费支出占 GDP 比重、高新技术产业增加值占工业增加值比重和科技活动人员占就业人口比重这三项指标在全省排在中等偏后的位置，而其他创新发展指标在全省相对较弱，万人专利授权量、金融增加值占GDP 比重以及财政科学技术支出占财政总支出比重等这些指标在全省排名较后，还有较大的提升空间。

协调发展指数指标：城镇化率和二、三产业比重这两项指标在全省处于领先水平，二、三产业就业人员比重、财政文化支出占财政预算总支出比重以及农村与城镇居民教育文化娱乐支出比这三项指标在全省处于中等水平。而农村与城镇居民可支配收入比和县域 GDP 占全市比重这两项指标相对偏弱，是劣势指标。

绿色发展指数指标：城区绿化覆盖率这项指标处在全省领先水平，城市污水集中处理率在全省处于中下水平，其余各项指标包括空气质量优良率、森林覆盖率、万人公交车拥有量以及每公顷农用地化肥农药使用量等在全省排名都相对靠后，是劣势指标。

开放发展指数指标：实际利用外资占本地投资比重这项指标在全省处于中等偏上的位置，万人货物周转量指标处在全省中等水平，而百万人口上市公司数量这项指标处在全省中等偏下的水平，外贸依存度和省级以上开发区销售收入占工业销售产值这两项指标相对较弱，在全省属于劣势。

共享发展指数指标：财政教育支出占财政预算总支出的比重在全省属于领先水平，万人拥有医生数和公共服务支出占财政预算总支出这两项指标在全省处于中等偏上水平，城镇居民人均住房面积在全省属于中等水平，人均 GDP 指标在全省属于中等偏下的水平，其他指标相对较弱，在全省范围内处于劣势。

(三)亳州市

创新发展指数指标：高新技术产业增加值占工业增加值比重处在全省中等水平，R&D 经费支出占 GDP 比重、全员劳动生产率、万人专利授权量、金融增加值占 GDP 比重、科技活动人员占就业人口比重、财政科学技术支出占财政预算总支出比重等其他创新指标在全省排名相对靠后，属于劣势指标。

协调发展指数指标：县域 GDP 占全市比重和农村与城镇居民教育文化娱乐支出比这两项指标在全省处于领先水平，城镇化率和二三产业比重、二三产业就业人员比重、财政文化支出占财政预算总支出比重等其他协调发展指标相对偏弱，在全省处于劣势。

绿色发展指数指标：城市污水集中处理率、万元 GDP 能耗这两项指标在全省处于领先水平，万元 GDP 水耗以及万元 GDP 城市建设用地这两项指标在全省处于中等偏上的水平，而空气质量优良率、城区绿化覆盖率、森林覆盖率、万人公交车拥有量以及每公顷农用地化肥农药使用量等指标都在全省排名中处于劣势地位。

开放发展指数指标：实际利用外资占本地投资比重和万人货物周转量这两项指标在全省属于领先水平，省级以上开发区销售收入占工业销售产值这项指标处在全省中等水平，而百万人口上市公司数量、外贸依存度这两项指标相对较弱，与其他城市相比处于劣势。

共享发展指数指标：城镇居民人均住房面积和财政教育支出占财政预算总支出的比重这两项指标在全省处于领先位置，社会保障和就业财政支出占财政支出比重在全省处于中等水平，其他指标包括人均 GDP、农村居民收入、城镇居民收入、人均财政公共预算支出、万人拥有医生数、万人拥有床位数、公共服务支出占财政预算总支出比重以及每十万人拥有体育馆数等指标在全省范围内排名较后，属于相对劣势，还有很大的提升空间。

（四）宿州市

创新发展指数指标：金融增加值占 GDP 比重处在全省中等偏下的位置，而包括 R&D 经费支出占 GDP 比重、高新技术产业增加值占工业增加值比重、全员劳动生产率、万人专利授权量、科技活动人员占就业人口比重和财政科学技术支出占财政预算总支出比重等其他创新指标在全省范围内均排名靠后,相对劣势,创新发展还有较大的提升空间。

协调发展指数指标:县域 GDP 占全市比重这项指标在全省处于中等偏上的水平,农村与城镇居民教育文化娱乐支出之比这项指标在全省处在中等偏下的位置,其他指标如城镇化率、二三产业比重、二三产业就业人员比重、财政文化支出占财政预算总支出比重等其他协调发展指标相对偏弱,在全省处于劣势位置。

绿色发展指数指标:万元 GDP 水耗以及万元 GDP 城市建设用地这两项指标在全省处于领先水平,城市污水集中处理率这项指标处在全省中等偏上的位置,城区绿化覆盖率、万元 GDP 能耗这两项指标在全省范围内处于中等位置,而空气质量优良率、森林覆盖率、万人公交车拥有量以及每公顷农用地化肥农药使用量等指标都在全省排名中处于劣势地位。

开放发展指数指标:实际利用外资占本地投资这项指标在全省处于中等水平,万人货物周转量在全省处于中等偏下的位置,百万人口上市公司数量、外贸依存度和省级以上开发区销售收入占工业销售产值等其他指标相对较弱,与其他城市相比处于劣势。

共享发展指数指标:财政教育支出占财政预算总支出的比重这项指标在全省处于领先位置,人均 GDP、农村居民收入、城镇居民收入、万人拥有医生数、万人拥有床位数、人均财政公共预算支出、城镇居民人均住房面积、公共服务支出占财政预算总支出比、社会保障和就业财政支出占财政预算总支出比重以及每十万人拥有体育馆数等其他共享发展指标相对较弱,还有很大的提升空间。

(五)蚌埠市

创新发展指数指标:R&D 经费支出占 GDP 比重、高新技术产业增加值占工业增加值比重这两项指标处在全省的中等偏上位置,全员劳动生产率、科技活动人员占就业人口比重和财政科学技术支出占财政预算总支出比重这三项处在全省中等偏下的水平,而万人专利授权量、金融增加值占GDP比重等指标在全省处于相对劣势地位,还有提升的空间。

协调发展指数指标:城镇化率、二三产业比重和县域GDP占全市比重这三项指标在全省排名处在中等位置,农村与城市居民收入比在全省处于中等偏下的水平,而二三产业就业人员比重、农村与城市居民教育文化娱乐支出之比以及财政文化支出占财政预算总支出比重这三项指标都排名不高,是弱项指标。

绿色发展指数指标:城市污水集中处理率和万元GDP能耗两项指标在全省处于领先水平,而万人公交车拥有量这项指标在全省处于中等水平,空气质量优良率、城区绿化覆盖率、森林覆盖率、万元GDP水耗、万元GDP占城市建设用地和每公顷耕地化肥农药使用量指标都排名较后,在全省处于劣势,还有很大的提升空间。

开放发展指数指标:实际利用外资与本地投资比重在全省处于领先水平,省级以上开发区销售收入占工业销售产值这项指标也处在全省中等偏上的位置,而外贸依存度、万人货物周转量、百万人口拥有上市公司数量等三项指标与其他城市相比排名较后,是弱项。

共享发展指数指标:财政教育支出占财政预算总支出比重这项指标在全省领先,万人拥有床位数在全省排名中等偏上的位置,而万人拥有医生数在全省排名中等水平,人均GDP、农村居民收入和人均财政公共预算支出这三项指标在全省处于中等偏下的水平,而城镇居民收入、城镇居民人均住房面积、公共服务支出占财政预算总支出比、社会保障和就业财政支出占财政预算总支出比重以及每十万人拥有体育馆数这些指标相对较弱,在全省处于劣势。

（六）阜阳市

创新发展指数指标:金融增加值占GDP比重这项指标处在全省的中等位置,其他指标包括R&D经费支出占GDP比重、高新技术产业增加值占工业增加值比重、全员劳动生产率、万人专利授权量、科技活动人员占就业人口比重以及财政科学技术支出占财政预算总支出比重等指标相对排名较后,属于劣势,还有很大的提升空间。

协调发展指数指标:县域 GDP 占全市比重这项指标在全省排名处在领先位置,而二三产业比重在全省处在中等偏下的水平,而农村与城市居民收入比、城镇化率、二三产业就业人员比重、农村与城市居民教育文化娱乐支出之比以及财政文化支出占财政总支出比重这几项指标在全省都处于劣势。

绿色发展指数指标:万元 GDP 水耗在全省处于中等偏下的水平,而空气质量优良率、城市污水集中处理率、城区绿化覆盖率、森林覆盖率、万元 GDP 能耗、万元 GDP 占城市建设用地、万人公交车拥有量以及每公顷耕地化肥农药使用量这些指标都不高,属于劣势指标。

开放发展指数指标:省级以上开发区销售收入占工业销售产值和万人货物周转量这两项指标在全省处于领先水平,而外贸依存度、实际利用外资与本地投资比重、百万人口拥有上市公司数量等三项指标与其他城市比较排名较后,在全省处于劣势,还有很大的提升空间。

共享发展指数指标:城镇居民人均住房面积和财政教育支出占财政预算总支出比重这两项指标都在全省排名第一,处于领先地位。社会保障和就业财政支出占财政支出比重在全省处在中等偏上的位置,而其他指标包括人均 GDP、农村居民收入、城镇居民收入、万人拥有床位数、万人拥有医生数、人均财政公共预算支出、公共服务支出占财政预算总支出比以及每十万人拥有体育馆数等这些指标相对偏弱,在全省处于劣势。

(七)淮南市

创新发展指数指标:R&D 经费支出占 GDP 比重在全省排名中处在中等偏下位置,其他指标包括高新技术产业增加值占工业增加值比重、全员劳动生产率、万人专利授权量、金融增加值占 GDP 比重、科技活动人员占就业人口比重以及财政科学技术支出占财政预算总支出等指标在全省处于劣势地位。

协调发展指数指标：城镇化率这一指标在全省范围内处在领先水平，二三产业比重和二三产业就业人员比重这两项指标处在全省中等水平，县域GDP占全市比重这项指标在全省排名处在中等偏下的位置，而农村居民与城市居民收入比、农村与城市居民教育文化娱乐支出之比以及财政文化支出占财政预算总支出比重等几项指标在全省排名都比较靠后，属于弱项。

绿色发展指数指标：空气质量优良率和城区绿化覆盖率这两项指标在全省处在中等偏下水平，而包括城市污水集中处理率、森林覆盖率、万元GDP能耗、万元GDP水耗、万元GDP占城市建设用地、万人公交车拥有量以及每公顷耕地化肥农药使用量在内的这些指标都不高，在全省范围内处于劣势。

开放发展指数指标：所有开放发展的指标，包括外贸依存度、实际利用外资与本地投资比重、省级以上开发区销售收入占工业销售产值、万人货物周转量、百万人口拥有上市公司数量这些指标在全省范围内都处于劣势，差距较大，需要迎头赶上。

共享发展指数指标：社会保障和就业财政支出占财政预算总支出比重在全省范围内排名第一，万人拥有医生数、万人拥有床位数这两项指标在全省范围内都排名第二，处于领先地位。财政教育支出占财政预算总支出比重在全省也处于中等偏上的水平，而其他指标包括人均GDP、农村居民收入、城镇居民收入、人均财政公共预算支出、城镇居民人均住房面积、公共服务支出占财政预算总支出比以及每十万人拥有体育馆数等这些指标都相对偏弱，在全省处于劣势。

（八）滁州市

创新发展指数指标：高新技术产业增加值占工业增加值比重在全省排名中处在领先地位，R&D经费支出占GDP比重在全省处于中游水平，其他指标包括全员劳动生产率、万人专利授权量、金融增加值占GDP比重、科技活动人员占就业人口比重以及财政科学技术支出占财政预算总支出比重等指标在全省处于相对靠后的位置。

协调发展指数指标:县域 GDP 占全市比重这项指标在全省排名第一,城镇化率、二三产业比重和财政文化支出占财政预算总支出比重这三项指标在全省排名中等偏下的位置,而农村与城市居民收入比、二三产业就业人员比重以及农村居民与城市居民教育文化娱乐支出之比这几项指标在全省都处在劣势位置,相对偏弱。

绿色发展指数指标:城市污水集中处理率指标在全省排名第一,万元 GDP 水耗、万元 GDP 占城市建设用地这两项指标也在全省排在领先的水平,城区绿化覆盖率和万元 GDP 能耗这两项指标在全省中处在中等位置,万人公交车拥有量指标排在了中等偏下的位置,而其他指标包括空气质量优良率、森林覆盖率以及每公顷耕地化肥农药使用量等都在全省范围内处于劣势,需要加强。

开放发展指数指标:实际利用外资与本地投资比重这项指标在全省范围内排在了中等偏上的位置,省级以上开发区销售收入占工业销售产值和万人货物周转量处在全省中等水平,而外贸依存度、百万人口拥有上市公司数量这些指标在全省范围内都处于相对较后的排名。

共享发展指数指标:人均财政公共预算支出和财政教育支出占财政预算总支出比重这两项指标在全省处于中等水平,而其他所有指标包括人均 GDP、农村居民收入、城镇居民收入、社会保障和就业支出占财政预算总支出比重、万人拥有医生数、万人拥有床位数、城镇居民人均住房面积、公共服务支出占财政预算总支出比重以及每十万人拥有体育馆数等这些指标都相对偏弱,在全省处于劣势。

(九)六安市

创新发展指数指标:金融增加值占 GDP 比重在全省范围内处于中等水平,高新技术产业增加值占工业增加值比重在全省排名中处在中等偏下的位置,其他指标包括 R&D 经费支出占 GDP 比重、全员劳动生产率、万人专利授权量、科技活动人员占就业人口比重以及财政科学技术支出占财政预算总支出比重等指标在全省处于相对劣势的地位。

协调发展指数指标:县域GDP占全市比重和农村与城市居民教育文化娱乐支出之比这两项指标在全省排在中等偏上的水平,财政文化支出占财政预算总支出比重这一指标在全省处于中等水平,而城镇化率、农村居民与城市居民收入比、二三产业比重和二三产业就业人员比重这几项指标在全省排名相对靠后,有一定的发展空间。

绿色发展指数指标:包括空气质量优良率、城市污水集中处理率、森林覆盖率、万元GDP能耗、万元GDP水耗和万元GDP占城市建设用地在内的这六项指标都排在全省的中等水平位置,此外,城区绿化覆盖率和万人公交车拥有量这两项指标在全省中处在中等偏下的位置,而每公顷耕地化肥农药使用量在全省范围内处于劣势地位。

开放发展指数指标:省级以上开发区销售收入占工业销售产值和万人货物周转量处在全省中等偏下的水平,其他指标例如外贸依存度、实际利用外资与本地投资比重、百万人口拥有上市公司数量这些指标在全省范围内都处于相对靠后的排名,属于劣势指标。

共享发展指数指标:财政教育支出占财政预算总支出比重和公共服务支出占财政预算总支出比在全省范围内处于领先水平,万人拥有医生数、万人拥有床位数、城镇居民人均住房面积等三项指标处在全省中等偏下的位置,而包括人均GDP、农村居民收入、城镇居民收入、社会保障和就业支出占财政预算总支出比重、人均财政公共预算支出以及每十万人拥有体育馆数在内的这些指标都相对偏弱,在全省处于劣势。

(十)马鞍山市

创新发展指数指标:R&D经费支出占GDP比重、全员劳动生产率这两项指标在全省范围内都处于领先水平,此外,万人专利授权量在全省处于中等偏上的水平,高新技术产业增加值占工业增加值比重和科技活动人员占就业人口比重这两项指标都处于全省的中等水平,财政科学技术支出占财政预算总支出比重处于全省中等偏下的水平,而金融增加值占 GDP 比重在全省排名中处于相对劣势的地位,还有较大的提升空间。

协调发展指数指标:城镇化率和二三产业比重这两项指标处在全省的领先水平,农村居民与城市居民收入比和二三产业就业人员比重在全省范围内处在中等的位置,而财政文化支出占财政预算总支出比重和县域 GDP 占全市比重这两项指标在全省范围内排在中等偏下的水平,农村与城市居民教育文化娱乐支出之比在全省排名相对靠后,处于劣势地位。

绿色发展指数指标:城市污水集中处理率和万元 GDP 占城市建设用地这两项指标在全省内处于领先水平,此外,城区绿化覆盖率指标排在全省范围内中等偏上的位置,空气质量优良率在全省中处在中等偏下的位置,其他指标包括森林覆盖率、万元 GDP 能耗、万元 GDP 水耗、万人公交车拥有量以及每公顷耕地化肥农药使用量都在全省范围内处于劣势地位,因此,马鞍山的绿色发展还有很大的提升空间。

开放发展指数指标:实际利用外资与本地投资比重这一指标排在全省的第一位,百万人口拥有上市公司数量也处于全省的领先水平,外贸依存度排在全省范围内的中等水平,省级以上开发区销售收入占工业销售产值处在全省中等偏下的水平,而万人货物周转量这一指标在全省范围内处于相对靠后的排名,是弱项。

共享发展指数指标:农村居民收入、城镇居民收入这两项指标均排在全省第一位,此外,人均 GDP 也处于全省的领先地位,人均财政公共预算支出、万人拥有医生数以及公共服务支出占财政预算总支出比这三项指标处于全省的中等水平,而财政教育支出占财政预算总支出比重和万人拥有床位数在全省范围内处于中等偏下的位置,其他指标包括城镇居民人均住房面积、社会保障和就业支出占财政预算总支出比重以及每十万人拥有体育馆数在内的这些指标排名相对靠后,在全省处于劣势。

（十一）芜湖市

创新发展指数指标：高新技术产业增加值占工业增加值比重、全员劳动生产率、万人专利授权量以及财政科学技术支出占财政预算总支出比重这四项指标均排在全省的第一位，同时，R&D经费支出占GDP比重、科技活动人员占就业人口比重这两项指标也都在全省范围内处于领先水平，而金融增加值占GDP比重在全省排名中处于中等的水平，还有一定的提升空间。

协调发展指数指标：农村居民与城镇居民收入比这项指标在全省内排名第一，此外，城镇化率和二三产业比重、二三产业就业人员比重以及农村与城市居民教育文化娱乐支出之比这几项指标也都处在全省的领先水平，县域GDP占全市比重这项指标在全省范围内处于中等偏下的位置，而财政文化支出占财政预算总支出比重在全省排名相对靠后，处于劣势地位。

绿色发展指数指标：万元GDP能耗和万元GDP占城市建设用地这两项指标在全省内处于中等偏上水平，空气质量优良率、城市污水集中处理率和万人公交车拥有量等指标在全省属于中等水平，城区绿化覆盖率和万元GDP水耗都在全省范围内处于中等偏下的位置，而森林覆盖率以及每公顷耕地化肥农药使用量在全省范围内处于劣势地位。

开放发展指数指标：实际利用外资与本地投资比重和省级以上开发区销售收入占工业销售产值这两项指标排在全省的领先水平，百万人口拥有上市公司数量处于全省的中等偏上水平，外贸依存度排在全省范围内的中等水平，而万人货物周转量这一指标在全省范围内处于相对劣势的地位。

共享发展指数指标：包括人均GDP、农村居民收入、人均财政公共预算支出、万人拥有医生数和万人拥有床位数在内的这些指标都处于全省的领先水平，城镇居民收入这项指标处于全省的中等水平，财政教育支出占财政预算总支出比重和每十万人拥有体育馆数这两项指标排在全省中等偏下的位置,而城镇居民人均住房面积、公共服务支出占财政预算支出比、社会保障和就业支出占财政预算总支出比重这些指标排名相对靠后,在全省处于劣势。

(十二)宣城市

创新发展指数指标:高新技术产业增加值占工业增加值比重在全省范围内处于领先水平,R&D经费支出占GDP比重、全员劳动生产率和金融增加值占GDP比重这三项指标均排在全省的中等偏下的位置,而万人专利授权量、财政科学技术支出占财政预算总支出比重、科技活动人员占就业人口比重这几项指标都在全省范围内处于相对靠后的位置,属于劣势指标。

协调发展指数指标:县域GDP占全市比重这项指标处于全省的领先水平,城镇化率和二三产业比重这两项指标在全省范围内处在中等的水平,农村居民与城镇居民收入、财政文化支出占财政预算总支出比重以及农村与城市居民教育文化娱乐支出之比这几项指标均处在全省的中等偏下的位置,而二三产业就业人员比重则在全省排名相对靠后,处于劣势地位。

绿色发展指数指标:万元GDP水耗和万元GDP占城市建设用地这两项指标都排在全省第一的位置,此外森林覆盖率和万人公交车拥有量在全省内处于中等偏上水平,空气质量优良率、城市污水集中处理率、城区绿化覆盖率以及万元GDP能耗等指标均处在省内中等水平,而每公顷耕地化肥农药使用量在全省范围内处于中等偏下的位置。

开放发展指数指标:实际利用外资与本地投资比重和省级以上开发区销售收入占工业销售产值以及百万人口拥有上市公司数量这三项指标处于全省的中等水平,而外贸依存度和万人货物周转量这两项指标在全省范围内处于相对劣势的地位,属于弱项。

共享发展指数指标:人均财政公共预算支出在省内处于中等偏上的水平,此外,包括农村居民收入、城镇居民收入、财政教育支出占财政预算总支出比重、公共服务支出占财政预算总支出比重以及每十万人拥有体育馆数在内的这些指标均排在全省中等水平,人均 GDP 和城镇居民人均住房面积这两项指标处在全省的中等偏下的位置,而万人拥有医生数和万人拥有床位数以及社会保障和就业支出占财政预算总支出比重这些指标排名相对靠后,在全省处于劣势。

(十三) 铜陵市

创新发展指数指标:R&D 经费支出占 GDP 比重在全省范围内处在领先水平,高新技术产业增加值占工业增加值比重、全员劳动生产率、科技活动人员占就业人口比重以及财政科学技术支出占财政预算总支出比重在全省范围内处于中等水平,金融增加值占 GDP 比重处于全省中等偏下的水平,而万人专利授权量这项指标在全省范围内处于相对靠后的位置。

协调发展指数指标:二三产业比重处在全省的领先水平,城镇化率和二三产业就业人员比重在全省范围内处在中等的位置,而县域 GDP 占全市比重、农村居民与城镇居民收入比、财政文化支出占财政预算总支出比重以及农村与城市居民教育文化娱乐支出之比这几项指标均在全省处于劣势地位,有很大的提升空间。

绿色发展指数指标:城区绿化覆盖率指标排名全省的第一名,此外,城市污水集中处理率在全省范围内处于中等偏上的位置,空气质量优良率处于全省的中等水平,万人公交车拥有量在全省内处于中等偏下水平,而森林覆盖率、万元 GDP 能耗、万元 GDP 水耗、万元 GDP 占城市建设用地以及每公顷耕地化肥农药使用量这几项指标均在全省范围内处于劣势地位。

开放发展指数指标:外贸依存度这项指标在全省排名第一,同时百万人口拥有上市公司数量也在全省范围内处在领先水平,省级以上开发区销售收入占工业销售产值处在省内的中等水平,而实际利用外资与本地投资比重和万人货物周转量这两项指标在全省范围内处于相对劣势的地位。

共享发展指数指标:万人拥有医生数和万人拥有床位数这两项指标均在全省范围内排在领先水平,此外人均 GDP 处于全省中等偏上的位置,城镇居民收入、人均财政公共预算支出和财政教育支出占财政预算总支出比重在省内处于中等的水平,而公共服务支出占财政预算总支出比重和每十万人拥有体育馆数这两项指标均处在全省的中等偏下的位置,而包括农村居民收入、城镇居民人均住房面积以及社会保障和就业支出占财政预算总支出比重在内的这些指标排名相对靠后,在全省处于劣势。

(十四)池州市

创新发展指数指标:高新技术产业增加值占工业增加值比重这项指标在全省处于中等偏上的位置,金融增加值占 GDP 比重在全省处于中等水平,而 R&D 经费支出占 GDP 比重、全员劳动生产率、科技活动人员占就业人口比重、万人专利授权量以及财政科学技术支出占财政预算总支出比重这几项指标排名比较靠后,在全省与其他城市相比处于劣势。

协调发展指数指标:农村与城市居民教育文化娱乐支出之比在全省范围内处于领先水平,此外,农村居民与城镇居民收入比、城镇化率、二三产业比重和县域 GDP 占全市比重等指标均处在全省的中等水平,而二三产业就业人员比重和财政文化支出占财政预算总支出比重这两项指标均在全省处于劣势地位。

绿色发展指数指标:城市污水集中处理率和森林覆盖率这两项指标在全省范围内处于领先水平,万元 GDP 占城市建设用地在全省处于中等偏上的位置,空气质量优良率、城区绿化覆盖率、万元 GDP 水耗、万人公交车拥有量和每公顷耕地化肥农药使用量这几项指标的全省排名都在中等位置,而万元 GDP 能耗则在全省范围内处于劣势地位,有一定的提升空间。

开放发展指数指标:实际利用外资与本地投资比重和省级以上开发

区销售收入占工业销售产值这两项指标在全省范围内处于中等水平,而外贸依存度、万人货物周转量以及百万人口拥有上市公司数量等指标在全省的排名比较靠后,处于相对劣势的地位。

共享发展指数指标:人均财政公共预算支出这项指标在全省范围内处于领先水平,万人拥有床位数、公共服务支出占财政预算总支出比重和城镇居民人均住房面积等三项指标在全省处于中等水平,人均GDP、农村居民收入和万人拥有医生数这三项指标均在全省范围内排在中等偏下的位置,而包括城镇居民收入、财政教育支出占财政预算总支出比重、每十万人拥有体育馆数、社会保障和就业支出占财政预算总支出比重在内的这些指标排名相对靠后,在全省处于劣势,有很大的提升空间。

(十五)安庆市

创新发展指数指标:安庆市的全部创新发展指标,包括R&D经费支出占GDP比重、高新技术产业增加值占工业增加值比重、全员劳动生产率、科技活动人员占就业人口比重、金融增加值占GDP比重、万人专利授权量以及财政科学技术支出占财政预算总支出比重,排名都比较靠后,与全省其他城市相比处于劣势,还有很大的发展空间。

协调发展指数指标:农村与城市居民教育文化娱乐支出之比这项指标在全省排名第一,此外,县域GDP占全市比重在全省范围内也处于领先水平,二三产业比重和财政文化支出占财政预算总支出比重这两项指标在全省范围内处于中等水平,二三产业就业人员比重在全省处于中等偏下的水平,而农村居民与城镇居民收入比和城镇化率这两项指标均在全省处于劣势地位。

绿色发展指数指标:万元GDP占城市建设用地这项指标在全省处于中等偏上的位置,城区绿化覆盖率、森林覆盖率、万元GDP能耗和万元GDP水耗这几项指标在全省范围内处于中等水平,空气质量优良率、城市污水集中处理率以及万人公交车拥有量这几项指标在全省处于中等偏下的水平,而每公顷耕地化肥农药使用量这项指标则在全省范围内处于劣势地位,有一定的提升空间。

开放发展指数指标:省级以上开发区销售收入占工业销售产值这项指标在全省范围内处于中等偏上的位置,而其他指标包括外贸依存度、实际利用外资与本地投资比重、万人货物周转量以及百万人口拥有上市公司数量等指标在全省的排名比较靠后,处于相对劣势的地位。

共享发展指数指标:财政教育支出占财政预算总支出比重这项指标在全省处于领先水平,城镇居民人均住房面积这项指标在全省处于中等偏上的位置,公共服务支出占财政预算总支出比重在全省处于中等水平,社会保障和就业支出占财政预算总支出比重这项指标在全省处于中等偏下的位置,而其他指标包括人均 GDP、农村居民收入、城镇居民收入、人均财政公共预算支出、万人拥有医生数、万人拥有床位数和每十万人拥有体育馆数等这些指标排名相对靠后,在全省处于劣势。

(十六)黄山市

创新发展指数指标:高新技术产业增加值占工业增加值比重这项指标在全省处于中等水平,全员劳动生产率和金融增加值占 GDP 比重这两项指标在全省处于中等偏下的位置,而包括 R&D 经费支出占 GDP 比重、科技活动人员占就业人口比重、万人专利授权量以及财政科学技术支出占财政预算总支出比重在内的这些指标在省内排名相对靠后,属于劣势指标,还有很大的发展空间。

协调发展指数指标:财政文化支出占财政预算总支出比重这项指标在全省排名第一,此外,二三产业比重和县域 GDP 占全市比重这两项指标在全省处于中等偏上的位置,而农村居民与城镇居民收入比这项指标在全省处于中等水平,而城镇化率、二三产业就业人员比重和农村与城市居民教育文化娱乐支出之比这三项指标均在全省处于中等偏下的位置。

绿色发展指数指标:空气质量优良率、森林覆盖率、万元 GDP 能耗和每公顷耕地化肥农药使用量这几项指标都排名全省第一,同时城市污水集中处理率和城区绿化覆盖率这两项指标在全省范围内处于领先水平，万元 GDP 水耗在全省处于中等偏下的位置，而万元 GDP 占城市建设用地和万人公交车拥有量这两项指标在全省处于劣势地位，还有一定的提升空间。

开放发展指数指标：百万人口拥有上市公司数量在全省处于中等水平，万人货物周转量这项指标在全省处于中等偏下的位置，而外贸依存度、实际利用外资与本地投资比重和省级以上开发区销售收入占工业销售产值等指标在全省的排名比较靠后，处于相对劣势的地位。

共享发展指数指标：人均财政公共预算支出和公共服务支出占财政预算总支出比重这两项指标在全省均排名第一，同时城镇居民人均住房面积这项指标在全省处于领先的水平，万人拥有床位数在全省处于中等偏上的水平，万人拥有医生数这项指标在全省处于中等水平，人均 GDP 和农村居民收入这两项指标在全省处于中等偏下的位置，而其他指标包括城镇居民收入、财政教育支出占财政预算总支出比重、社会保障和就业支出占财政预算总支出比重和每十万人拥有体育馆数等这些指标排名相对靠后，在全省处于劣势。

（课题负责人：孙自铎；成员：张谋贵、秦柳、许红、吴寅恺；执笔：张谋贵、吴寅恺）

安徽省城市居民幸福指数
评价比较分析(2012—2017)

安徽省城市研究中心课题组

2012年,安徽省城市研究中心成立课题组进行安徽省城市居民幸福指数评价研究,并发布了《安徽省城市居民幸福指数评价分析》。此后,连续6年不间断地进行幸福指数研究,发布相关研究报告,在社会上引起了强烈反响,引发了媒体、民众对幸福的讨论。与此同时,部分城市相关政府部门也开始进行幸福城市建设的探索,与本课题组就城市居民幸福指数评价指标和评价方法进行研讨,以使城市居民幸福指数评价指标体系能更加全面、客观地反映城市居民生活质量。

课题组对2012—2017年安徽城市居民幸福指数研究进行总结评价和分析比较,对安徽省16个城市在这6年来的经济发展、公共设施、社会民生和生活环境等方面的建设进行分析比较,了解各城市的建设轨迹,以及在4个考察方面的发展排名情况,对今后城市发展方向提出有建设性的对策建议。另外,课题组也期望通过对以往安徽省城市居民幸福指数研究的梳理,总结经验,发现不足,结合现阶段的经济发展任务和各城市发展的实际状况,进一步完善评价指标体系,在以后的研究中,能够更加客观、全面、科学地评价城市居民幸福指数,为各城市建设发展提供有建设性的政策建议。

一、安徽省城市居民幸福指数研究的意义

习近平总书记在十九大报告中指出"我国社会主要矛盾已经转化为

人民日益增长的美好生活需要和不平衡不充分的发展之间的矛盾"，提出"把人民对美好生活的向往作为奋斗目标"，"使人民获得感、幸福感"更加充实、保障和可持续，要"着力解决好发展不平衡不充分问题，大力提升发展质量和效益，更好满足人民在经济、政治、文化、社会、生态等方面日益增长的需要，更好推动人的全面发展、社会全面进步"。随着改革的深入和政府执政理念的转变，建设幸福城市，提升人民幸福感成为政府制定政策决定的主要目标。

当前安徽省处于城市化进程、经济社会转型发展的重要时期，如何更好地满足人民对城市经济、社会、生态等方面的需要，解决区域发展不平衡不充分问题，推动城市全面发展，提升人民的幸福感，是当前亟待解决的重要问题。城市居民幸福指数研究通过建立一套城市人们幸福感评估与测量的综合指标体系，对幸福感进行指标量化评估，反映城市的实际发展水平，衡量人们对社会发展获得感和幸福感。城市幸福指数研究关注城市居民生活质量，体现了"以人为本"的发展理念，对于推进安徽省经济社会健康发展、建设人民美好生活和谐社会具有重要的现实意义。

(一)幸福指数评价体系构建是对 GDP 指标的有益补充

改革开放以来，一直是以经济发展为中心，GDP 作为一个衡量经济发展水平的指标体系，起到了很好的作用。但随着物质发展极大丰富，经济实力不断上升，须更加重视经济与社会的协调性。幸福指数是一个多维的概念，涵盖了经济、社会、公平、环境等多方面的内容，在衡量经济实力的同时，兼顾人们对于社会公平、生态平衡等幸福感的需求，是对 GDP 指标的一个有益补充。

(二)幸福指数体现了科学发展、以人为本的内在要求

安徽省处于经济转型时期，面临着发展经济与社会公平、环境保护的双重压力，而过去发展观指导下的经济发展带来了一系列诸如资源退化、环境污染以及人们健康等社会问题。幸福指数从个人生活的角度出

发,研究整个社会的幸福程度,更加注重人文关怀,关注社会保障、环境保护以及人居住的舒适度等方面。在一定程度上能够引导对经济发展的方向,引起对居民生活的关注,从而解决由于过于重视经济发展而出现的社会问题。幸福指数评价体系的构建能够真正检验安徽省地区发展的成效,最终体现了科学发展,以人为本的理念。

二、国内外幸福指数研究现状

(一)国外研究现状

美国经济学家萨缪尔森被认为是最早开始幸福指数评价研究的,他认为幸福=效用/欲望,即幸福的程度与效用成正比例,而与欲望成反比例。萨缪尔森认为影响效用的因素有物质财富、健康状况、生活环境、社会公平、人的尊严和自由的实现;影响欲望的因素有:人的个性、人生观、忍耐力、内在修养等。萨缪尔森给了幸福指数评价的大致框架,没有进行详细的测评。

真正意义的"幸福指数"评价体系来自于不丹王国。20世纪70年代,不丹国王旺楚克认为政策应该关注幸福,应以实现幸福为目标,并据此来实现物质生活和精神生活之间的平衡,并将环境保护和传统文化的保护置于经济发展之上,并且创造性地提出了由政府善治、经济增长、文化发展和环境保护4个方面组成的"国民幸福总值"(GNH),用以取代"国民生产总值"。如今,不丹研究的幸福指数已经扩展到生活水平、健康、教育、生态体系的多样性和弹性、文化的活力和多样性、实践的利用与平衡、政府善治、社区及心理良好等9个方面,每个方面都有各自相应的指数标准。不丹幸福指数开始了对人们幸福感实际的测量和评价,引发了各国学者对幸福指数的研究和探索。1990年,联合国开发计划署(UNDP)在《1990年人文发展报告》中提出了人文发展指数(HDI),以"预期寿命、教育水平和生活质量"三项基础变量,得出综合指标,用以衡量联合国各成员经济社会发展水平。之后,联合国开发计划署每年都发布世界各国的人类发展指数,并在《人类发展报告》中用它来衡量各个国家人类发展水平。20 世纪 90 年代,英国创设了"国民发展指数"
(MDP),考虑了社会、环境成本和自然资本。日本也开始了国民幸福总
值(GNC),更强调了文化方面的因素。2008 年,法国公布了 GNH 报告,
认为测量幸福应该考虑物质生活水准、健康、教育、个人活动、政治发言
权和治理、社会联系和关系、环境、经济和物理不安全状况等 8 个维度。
2016 年 12 月,联合国开发计划署在北京发布《2016 年中国城市可持续
发展报告》,广州、北京、南京、沈阳、深圳、上海分别排在中国内地城市前
6 位。

2013 年,联合国可持续发展方案联盟(SDSN)发布由哥伦比亚大学
地球研究所、伦敦政经学院、加拿大英属哥伦比亚大学的专家联合指导
的报告《Word Happiness Report 2013》,评价体系包括 GDP、健康预期寿
命、腐败认知、做出生活决定的自由、慷慨和社会支持等 6 个关乎个人幸
福的指标,给出了 156 个国家的幸福指数排名,其中位于前十名的国家
分别是丹麦、挪威、瑞士、荷兰、瑞典、加拿大、芬兰、奥地利、冰岛和澳大
利亚;同时报告认为,更多地关心公民精神健康是政府制定政策的重点。

(二)国内研究现状

20 世纪 80 年代中期,我国学者开始关注与研究幸福指数,主要是进
行描述性的研究和探索影响幸福的主客观因素,没有进行详细的幸福感
的测量和评价。进入 21 世纪,对幸福指数评价体系构建的方法研究日
渐增多。程国栋(2005)提出从国家层面上构建由政治自由、经济机会、
社会机会、安全保障、文化价值观、环境保护六类要素组成的我国国民幸
福核算指标体系。邢占军(2006)从心理学角度出发,提出了由十个次级
指标构成的我国民众幸福指数指标体系:知足充裕体验指数、心理健康
体验指数、成长发展体验指数、社会信心体验指数、目标价值体验指数、
自我接受体验指数、人际适应体验指数、身体健康体验指数、心态平衡体
验指数、家庭氛围体验指数。陈惠雄(2006)从经济学、社会学与心理学
的角度对影响主观快乐感的主要因素进行了分析,设计了快乐指数调查

量表,设定了个体状况、亲情状况、收入状况、职业状况、社会状况、生态状况6个一级影响因子,下设16个核心影响因子,建立了快乐指数基础模型。吴启富(2008)构建了包括身心健康、物质条件、人际关系状况、个人价值实现程度和家庭生活状况等5个方面的指标体系,来研究北京居民幸福感。郑方辉(2011)设计了包括个人与家庭因素、社会因素、自然因素、政府因素和其他因素等5个一级指标和20个二级指标在内的评价体系,利用相关性分析和模糊层次分析方法,进行分析评价。苏绮凌、陈文科(2015)在对海南省进行幸福指数评价指标体系研究时设置了包括客观和主观幸福指数的指标体系,客观幸福指数具体由经济发展及民生投入、收入分配、就业与社会保障、教育医疗、文化体育、人居环境等6个一级指标和16个二级指标构成。陈志霞(2014)构建城市型幸福指数测评指标体系时用城市发展指数来测量客观指标,涉及生活环境、城市安全、交通、社会保障、文化教育等方面。

我国科研机构和政府部门也开始了对幸福指数的测量研究。2004年,中国社会科学院进行了一次全国性的幸福指数的调查,建立的指标体系包括社会健康指数、社会福利指数、社会文明指数和生态环境指数共28个指标,采用了加权平均的方法计算最终结果。2005年,深圳市社科院开始对幸福指数进行实际测量研究,项目组所设计的《个人幸福测量表》由20个问题构成,所测量的"幸福指数"包括人均GDP、人均可支配收入、恩格尔系数、人均住房使用面积、人均道路面积、每万人拥有公交车辆数、每万人拥有医生数、人均寿命等维度。2011年,广东政府提出"建设幸福广东",制定了幸福广东的指标体系进行测评,包括客观指标和主观指标,其中客观指标包括就业和收入、教育和文化、医疗卫生和健康、社会保障、消费和住房、公用设施、社会安全、社会服务和权益保障等9类45个指标用来衡量人们对幸福的满意度。

安徽省居民幸福指数方面研究情况:万树(2011)在构建安徽幸福指数时用健康状况、娱乐爱好、心情感受、婚姻与家庭、居家生活质量、亲情关系、个人收入、家庭财产、就业与职业、人际关系、个人社会地位、个人价值实现程度、城市面貌、社会风气、生态环境等 16 个指标，按照加权平均法、赋值法进行幸福感的总体测量。任春华（2014）在对黄山市居民主观幸福感研究中，沿用主观幸福感量表，包括了整体生活满意度、积极情感、消极情感三个维度，通过随机抽样的调查方法，采用描述性统计和方差分析等统计方法进行分析。安徽省城市研究中心从 2012 年起，每年发布《安徽省城市居民进行幸福指数分析评价》研究报告，通过建立城市居民幸福指数评价体系，从经济发展、公用设施、社会事业和人居环境等4 个方面对安徽省 16 个城市居民进行幸福感测量。

总体来看，国内外幸福指数评价指标体系研究有以下特征：一是主观型，主要从心理方面测量主观幸福感受；二是客观型，主要从地区发展水平及国民收入考察幸福指数；三是综合型，综合经济、文化、社会、心理等各方面。

本课题只做客观型幸福指数评价分析，即分析评价城市居民客观幸福感，对主观幸福感不做研究。从居民个人生活的角度出发，通过对影响城市居民生活质量的因素做客观分析，构建符合省情的安徽省城市居民幸福指数评价体系，通过所构建的幸福指数模型，从经济生活、公用设施、社会事业、生态环境等 4 个方面对安徽省各城市居民幸福感进行测量和评价，得出安徽省各城市居民生活质量和幸福满意度的结果。本课题期望能够帮助各市政府部门洞悉城市发展的差距，采取针对性的政策措施，提高城市经济、文化、教育、医疗、环境等发展水平，提升城市发展质量和效益，不断提高人民幸福感，推进安徽省经济、文化、社会、生态全面发展。

三、评价指标体系的构建及评价方法

（一）设计思路及原则

城市居民幸福指数评价指标体系是包含多种因素，多层次的复杂系统，选取评价指标既要全面客观，又要考虑到居民幸福感测量的特殊性，充分考虑到城市居民幸福感的影响因素及各地区的经济社会发展水平的差异,分析评价各城市居民幸福感的差距。本研究在设计我省居民幸福指数评价指标体系时,应体现以下原则。

1.以人为本与科学发展的原则。构建幸福指数评价指标体系,必须坚持从个人生活的角度出发,强调在经济发展基础上实现社会全面进步,切实提高城市居民幸福水平。幸福指数指标体系的设立必须建立在科学发展的基础上,综合反映经济社会发展的实际情况,真实客观地反映人们的需求。

2.代表性和全面性原则。评价指标应在我省城市居民幸福感度量范围内具有充分的代表性,能够反映评价我省各城市居民幸福感的特征。评价指标要立足现有经济发展阶段,在体现地方特色等综合因素的基础上,力求做到内容与结构的全面性。构建指标体系要尽可能覆盖与幸福感有关的因素,全面反映经济、家庭、职业、社会、环境状况等方面。结构上要考虑评价指标体系的层次性,使其条理化和层次化,既要能反映影响居民幸福感各方面综合因素,同时又要避免指标之间出现重叠、交叉,从而使幸福指数评价体系成为一个有机联系的、全面性的整体。

3.可行性和可比性原则。尽可能地利用现有的统计资料,避免数据过于烦琐,指标应尽量简单明了,兼顾全面性,以保证指标体系在分析评价中具有较强的可操作性。可比性原则反映在指标体系一方面能纵向地动态反映幸福水平发展进程的历史基础、建设现状和发展趋势,另一方面能横向地衡量和评估不同区域人们幸福水平发展程度的差异性。本研究主要是进行横向对比,即不同城市居民幸福水平的比较。

(二)评价指标体系的构建

根据评价指标体系设计的思路和原则,借鉴国内外衡量幸福水平的指标体系的研究成果和实践经验,这里从经济生活、公用设施、社会事业、人居环境等4个方面选取指标来建立安徽省城市居民幸福指数评价指标体系。具体的指标每年会根据实际进行调整,使得指标评价体系能够更加符合城市实际发展水平。

（三）指标体系的评价方法

城镇居民幸福指数评价体系是一个包含多层次、多方面的指标体系。对于多指标综合评价,过去理论界通常采用赋值法,这种方法虽然简便,但是主观性较大,容易受到人为因素干扰,而且多指标交叉时容易出现多重共线性,由此产生的结果也缺乏科学性,不能客观地反映实际情况。针对这一问题,本研究采用主成分分析法。

主成分分析法利用降维的思想将原来的变量重新组合成一组新的互相无关的几个综合变量,同时根据实际需要从中提取几个较少的综合变量尽可能多地反映原来变量的综合信息。而且用主成分方法来确定指标权重,能更加科学、客观地来进行幸福指数指标体系评价。

主成分分析法具体的计算步骤如下:

1.计算相关系数矩阵

$$R = \begin{bmatrix} r_{11} & r_{12} & \cdots & r_{1p} \\ r_{21} & r_{22} & \cdots & r_{2p} \\ \vdots & \vdots & & \vdots \\ r_{p1} & r_{p2} & \cdots & r_{pp} \end{bmatrix}$$

$r_{ij}(i,j = 1,2,\cdots,p)$ 为原变量 x_i 与 x_j 的相关系数,$r_{ij} = r_{ji}$,其计算公式为

$$r_{ij} = \frac{\sum_{k=1}^{n}(x_{ki} - \overline{X}_i)(x_{ij} - \overline{X}_j)}{\sqrt{\sum_{k=1}^{n}(x_{ij} - \overline{X}_i)^2 \sum_{k=1}^{n}(x_{ij} - \overline{X}_j)^2}}$$

2.计算特征值与特征向量

$|\lambda I - R| = 0$ 解特征方程,求出特征值,并使其按大小顺序排列;

$$\sum_{j=1}^{p} e_{ij}^2 = 1 \quad \lambda_1 \geq \lambda_2 \geq \cdots \geq \lambda_p \geq 0$$

分别求出对应于特征值 λ_i 的特征向量 $e_i(i = 1,2,\cdots,p)$,要求 $\| e_i \|$

$= 1$，即 $\sum_{j=1}^{p} e_{ij}^2 = 1$ 其中 e_{ij} 表示向量 e_i 的第 j 个分量。

3. 计算主成分贡献率及累计贡献率

贡献率：

$$\frac{\lambda_i}{\sum\limits_{k=1}^{p} \lambda_k}, (i = 1, 2, \cdots, p)$$

累计贡献率：$\dfrac{\sum\limits_{k=1}^{i} \lambda_k}{\sum\limits_{k=1}^{p} \lambda_k}, (i = 1, 2, \cdots, p)$

一般取累计贡献率达 85% ~ 95% 的特征值，$\lambda_1, \lambda_2, \cdots, \lambda_m$ 所对应的第 1、第 2、…、第 $m(m \leqslant p)$ 个主成分。

4. 计算主成分载荷

$$I_{ij} = p(z_i, x_j) = \sqrt{\lambda_i} e_{ij} (i, j = 1, 2, \cdots, p)$$

5. 计算各主成分得分

$$Z = \begin{bmatrix} Z_{11} & Z_{12} & \cdots & Z_{1m} \\ Z_{21} & Z_{22} & \cdots & Z_{2m} \\ \vdots & \vdots & & \vdots \\ Z_{n1} & Z_{n2} & \cdots & Z_{nm} \end{bmatrix}$$

6. 指标得分标准化处理

为了便于分析和比较，对主成分得分结果进行标准化处理。

$Z_j = 0.2 + 0.8(X_i - X_i min)/(X_i max - X_i min)$，其中，$Z_j$ 为指标标准化后数值，$Z_j \in [0.2, 1]$；X_i 为指标值，$X_i max$ 为该类指标的最大值，$X_i min$ 为该类指标的最小值。

7. 本文所用数据

根据当年《安徽省统计年鉴》的数据整理和计算得出的数据。文中以市辖区数据为主，在有些市辖区数据不完整的前提下，以全市数据来进行分析。

8.利用 SPSS 计量软件完成以上转换过程

本文选择的指标参数进行两次主成分分析。首先对各一级指标进行主成分分析,找出各城市幸福指数评价体系一级指标的评价得分;然后再以主成分分析法分别对所考察的经济生活、公用设施、社会事业、人居环境等 4 个方面的二级指标进行计算得分,在各个考察范围内进行排名评价。

四、2012—2017 各年安徽省城市居民幸福指数评价

(一)2012 年安徽省城市居民幸福指数评价

1.评价指标体系的构建

评价指标体系为四大类,即经济及家庭状况,社会发展、社会保障、人居环境,共 20 个指标(详见表 1)。

表 1　安徽省城市居民幸福指数评价指标体系

一级指标	序号	二级指标	指标范围	指标性质
经济及家庭状况	1	人均可支配收入	市辖区	正指标
	2	恩格尔系数	市辖区	逆指标
	3	发展型消费比重	市辖区	正指标
	4	失业率	市辖区	逆指标
	5	粗离婚率	全市	逆指标
社会发展水平	6	人均教育经费	全市	正指标
	7	人均住宅建筑面积	市辖区	正指标
	8	每万人公交车辆拥有量	市辖区	正指标
	9	人均拥有公共设施面积	市辖区	正指标
	10	人均道路面积	市辖区	正指标
社会保障	11	每千人口医疗机构床位数	全市	正指标
	12	最低生活保障率	市辖区	正指标
	13	每万人拥有服务设施数	市辖区	正指标
	14	医疗保险参保率	市辖区	正指标
	15	基本养老保险覆盖率	市辖区	正指标

（续表）

一级指标	序号	二级指标	指标范围	指标性质
人居环境	16	人均公园绿地面积	市辖区	正指标
	17	全年空气二级以上天数比例	市辖区	正指标
	18	生活垃圾无害化处理率	市辖区	正指标
	19	污水集中处理率	市辖区	正指标
	20	森林覆盖率	全市	正指标

指标说明：

（1）经济及家庭状况

本类指标选择了城镇居民人均可支配收入、恩格尔系数、发展型消费比重、城镇登记失业率、粗离婚率5个指标。

①城镇居民人均可支配收入：反映居民家庭人均支付能力，体现人均收入水平状况。

②恩格尔系数：指城镇居民食品支出总额占个人消费支出总额的比重，用于衡量城镇家庭经济富裕程度，反映城镇居民生活水平的变动。此指标是逆向指标，为了便于进行数据处理，将进行倒数处理。

③发展型消费比重：指城镇居民用于发展需求的消费，现阶段主要包括教育文化娱乐、健康保健和交通通信等消费。用发展型消费支出占消费总支出的比重来表示，反映消费水平提高的状况。

④城镇登记失业率：反映失业的情况的指标。此指标是逆向指标，为了便于进行数据处理，将进行倒数处理。

⑤粗离婚率：用于反映婚姻状况，也是评估婚姻和谐程度与家庭离散趋势的重要依据，用当年离婚对数占年平均人口的比重来表示。此指标是逆向指标，为了便于进行数据处理，将进行倒数处理。

（2）社会发展状况

本类指标选择了人均教育经费、城镇人均住宅建筑面积、城市每万人公交车辆拥有量、每万人拥有公共设施面积、人均道路面积5个指标。

①人均教育经费：用于反映人均教育经费投入的指标。

②城镇人均住宅建筑面积：用于反映城镇居民住宅状况的指标，在现有发展阶段，人均住宅面积是衡量幸福感的重要因素。

③城市每万人公交车辆拥有量：反映城市公共交通建设状况的指标。

④人均拥有公共设施面积：考察城市公共建设的指标，是衡量政府为人们提供公共产品的一个重要指标，在幸福感的考量中具有重要作用。

⑤人均道路面积：反映城市建设的指标。

（3）社会保障

本类指标选择了每千人口医疗机构床位数、城镇最低生活保障标准与城镇人均消费支出比例、每万人拥有城乡服务设施数、城镇医疗保险参保率、城乡基本养老保险覆盖率5个指标。

①每千人口医疗机构床位数：用于反映城市医疗卫生状况的指标，在目前体制下，医疗状况是能够影响居民幸福感的重要因素。

②城镇最低生活保障标准与城镇人均消费支出比例：指一个地区的城市居民最低生活保障标准与当地城镇居民人均消费支出的比值。该指标反映城镇低保对象的生活保障水平。

③每万人拥有城镇服务设施数：该指标反映为居民提供基本公共服务设施状况，用每万人拥有的社区服务设施数来表示。社区服务设施是可以为社区居民提供活动或服务的场所。

④城镇医疗保险参保率：用城镇居民参加医疗保险人数与总人口数的比例来表示，反映城镇居民医疗保障的指标。

⑤城市基本养老保险覆盖率：指城市参加基本养老保险职工与户籍人口数的比例，反映城市养老保障的指标。

（4）人居环境

本指标选择了城市人均公园绿地面积、城市全年空气二级以上天数比例、城市生活垃圾无害化处理率、城镇污水集中处理率、森林覆盖率5

个指标。

①城市人均公园绿地面积:用市区年末公园绿地面积与城市总人数的比例来表示,反映城市公园绿地的指标。

②城市全年空气二级以上天数比例:反映空气质量的指标,用城市空气二级以上天数占全年有效天数的百分比来表示。

③城市生活垃圾无害化处理率:报告期内城镇生活垃圾无害化处理量与生活垃圾产生量的比率,反映城市生活垃圾处理的指标。

④城镇污水集中处理率:考察城市环境基础设施水平的重要指标。

⑤森林覆盖率:反映城市林木覆盖面积的指标,用以行政区域为单位森林面积与土地面积的百分比来表示。

2.评价结果分析

把20个二级指标的数据用SPSS16.0计量软件进行主成分分析,16个城市居民幸福指数评价结果如下表所示(表2、图1):

表2　2012年安徽省城市居民幸福指数排名

城市	总指数		分指数							
	科学发展指数	排名	经济发展指数	排名	资源利用效率指数	排名	生态环境保护指数	排名	社会和谐发展指数	排名
合肥	0.718	5	0.797	2	0.547	3	0.923	3	0.200	16
淮北	0.579	10	0.241	15	0.235	14	0.722	6	0.474	7
亳州	0.377	12	0.588	6	1.000	1	0.262	12	0.438	8
宿州	0.200	16	0.284	14	0.630	2	0.219	14	0.273	14
蚌埠	0.660	7	0.345	13	0.200	16	0.908	4	0.316	13
阜阳	0.284	15	0.509	9	0.416	8	0.214	15	0.257	15
淮南	0.451	11	0.431	11	0.406	9	0.519	10	0.387	12
滁州	0.800	3	0.672	4	0.524	4	0.778	5	0.427	9
六安	0.312	14	0.408	12	0.471	6	0.200	16	0.539	4
马鞍山	1.000	1	1.000	1	0.404	10	1.000	1	0.397	10

（续表）

城市	总指数		分指数								
	科学发展指数	排名	经济发展指数	排名	资源利用效率指数	排名	生态环境保护指数	排名	社会和谐发展指数	排名
芜湖	0.762	4	0.722	3	0.334	13	0.714	7	0.397	11
宣城	0.652	8	0.528	8	0.362	12	0.416	11	0.638	3
铜陵	0.834	2	0.560	7	0.230	15	0.964	2	0.515	5
池州	0.627	9	0.614	5	0.444	7	0.261	13	0.886	2
安庆	0.335	13	0.200	16	0.511	5	0.674	8	0.494	6
黄山	0.694	6	0.496	10	0.366	11	0.673	9	1.000	1

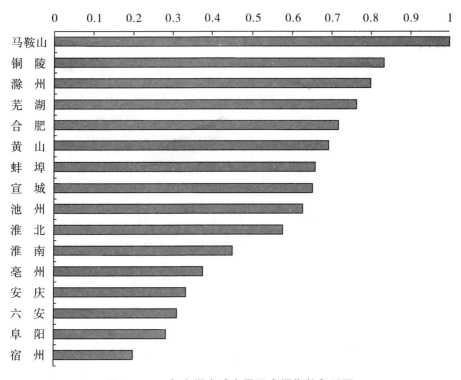

图1　2012年安徽省城市居民幸福指数条形图

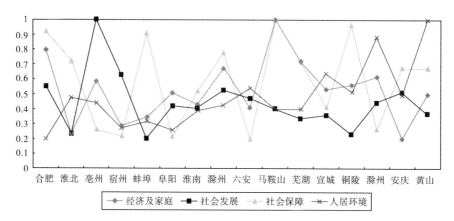

图 2　2012 年安徽省城市幸福指数分类指标折线图

从表 2 和图 1 中可以看出,2012 年安徽省城市居民幸福指数得分前十名的城市分别是马鞍山、铜陵、滁州、芜湖、合肥、黄山、蚌埠、宣城、池州、淮北。马鞍山居民的幸福指数位于全省之首,从图 2 可以看出马鞍山在经济及家庭状况、社会保障水平方面指标均排在首位,在社会发展水平和人居环境方面只有中等水平,指标得分排在第十位,但综合下来,居民幸福指数得分最高。这也说明了在我省目前发展阶段,物质生活水平和社会保障水平还是影响幸福感的重要因素。铜陵市社会保障水平位于全省第二位,经济及家庭状况和人居环境状况位于中前列,整体城市居民幸福指数位于全省第二名。

（1）经济及家庭状况

经济及家庭状况是从城镇居民的经济收入、家庭消费、婚姻、就业状况等影响因素来分析人们的幸福感,反映了人们对经济收入和家庭的幸福预期。经济及家庭状况得分排在前十名的城市分别是:马鞍山、合肥、芜湖、滁州、池州、亳州、铜陵、宣城、阜阳、黄山。马鞍山经济及家庭状况排在省内首位,主要得益于人居可支配收入较高,恩格尔系数较低,发展型消费占总消费支出比重较高,整体经济收入较高。合肥同样是因为整体经济收入、消费水平较高而位于第二名。安庆市由于恩格尔系数较高、发展型消费较低,同时失业率较高而导致位于排名最后。

（2）社会发展水平

社会发展水平主要侧重于从城镇居民的教育、住宅面积、交通、公共设施来衡量人们的幸福感,反映了人们对生活质量的提升、城市公共设施建设的幸福预期。社会发展水平得分排在前十名的城市分别是亳州、宿州、合肥、滁州、安庆、六安、池州、阜阳、淮南、马鞍山。由于社会发展考察的重点在城市基础建设,亳州、宿州市由于城市居民人均住宅面积、人均道路面积数值较高,得分较高,位于排名第一、第二。

（3）社会保障水平

社会保障水平从医疗、低保收入、养老着手分析居民幸福度,在当前逐渐迈入老龄化的社会,对于人们幸福感的测量有着极为重要的作用。社会保障水平得分排在前十名的城市分别是马鞍山、铜陵、合肥、蚌埠、滁州、淮北、芜湖、安庆、黄山、淮南。由于马鞍山市、铜陵市的医疗保险、养老保险参保率和低保保障生活水平相对较高,并且城市社会服务设施数量明显高于其他城市,社会保障水平较高,在安徽省城市中位于第一、第二名。

（4）人居环境水平

人居环境状况是近年来人们日渐重视的方面。随着工业化进程的加速,人们对居住生活的生态环境越来越重视,要求也越来越高。人居环境方面得分排在前十名的城市分别是黄山、池州、宣城、六安、铜陵、安庆、淮北、亳州、滁州、马鞍山。黄山、池州由于远高于其他城市的森林覆盖水平和全省仅有的两个城市达到100%的空气质量达标率,使得人居环境状况以高分排在安徽省城市中前两位。

（二）2013年安徽省城市居民幸福指数评价

1.评价指标体系构建

2013年安徽省居民幸福城市指数评价指标体系在上年的基础上进行了调整,指标体系分为经济和家庭状况、公用设施、社会事业、人居环境等4个方面,去掉了2012年的"每千人口医疗机构床位数"和"森林覆盖率",增加了"每百户家庭拥有家用汽车""用水普及率""燃气普及率""每万人卫生机构床位数""建成区绿化覆盖率"等5个指标。调整后的指标体系共包含4个一级指标和23个二级指标。

表3　2013年安徽省城市居民幸福指数评价指标体系

一级指标	二级指标	指标范围	指标性质
经济和家庭状况	城镇登记失业率	全市	逆指标
	人均可支配收入	市辖区	正指标
	人均住宅建筑面积	市辖区	正指标
	恩格尔系数	市辖区	逆指标
	发展型消费比重	市辖区	正指标
	每百户居民家庭拥有家用汽车	市辖区	正指标
	粗离婚率	全市	逆指标
公用设施	人均道路面积	市辖区	正指标
	人均公共设施面积	市辖区	正指标
	每万人公交车辆拥有量	市辖区	正指标
	每万人社区服务设施拥有量	市辖区	正指标
	用水普及率	市辖区	正指标
	燃气普及率	市辖区	正指标
社会事业	人均教育经费	市辖区	正指标
	每万人卫生机构床位数	市辖区	正指标
	城镇居民医疗保险参保率	全市	正指标
	基本养老保险覆盖率	全市	正指标
	最低生活保障标准与人均消费支出比例	市辖区	正指标

（续表）

一级指标	二级指标	指标范围	指标性质
人居环境	建成区绿化覆盖率	市辖区	正指标
	人均公园绿地面积	市辖区	正指标
	全年空气二级以上天数比例	市辖区	正指标
	生活垃圾无害化处理率	市辖区	正指标
	污水集中处理率	市辖区	正指标

新增指标说明：

（1）每百户居民家庭拥有家用汽车指城市每百户家庭拥有的私人汽车数量。随着我国经济的发展,越来越多的汽车进入普通居民家庭,该指标用于反映居民生活条件的变动状况。

（2）用水普及率指城市用水人口数与城市人口总数的比率。计算公式为:用水普及率＝城市用水人口数/城市人口总数×100%。

（3）燃气普及率指报告期末使用燃气的城市人口数与城市人口总数的比率。计算公式为:燃气普及率＝城市用气人口数/城市人口总数×100%。

（4）建成区绿化覆盖率指在城市建成区的绿化覆盖率面积占建成区的百分比。建成区绿化覆盖面积指城市建成区内各单位管理的一切用于绿化的乔灌木和多年生草本植物的垂直投影面积,包括园林绿地以外的道路绿化覆盖面积（即道路的隔车带、中心绿岛和林荫道及行道树的覆盖面积）和单株树木的覆盖面积。指标用于反映一个城市的绿化水平。

2.评价结果分析

把23个二级指标的数据用SPSS16.0计量软件进行主成分分析,安徽省城市居民幸福指数评价结果如下。

表4 2013年安徽省城市居民幸福指数排名

城市	总指数		分指数									
	幸福指数	排名	经济和家庭	排名	公用设施	排名	社会事业	排名	人居环境	排名
合肥	0.757	5	0.841	2	0.718	6	1.000	1	0.538	11
淮北	0.708	6	0.428	11	0.609	9	0.829	4	0.896	3
亳州	0.542	10	0.510	7	0.324	15	0.517	11	0.720	6
宿州	0.378	15	0.298	14	0.549	10	0.360	14	0.289	15
蚌埠	0.669	8	0.277	15	0.782	2	0.816	6	0.638	9
阜阳	0.200	16	0.492	9	0.200	16	0.200	16	0.449	13
淮南	0.448	14	0.311	13	0.514	11	0.685	8	0.200	16
滁州	0.697	7	0.387	12	0.770	3	0.680	9	0.818	4
六安	0.454	13	0.658	5	0.473	13	0.318	15	0.700	8
马鞍山	0.810	3	1.000	1	0.729	5	0.513	12	0.715	7
芜湖	1.000	1	0.673	4	1.000	1	0.908	2	0.731	5
宣城	0.536	11	0.477	10	0.476	12	0.532	10	0.435	14
铜陵	0.835	2	0.772	3	0.755	4	0.806	7	0.560	10
池州	0.573	9	0.508	8	0.632	8	0.372	13	0.960	2
安庆	0.478	12	0.200	16	0.442	14	0.824	5	0.474	12
黄山	0.778	4	0.538	6	0.633	7	0.856	3	1.000	1

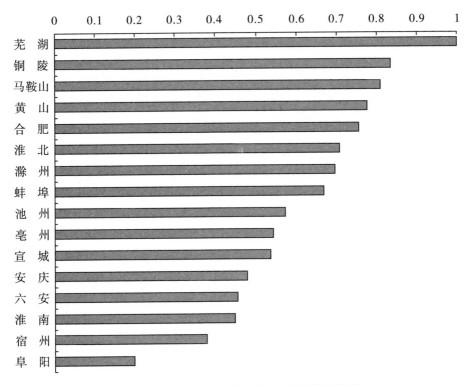

图3　2013年安徽省城市居民幸福指数柱状图

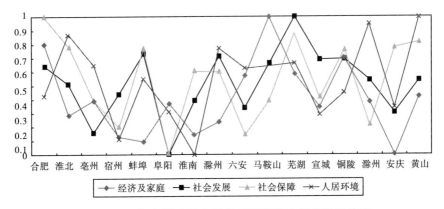

图4　2013年安徽省城市居民幸福指数分类指标折线图

从经济和家庭状况、公用设施、社会事业发展水平、人居环境状况4个方面对安徽省城市居民幸福感进行综合分析，得出城市居民幸福指数,结果如表4所示。评价结果显示,2013年安徽省城市居民幸福指数评价结果得分排在前十名的城市分别是芜湖、铜陵、马鞍山、黄山、合肥、淮北、滁州、蚌埠、池州、亳州。芜湖居民的幸福指数得分最高,位于全省之首。从表4中可以看出芜湖城市公用设施方面排名第一位,在经济和家庭状况、社会事业和人居环境发展水平方面指标芜湖均在前四名,综合发展水平比较高。铜陵市经济和家庭状况、公用设施分别排在第三和第四位,社会事业、人居环境位于全省的第七和第十名,整体城市居民幸福指数位于全省第二名。

（1）经济和家庭状况

经济和家庭状况得分排在前十名的城市分别是马鞍山、合肥、铜陵、芜湖、六安、黄山、亳州、池州、阜阳、宣城。马鞍山经济和家庭状况排在省内首位,主要得益于人居可支配收入在省内第一,恩格尔系数较低,发展型消费占总消费支出比重较高,人均住宅建筑面积较大,整体经济水平较高。合肥同样是因为汽车拥有量等整体经济收入、消费水平较高而位于第二名。

（2）公用设施

公用设施得分排在前十名的城市分别是芜湖、蚌埠、滁州、铜陵、马鞍山、合肥、黄山、池州、淮北、宿州。芜湖在社区服务设施、公共设施建设、用水、燃气四方面表现最好,位于第一名。蚌埠万人公交车辆拥有量最多,在公共设施建设、基础建设等方面排在前列,从而在公用设施方面排在第二位。

（3）社会事业

社会事业方面评价结果排名在前十名的城市分别是合肥、芜湖、黄山、淮北、安庆、蚌埠、铜陵、淮南、滁州、宣城。合肥在人均财政教育支出、每万人卫生机构床位数量方面远优于其他城市,排在第一名。芜湖在卫生机构床位数量、医疗保险参保率、最低生活保障水平方面突出,位于第二。

（4）人居环境

人居环境方面得分排在前十名的城市分别是黄山、池州、淮北、滁州、芜湖、亳州、马鞍山、六安、蚌埠、铜陵。黄山、池州由于较高的建成区绿化覆盖率和污水集中处理率，以及全省仅有的两个城市达到100%的空气质量达标率，人居环境状况以高分排在前两名。

（三）2014年安徽省城市居民幸福指数评价

1.评价指标体系构建

2014年安徽省居民幸福城市指数评价指标体系在上一年的基础上进行了调整，指标体系分为经济及家庭状况、公用设施、社会事业、人居环境等4个方面。与2013年相比，二级指标增加了"居民消费价格指数""人均生活用电量""每万人拥有医生数""每万人刑事案件立案数"等4个指标，并对原来的一些指标进行了调整，把"每万人卫生机构床位数"指标调整为"每万人拥有医院、卫生院床位数"，"最低生活保障标准与人均消费支出比例"指标调整为"城镇最低生活保障标准与人均消费支出比例"。调整后的指标体系共包含4个一级指标和27个二级指标。

表5　安徽省城市居民幸福指数评价指标体系

一级指标	二级指标	指标范围	指标性质
经济及家庭状况	城镇登记失业率	全市	逆指标
	人均可支配收入	市区	正指标
	居民消费价格指数	市区	逆指标
	人均住宅建筑面积	市区	正指标
	人均生活用电量	市区	正指标
	恩格尔系数	市区	逆指标
	发展型消费比重	市区	正指标
	每百户居民家庭拥有家用汽车	市区	正指标
	粗离婚率	全市	逆指标

一级指标	二级指标	指标范围	指标性质
公用设施	人均道路面积	市区	正指标
	人均公共设施面积	市区	正指标
	每万人公交车辆拥有量	市区	正指标
	每万人社区服务设施拥有量	市区	正指标
	用水普及率	市区	正指标
	燃气普及率	市区	正指标
社会事业	人均教育经费	市区	正指标
	每万人拥有医生数	市区	正指标
	每万人拥有医院、卫生院床位数	市区	正指标
	城镇居民医疗保险参保率	全市	正指标
	基本养老保险覆盖率	全市	正指标
	城镇最低生活保障标准与人均消费支出比例	全市	正指标
人居环境	建成区绿化覆盖率	市区	正指标
	人均公园绿地面积	市区	正指标
	全年空气二级以上天数比例	市区	正指标
	生活垃圾无害化处理率	市区	正指标
	污水集中处理率	市区	正指标
	每万人刑事案件立案数	全市	逆指标

新增指标说明：

（1）居民消费价格指数指一定时期内城市居民所购买的生活消费品价格和服务项目价格变动趋势和程度的相对数。指标用于反映与居民生活有关的产品及劳务价格统计出来的物价变动情况,通常作为观察通货膨胀水平的重要指标。

（2）人均生活用电量指按城市人口计算平均每人日常生活用电。随着生活水平的不断提高,城市居民的生活用电量呈增长趋势。该指标可以在一定程度上反映城市居民的生活水平状况。

（3）每万人拥有医生数指一个城市每万人拥有的医生数量,其中医生包括执业医师和执业助理医师。该指标用于反映一个城市居民健康的受保障程度。

（4）每万人刑事案件立案数指地区每万人口中年内发生并达到公安等司法部门规定的立案标准的刑事案件数,其中刑事案件是指须依法追究刑事责任并由公安等司法机关立案处理的案件。指标用于反映刑事案件的发案状况,是反映一个地区社会治安状况、人民群众社会生活安全感的重要指标。

2.评价结果分析

把 27 个二级指标的数据用 SPSS 计量软件进行主成分分析,评价结果如下表所示。

表6　2014年安徽省城市居民幸福指数排名

城市	总指数		分指数							
	幸福指数	排名	经济和家庭	排名	公用设施	排名	社会事业	排名	人居环境	排名
合肥市	0.9253	4	0.8714	2	0.6072	5	1.0000	1	0.5373	14
淮北市	0.6754	9	0.2653	13	0.4315	11	0.4381	10	0.8323	5
亳州市	0.3867	15	0.2315	14	0.3593	15	0.3190	13	0.8170	6
宿州市	0.5123	13	0.3895	11	0.3716	13	0.3170	14	0.7377	8
蚌埠市	0.7457	8	0.3132	12	0.8268	2	0.6223	4	0.7629	7
阜阳市	0.2000	16	0.5471	6	0.2000	16	0.2000	16	0.5488	13
淮南市	0.4268	14	0.2180	15	0.3695	14	0.4716	8	0.2000	16
滁州市	0.8680	5	0.5022	8	0.8090	3	0.6137	5	0.8466	4
六安市	0.6424	11	0.4850	10	0.4088	12	0.2130	15	0.8633	3
马鞍山市	0.9856	2	1.0000	1	0.5576	6	0.4405	9	0.3909	15

（续表）

城市	总指数		分指数								
	幸福指数	排名	经济和家庭	排名	公用设施	排名	社会事业	排名	人居环境	排名
芜湖市	1.0000	1	0.6531	4	1.0000	1	0.8367	2	0.5808	12
宣城市	0.6436	10	0.5020	9	0.4609	9	0.3275	12	0.6863	9
铜陵市	0.9506	3	0.7600	3	0.6937	4	0.6367	3	0.6385	10
池州市	0.7584	7	0.5194	7	0.5176	7	0.3887	11	1.0000	1
安庆市	0.5618	12	0.2000	16	0.5172	8	0.5096	7	0.6092	11
黄山市	0.8108	6	0.5938	5	0.4478	10	0.5507	6	0.9692	2

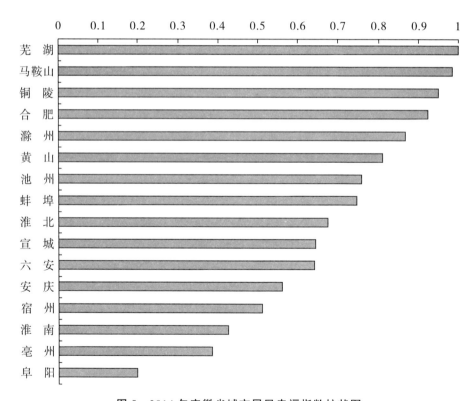

图 5　2014 年安徽省城市居民幸福指数柱状图

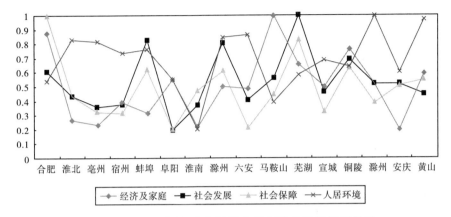

图6　2014年安徽省城市居民幸福指数分类指标折线图

从经济及家庭状况、公用设施、社会事业发展水平、人居环境状况4个方面对安徽省城市居民幸福感进行综合分析，得出城市居民幸福指数，结果如表6所示。从表6及图5可以看出排在前十位的城市分别是：芜湖、马鞍山、铜陵、合肥、滁州、黄山、池州、蚌埠、淮北、宣城。

芜湖市居民幸福指数位于全省第一名，从图5可以看出芜湖市在考察的4个方面的得分均在0.5以上，其中公用设施排在第一位，社会事业排在第二位，经济及家庭状况排在第四位，人居环境排在第十二名，城市居民幸福指数综合得分最高。马鞍山在经济和家庭状况方面排在第一位，公用设施和社会事业方面分别排在第六位和第九位，人居环境排在第十五位，整体城市居民幸福指数位于全省第二名。

（1）经济及家庭状况

在经济及家庭状况方面排在前十名的城市分别是：马鞍山、合肥、铜陵、芜湖、黄山、阜阳、池州、滁州、宣城、六安。马鞍山经济和家庭状况排在省内第一名，主要得益于人居可支配收入在省内第一，恩格尔系数较低，发展型消费占总消费支出比重最高，人均住宅建筑面积较大，人均生活用电量仅次于合肥，从而反映出居民生活质量水平和整体经济水平较高。

（2）公用设施

在公用设施方面排在前十名的城市分别是：芜湖、蚌埠、滁州、铜陵、合肥、马鞍山、池州、安庆、宣城、黄山。芜湖市在每万人社区服务设施拥有量上是第一名，而且超出第二名4倍之多，用水、燃气等方面位于全省第一，在人均道路面积、人均公用设施面积和每万人公交车辆拥有量方面排在全省第三名。

（3）社会事业

在社会事业方面排在前十名的城市分别是：合肥、芜湖、铜陵、蚌埠、滁州、黄山、安庆、淮南、马鞍山、淮北。合肥在人均教育支出、每万人拥有医生数、每万人拥有医院、卫生院床位数、最低生活保障水平方面均是全省第一名，从而整体社会事业方面得分最高。

（4）人居环境

在人居环境方面排在前十名的城市分别是：池州、黄山、六安、滁州、蚌埠、宿州、宣城、铜陵、安庆、芜湖。池州在人均公园绿地面积、全年空气二级以上天数比例位于全省第一，每万人刑事案件立案数最少，污水集中处理率和建成区绿化覆盖率分别位于第三名和第六名，人居环境综合得分最高。

（三）2015年安徽省幸福指数体系分析

1.评价指标体系构建

2015年的安徽省居民幸福城市指数评价指标体系在上一年的基础上进行了调整，指标体系分为经济生活、公用设施、社会事业、人居环境等4个方面。与2014年相比，评价指标体系的一级指标中，"经济和家庭状况"指标调整为"经济生活"；二级指标中，去掉了"居民消费价格指数""发展型消费比重"等2个指标，增加了"每百户居民家庭拥有电脑"指标，并对有的指标进行了调整，把"基本养老保险覆盖率"指标调整为"城镇基本养老保险覆盖率"。调整后的指标体系共包含4个一级指标和26个二级指标。

表 7 2015 年安徽省城市居民幸福指数评价指标体系

一级指标	二级指标	指标范围	指标性质
经济生活	城镇登记失业率	全市	逆指标
	人均可支配收入	市区	正指标
	人均住宅建筑面积	市区	正指标
	人均生活用电量	市区	正指标
	恩格尔系数	市区	逆指标
	每百户居民家庭拥有家用汽车	市区	正指标
	每百户居民家庭拥有电脑	市区	正指标
	粗离婚率	全市	逆指标
公用设施	人均道路面积	市区	正指标
	人均公共设施面积	市区	正指标
	每万人公交车辆拥有量	市区	正指标
	每万人社区服务设施拥有量	市区	正指标
	用水普及率	市区	正指标
	燃气普及率	市区	正指标
社会事业	人均教育经费	市区	正指标
	每万人拥有医生数	市区	正指标
	每万人拥有医院、卫生院床位数	市区	正指标
	城镇居民医疗保险参保率	全市	正指标
	城镇基本养老保险覆盖率	全市	正指标
	城镇最低生活保障标准与人均消费支出比例	全市	正指标
人居环境	建成区绿化覆盖率	市区	正指标
	人均公园绿地面积	市区	正指标
	全年空气二级以上天数比例	市区	正指标
	生活垃圾无害化处理率	市区	正指标
	污水集中处理率	市区	正指标
	每万人刑事案件立案数	全市	逆指标

新增指标说明:

(1)每百户居民家庭拥有电脑:每百户居民家庭拥有电脑指城市每百户家庭拥有的家用电脑数量。在现代社会,电脑已经进入千家万户,愈来愈成为人们生活中不可缺少的工具。指标用于反映城镇居民的生活条件提高情况。

(2)城镇居民医疗保险参保率:指一个地区城镇人口中参加医疗保险的人数所占的比例。指标反映了一个地区的医疗保障状况。

2.评价结果分析

把26个二级指标的数据用SPSS计量软件进行主成分分析,评价结果如下表所示。

表8 2015年安徽省城市居民幸福指数排名

城市	总指数		分指数							
	幸福指数	排名	经济生活	排名	公用设施	排名	社会事业	排名	人居环境	排名
合肥市	1.0000	1	0.8326	3	0.5696	7	1.0000	1	0.6040	9
淮北市	0.5516	8	0.5952	7	0.3770	11	0.5258	7	0.8011	3
亳州市	0.2880	13	0.5140	8	0.2433	15	0.2124	14	0.5965	10
宿州市	0.2604	14	0.3885	13	0.3631	12	0.2723	13	0.6308	7
蚌埠市	0.6694	5	0.4358	11	0.9121	2	0.6529	4	0.5585	11
阜阳市	0.2148	15	0.4905	10	0.2000	16	0.2000	16	0.5018	12
淮南市	0.4409	10	0.4923	9	0.3610	13	0.4513	8	0.2000	16
滁州市	0.6263	7	0.4065	12	1.0000	1	0.5755	6	0.7095	5
六安市	0.2000	16	0.2000	16	0.3467	14	0.2066	15	0.6046	8
马鞍山市	0.7702	3	1.0000	1	0.6072	6	0.4288	10	0.4291	13
芜湖市	0.7282	4	0.6271	5	0.7407	4	0.8106	2	0.2326	15
宣城市	0.4960	9	0.7340	4	0.4299	10	0.2878	12	0.6991	6

（续表）

城市	总指数		分指数								
	幸福指数	排名	经济生活	排名	公用设施	排名	社会事业	排名	人居环境	排名
铜陵市	0.9939	2	0.8622	2	0.7833	3	0.8065	3	0.7610	4
池州市	0.3779	11	0.3834	14	0.4310	9	0.3679	11	1.0000	1
安庆市	0.3197	12	0.2369	15	0.5320	8	0.4410	9	0.4211	14
黄山市	0.6387	6	0.6170	6	0.6327	5	0.5827	5	0.9973	2

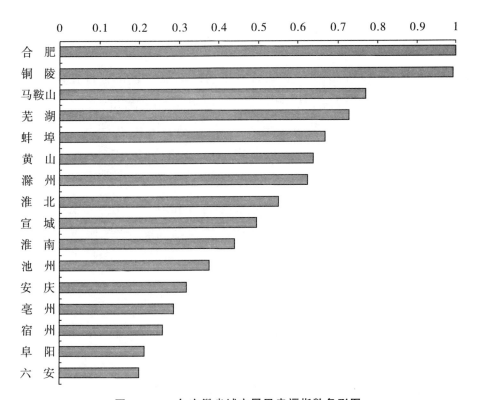

图 7　2015 年安徽省城市居民幸福指数条形图

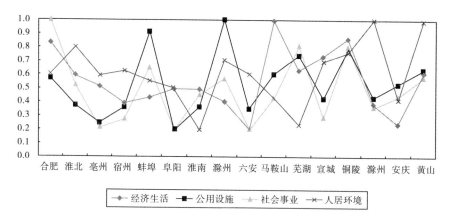

图8　2015年安徽省城市居民幸福指数分类指标折线图

本文从经济生活、公用设施、社会事业、人居环境4个方面对安徽省城市居民幸福感进行综合分析,得出城市居民幸福指数,结果如表8所示。评价结果显示,2015年安徽省城市居民幸福指数得分排在前十位的城市分别是:合肥、铜陵、马鞍山、芜湖、蚌埠、黄山、滁州、淮北、宣城、淮南。合肥市居民幸福指数位于全省第一名,从表8可以看出合肥市在考察的4个方面的得分均在0.5以上,其中社会事业排名第一,经济生活方面排在第三名,公用设施排在第七名,人居环境排在第九名,城市居民幸福指数综合得分最高。铜陵在经济生活方面排在第二位,公用设施和社会事业方面都是排在第三位,人居环境排在第四名,整体城市居民幸福指数位于全省第二名。

（1）经济生活

经济生活指标评价得分排在前十名的城市分别是:马鞍山、铜陵、合肥、宣城、芜湖、黄山、淮北、亳州、淮南、阜阳。马鞍山经济生活状况排在省内第一名,主要得益于人居可支配收入在省内第一,恩格尔系数最低,每户拥有的家用汽车和电脑数量是第一名,居民生活质量和整体经济水平最高。

（2）公用设施

公用设施方面评价得分排在前十名的城市分别是:滁州、蚌埠、铜陵、黄山、马鞍山、合肥、安庆、池州、宣城、淮北。滁州市在人均道路面积、人均公用设施面积和每万人社区公共设施拥有量方面都是在全省第一名,燃气普及率和用水普及率分别是第二名和第三名。

（3）社会事业

在社会事业方面评价得分排在前十名的城市分别是:合肥、芜湖、铜陵、蚌埠、黄山、滁州、淮北、淮南、安庆、马鞍山。合肥在人均教育经费、每万人拥有医生数、每万人拥有医院、卫生院床位数方面均是全省第一名,社会事业方面整体发展最好。

（4）人居环境

在人居环境方面评价得分排在前十名的城市分别是:池州、黄山、淮北、铜陵、滁州、宣城、宿州、六安、合肥、亳州。池州在人均公园绿地面积、全年空气二级以上天数比例、生活垃圾无害化处理方面均是位列全省第一名,污水集中处理率和建成区绿化覆盖率分别位于第四名和第六名,人居环境综合得分最高。

（四）2016年安徽省幸福指数体系分析

1.评价指标体系构建

2016年的安徽省居民幸福城市指数评价指标体系在上一年的基础上进行了调整,一级指标没有变化,还是分为经济生活、公用设施、社会事业、人居环境等4个方面。二级指标中,考虑指标数据的可得性,去掉了"恩格尔系数"指标,把"城镇最低生活保障标准与人均消费支出比例"指标调整为"城镇最低生活保障标准与人均生活消费支出比例"。调整后的指标体系共包含4个一级指标和25个二级指标。

表9 2016年安徽省城市居民幸福指数评价指标体系

一级指标	二级指标	指标范围	指标性质
经济生活	城镇登记失业率	全市	逆指标
	人均可支配收入	市区	正指标
	人均住宅建筑面积	市区	正指标
	人均生活用电量	市区	正指标
	每百户居民家庭拥有家用汽车	市区	正指标
	每百户居民家庭拥有电脑	市区	正指标
	粗离婚率	全市	逆指标
公用设施	人均道路面积	市区	正指标
	人均公共设施面积	市区	正指标
	每万人公交车辆拥有量	市区	正指标
	每万人社区服务设施拥有量	市区	正指标
	用水普及率	市区	正指标
	燃气普及率	市区	正指标
社会事业	人均教育经费	市区	正指标
	每万人拥有医生数	市区	正指标
	每万人拥有医院、卫生院床位数	市区	正指标
	城镇居民医疗保险参保率	全市	正指标
	城镇基本养老保险覆盖率	全市	正指标
	城镇最低生活保障标准与人均生活消费支出比例	全市	正指标
人居环境	建成区绿化覆盖率	市区	正指标
	人均公园绿地面积	市区	正指标
	全年空气二级以上天数比例	市区	正指标
	生活垃圾无害化处理率	市区	正指标
	污水集中处理率	市区	正指标
	每万人刑事案件立案数	全市	逆指标

2.评价结果分析

把 25 个二级指标的数据用 SPSS 计量软件进行主成分分析,评价结果如下表所示。

表 10　2016 年安徽省城市居民幸福指数排名

城市	总指数		分指数								
	幸福指数	排名	经济生活	排名	公用设施	排名	社会事业	排名	人居环境	排名
合肥市	0.8468	2	1.0000	1	0.6018	5	1.0000	1	0.2139	15
淮北市	0.6382	9	0.4735	10	0.4329	12	0.5606	8	0.5375	10
亳州市	0.3369	15	0.3527	12	0.4988	10	0.2000	16	0.7706	3
宿州市	0.4437	14	0.2000	16	0.3978	14	0.2652	14	0.5208	12
蚌埠市	0.6789	6	0.4903	9	0.8551	3	0.7475	4	0.3507	14
阜阳市	0.2000	16	0.4943	8	0.2000	16	0.2294	15	0.5451	9
淮南市	0.4641	13	0.5930	7	0.3731	15	0.4382	10	0.2000	16
滁州市	0.6616	7	0.3350	13	1.0000	1	0.6307	6	0.5253	11
六安市	0.5314	10	0.3202	14	0.4091	13	0.2907	13	0.7568	4
马鞍山市	0.7521	4	0.9305	3	0.5865	6	0.4769	9	0.5730	8
芜湖市	0.7379	5	0.7155	6	0.7352	4	0.8588	2	0.3671	13
宣城市	0.5160	11	0.8935	4	0.4917	11	0.3539	12	0.6551	5
铜陵市	1.0000	1	0.9821	2	0.8826	2	0.8031	3	0.6122	6
池州市	0.5067	12	0.2044	15	0.5132	8	0.4236	11	1.0000	1
安庆市	0.6510	9	0.3923	11	0.5030	9	0.6711	5	0.5812	7
黄山市	0.7914	3	0.7299	5	0.5621	7	0.5876	7	0.9552	2

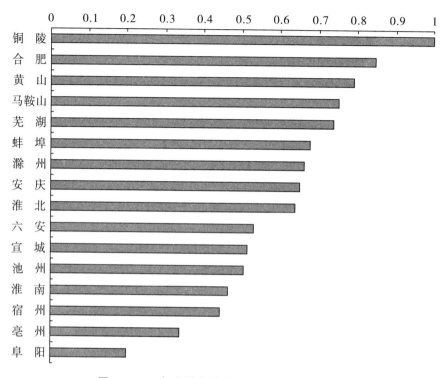

图9　2016年安徽省城市居民幸福指数条形图

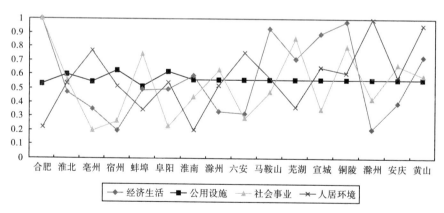

图10　2016年安徽省城市居民幸福指数分类指标折线图

　　从经济生活、公用设施、社会事业、人居环境4个方面对安徽省城市居民幸福感进行综合分析,得出城市居民幸福指数得分和排名,结果如表10和条形图(图9)所示。评价结果显示:2016年安徽省城市居民幸福指数综合得分排在前十位的城市分别是：铜陵、合肥、黄山、马鞍山、芜湖、滁州、安庆、淮北、六安、宣城。铜陵市居民幸福指数位于全省第一名，从表10可以看出铜陵市在考察的4个方面的得分均在0.6以上，其中社会事业排名第三，经济生活方面排在第二名，公用设施在第二名，人居环境排在第六名，城市居民幸福指数综合得分最高。合肥在经济生活和社会事业指标均排在第一位，公用设施指标排在第五位，人居环境指标排在第十五名，整体城市居民幸福指数位于全省第二名。

（1）经济生活

在经济生活方面得分排在前十名的城市分别是：合肥、铜陵、马鞍山、宣城、黄山、芜湖、淮南、阜阳、蚌埠、淮北。合肥市经济生活状况排在省内第一名，在考核的指标中人均可支配收入、城镇登记失业率和人均用电量均位于全省首位，反映出整体居民经济收入和生活质量水平最高。

（2）公用设施

公用设施评价得分排在前十名的城市分别是：滁州、铜陵、蚌埠、芜湖、合肥、马鞍山、黄山、池州、安庆、亳州。滁州市在人均道路面积和人均公用设施面积指标排在全省首位，每万人社区公共设施拥有量和每万人公交车拥有量分别是全省第二和第三名。

（3）社会事业

社会事业评价得分排在前十名的城市分别是：合肥、芜湖、铜陵、蚌埠、安庆、滁州、黄山、淮北、马鞍山、淮南。合肥在人均教育经费、每万人拥有医生数、每万人拥有医院、卫生院床位数方面均是全省第一名，社会事业整体水平最高。

（4）人居环境

人居环境评价得分排在前十名的城市分别是：池州、黄山、亳州、六安、宣城、铜陵、安庆、马鞍山、阜阳、淮北。池州在人均公园绿地面积、生活垃圾无害化处理方面均是位列全省第一名，全年空气二级以上天数比例和污水集中处理率指标排名分别为第二、第五名,人居环境综合得分最高。

(五)2017年安徽省幸福指数体系分析

1.评价指标体系构建

2017年的安徽省居民幸福城市指数评价指标体系在2016年的基础上做了一些调整:由于"城市生活垃圾无害化处理"指标2016年数据在所比较的16个城市中全部实现100%,城市之间没有可比性,根据可比性原则,2017年去掉了该指标;根据指标数据的可行性原则,将"城镇居民医疗保险参保率"调整为"城镇职工医疗保险参保率";根据研究目的,增加了"万人拥有体育馆数"指标。调整后的指标体系共包含4个一级指标和25个二级指标。

表11　2017年安徽省城市居民幸福城市评价指标体系

一级指标	二级指标	指标范围	指标性质
经济生活	城镇登记失业率	全市	逆指标
	人均可支配收入	市区	正指标
	人均住宅建筑面积	市区	正指标
	人均生活用电量	市区	正指标
	每百户居民家庭拥有家用汽车	市区	正指标
	每百户居民家庭拥有电脑	市区	正指标
	粗离婚率	全市	逆指标
公用设施	人均道路面积	市区	正指标
	人均公共设施面积	市区	正指标
	每万人公交车辆拥有量	市区	正指标
	每万人社区服务设施拥有量	市区	正指标
	万人拥有体育馆数	市区	正指标
	燃气普及率	市区	正指标
	用水普及率	市区	正指标

（续表）

一级指标	二级指标	指标范围	指标性质
社会事业	人均教育经费	市区	正指标
	每万人拥有医生数	市区	正指标
	每万人拥有医院、卫生院床位数	市区	正指标
	城镇职工医疗保险参保率	全市	正指标
	城镇职工基本养老保险覆盖率	全市	正指标
	城镇最低生活保障标准与人均生活消费支出比例	全市	正指标
人居环境	建成区绿化覆盖率	市区	正指标
	人均公园绿地面积	市区	正指标
	全年空气二级以上天数比例	市区	正指标
	污水集中处理率	市区	正指标
	每万人刑事案件立案数	全市	逆指标

2.评价结果分析

把 25 个二级指标的数据用 SPSS 计量软件进行主成分分析,评价结果如下表所示。

表 12　2017 年安徽省城市居民幸福指数排名

城市	总指数		分指数							
	幸福指数	排名	经济生活	排名	公用设施	排名	社会事业	排名	人居环境	排名
合肥市	0.989	2	0.908	2	0.906	3	1.000	1	0.341	14
淮北市	0.639	9	0.541	12	0.616	13	0.515	10	0.528	7
亳州市	0.252	14	0.768	7	0.536	15	0.200	16	0.383	11
宿州市	0.248	15	0.213	15	0.544	14	0.360	12	0.369	13
蚌埠市	0.687	6	0.665	9	0.921	2	0.640	6	0.371	12
阜阳市	0.200	16	0.787	6	0.200	16	0.334	14	0.200	16
淮南市	0.523	13	0.200	16	0.697	10	0.520	9	0.298	15
滁州市	0.537	12	0.372	14	0.803	6	0.592	7	0.500	8

（续表）

城市	总指数		分指数								
	幸福指数	排名	经济生活	排名	公用设施	排名	社会事业	排名	人居环境	排名
六安市	0.545	11	0.503	13	0.630	12	0.382	11	0.622	5
马鞍山市	0.970	3	1.000	1	0.809	5	0.548	8	0.654	4
芜湖市	0.870	5	0.791	5	1.000	1	0.762	2	0.487	10
宣城市	0.641	8	0.822	4	0.721	8	0.324	15	0.587	6
铜陵市	1.000	1	0.543	11	0.866	4	0.694	3	0.856	2
池州市	0.628	10	0.701	8	0.678	11	0.337	13	0.760	3
安庆市	0.662	7	0.598	10	0.731	7	0.691	4	0.495	9
黄山市	0.956	4	0.850	3	0.714	9	0.654	5	1.000	1

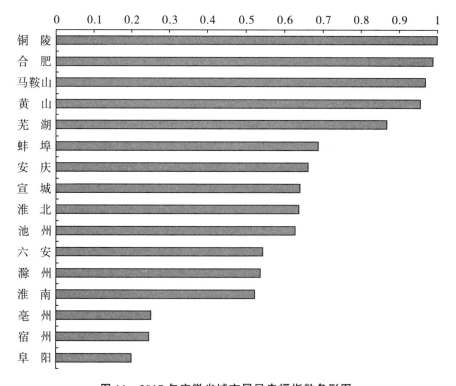

图 11　2017 年安徽省城市居民幸福指数条形图

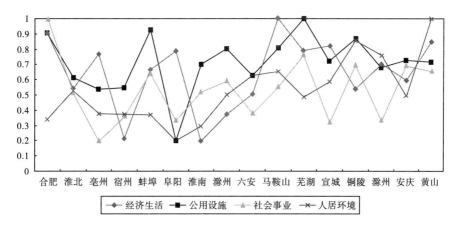

图12　2017年安徽省城市居民幸福指数分类指标折线图

从经济生活、公用设施、社会事业、人居环境4个方面对安徽省城市居民幸福感进行综合分析，得出城市居民幸福指数，结果如表12所示。评价结果显示，2017年安徽省城市居民幸福指数综合得分排在前十位的城市分别是：铜陵、合肥、马鞍山、黄山、芜湖、蚌埠、安庆、宣城、淮北、池州。

铜陵市居民幸福指数位于全省第一名，从表12中可以看出铜陵市在所考察的4个方面得分均在0.5以上，其中，经济生活排在第一名，公用设施方面排在第四名，社会事业排在第三名，人居环境排在第二名，城市居民幸福指数综合得分最高。合肥市居民幸福指数位于全省第二名，在所考察的4个方面中，经济生活、公用设施、社会事业得分均在0.9以上，分别排在第二名、第三名、第一名；人居环境得分0.341，排在第十四名。马鞍山市居民幸福指数位于全省第三名，在所考察的4个方面得分均在0.5以上，其中，经济生活是第一名，公用设施是第五名，社会事业是第八名，人居环境是第四名。

（1）经济生活

经济生活方面评价得分排在前十名的城市分别是：马鞍山、合肥、黄山、宣城、芜湖、阜阳、亳州、池州、蚌埠、安庆。马鞍山市经济生活状况排在第一名,其中人均可支配收入、每百户居民家庭拥有家用汽车和每百户家庭拥有电脑均位于全省第一名,城镇登记失业率排在第三名,反映了城市居民经济收入和生活水平较高。

(2)公用设施

公用设施方面评价得分排在前十名的城市分别是:芜湖、蚌埠、合肥、铜陵、马鞍山、滁州、安庆、宣城、黄山、淮南。芜湖市在公用设施排名第一,其中万人拥有体育馆数在全省是第一名,城市燃气、用水普及率均是100%,人均公共设施面积、每万人公交车辆拥有量均是全省第二名。

(3)社会事业

社会事业评价得分排在前十名的城市分别是:合肥、芜湖、铜陵、安庆、黄山、蚌埠、滁州、马鞍山、淮南、淮北。合肥市在万人拥有医生数、万人拥有医院卫生院床位数、城镇职工基本养老保险覆盖率方面在全省排在第一名,人均教育经费排在第二名,社会事业发展整体水平最高。

(4)人居环境

人居环境方面评价得分排在前十名的城市分别是:黄山、铜陵、池州、马鞍山、六安、宣城、淮北、滁州、安庆、芜湖。黄山市全年空气二级以上天数比例为全省第一名,高达97.3%,建成区绿化覆盖面积和城市污水集中处理率指标排名第二,人居环境综合得分最高。

五、2012—2017年安徽各城市点评

(一)合肥市

2012—2017年,合肥市城市居民幸福指数在全省排名分别是第五、第五、第四、第一、第二、第二位,排名有所上升。经济生活指数在全省排名分别是第二、第二、第二、第三、第一、第二位,经济增长和居民生活条件一直处于全省前列。公用设施指数排名分别是第三、第六、第五、第七、第五、第三位,中间名次下降但2017年又回升到第三名,每年名次变化幅度不大。社会事业指数排名分别是第三、第一、第一、第一、第一、第一位,连续五年居于第一位,较为平稳。人居环境排名分别是第十六、第

十一、第十四、第九、第十五、第十四位,除了 2015 年排名有所上升,其余年份一直处于全省后进状态。近年来,合肥市经济发展迅速,城市建设加快,公共设施和公共场所增加,医疗、教育等民生社会保障范围不断扩大,居民物质生活条件一直处于全省前列。快速发展的同时也伴随着城市环境污染,空气质量较差等问题。

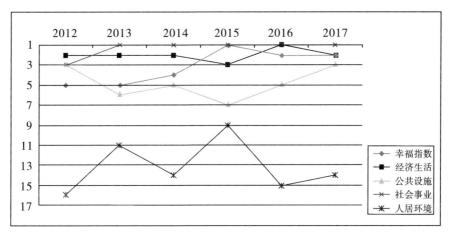

图 13　2012—2017 年合肥市城市居民幸福指数及分指数排名折线图

（二）淮北市

2012—2017 年,淮北市城市居民幸福指数在全省排名分别是第十、第六、第九、第八、第九、第九位,除了 2013 年上升至第六名,名次没有大幅度变化,处于全省中间位置。经济生活指数在全省排名分别是第十五、第十一、第十三、第七、第十、第十二位,变动较大,后三年名次略为下降。公用设施指数排名分别是第十四、第九、第十一、第十一、第十二、第十三位,2013 年排名较上年大幅度提高了 5 位,之后又缓慢下降。社会事业指数排名分别是第六、第四、第十、第七、第八、第十位,近三年排名逐渐下降。人居环境指数排名分别是第七、第三、第五、第三、第十、第七位,排名变化起伏较大,近年名次有下降的趋势。总体看,淮北市经济发展加快,居民生活水平提高,城市公共设施建设逐步增加,人居环境名次变动较大,说明环境优化改善不稳定。

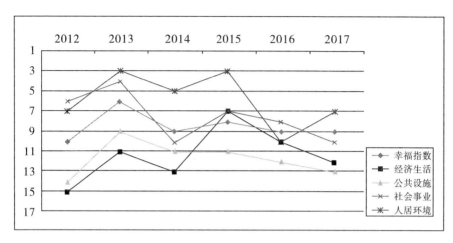

图14 2012—2017年淮北市城市居民幸福指数及分指数排名折线图

（三）亳州市

2012—2017 年,亳州市城市居民幸福指数在全省排名分别是第十二、第十、第十五、第十三、第十五、第十四位,整体有所下降。经济生活指数在全省排名分别是第六、第七、第十四、第八、第十二、第七位,经济增长和居民生活条件排名变化幅度较大。公用设施指数排名分别是第一、第十五、第十五、第十五、第十、第十五位,除 2012 年之外,其余年份一直处在全省后面。社会事业指数排名分别是第十二、第十一、第十三、第十四、第十六、第十六位,排名逐渐下降,近两年处于全省的末端。人居环境指数排名分别是第八、第六、第六、第十、第三、第十一位,前三年平稳上升,后三年排名变化较大,2017 年下降明显。整体看,亳州市城市居民幸福指数排名呈现一定程度的下降,各分类指数排名也都有不同程度下降,各方面发展不太稳定,上升和下降幅度较大。从图 15 看,经济生活和人居环境名次上升和下降呈现相反状态,一定程度上反映了城市经济增长与人居环境的发展困境。

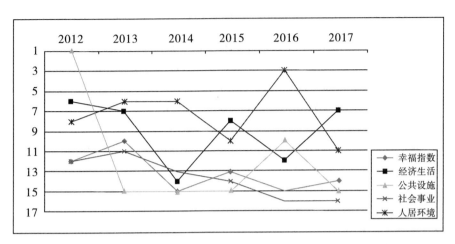

图 15　2012—2017 年亳州市城市居民幸福指数及分指数排名折线图

（四）宿州市

2012—2017 年,宿州市城市居民幸福指数在全省排名分别是第十六、第十五、第十三、第十四、第十四、第十五位,整体小幅度上升。经济生活指数排名分别是第十四、第十四、第十一、第十三、第十六、第十五位,指数排名先上升后下降,变化幅度不大。公用设施指数排名分别是第二、第十、第十三、第十二、第十四、第十四位,一直在逐步下降。社会事业指数排名分别是第十四、第十四、第十四、第十三、第十四、第十二位,前三年很稳定,后三年小幅上升,总体发展稳中有升。人居环境指数排名分别是第十四、第十五、第八、第七、第十二、第十三位,排名先上升后下降,变化幅度较大,整体有所上升。总体看,宿州市城市居民幸福指数排名变化不大,经济生活略有下降,公共设施发展放缓,社会事业发展快速,人居环境有所改善。

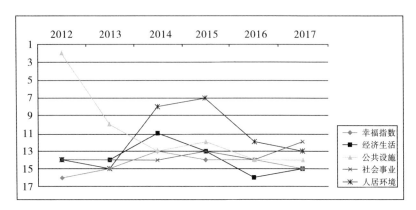

图 16　2012—2017 年宿州市城市居民幸福指数及分指数排名折线图

（五）蚌埠市

2012—2017 年,蚌埠市城市居民幸福指数在全省排名分别是第七、第八、第八、第五、第六、第六位,整体排名小幅上升。经济生活指数排名分别是第十三、第十五、第十二、第十一、第九、第九位,指数排名上升明显,有较大提高。公用设施指数排名分别是第十六、第二、第二、第二、第三、第三位,自 2013 年起一直稳定发展。社会事业指数排名分别是第四、第六、第四、第四、第四、第六位,变动不大,发展较为平稳。人居环境指数排名分别是第十三、第九、第七、第十一、第十四、第十二位,排名先上升后下降,后两年有所下降。总体看,蚌埠市城市居民幸福指数排名有所提升,经济发展较快,人们生活水平提高,人居环境呈现下降状态。

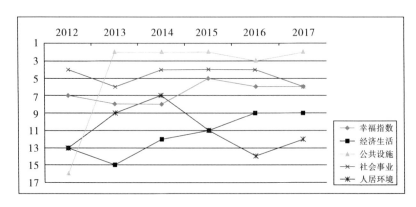

图 17　2012—2017 年蚌埠市城市居民幸福指数及分指数排名折线图

（六）阜阳市

2012—2017年,阜阳市城市居民幸福指数在全省排名分别是第十五、第十六、第十六、第十五、第十六、第十六位,变动不大。经济生活指数排名分别是第九、第九、第六、第十、第八、第六位,指数排名略有上升。公用设施指数排名分别是第八、第十六、第十六、第十六、第十六、第十六位,自2013年起名次没有变化。社会事业指数排名分别是第十五、第十六、第十六、第十六、第十五、第十四位,整体略有上升。人居环境指数排名分别是第十五、第十三、第十三、第十二、第九、第十六位,前五年排名逐年提高,2017年大幅度下降了7位,排到最后一名。总体看,阜阳市经济发展呈上升状态,公用设施和社会事业变动不大,发展缓慢。近两年经济增长快速,在全省排名提高明显,但同时期人居环境恶化,其排名大幅下降。

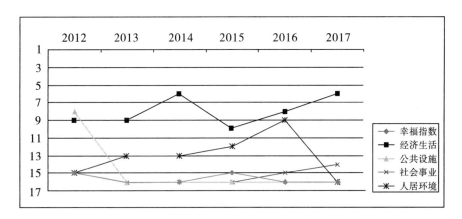

图18　2012—2017年阜阳市城市居民幸福指数及分指数排名折线图

（七）淮南市

2012—2017 年,淮南市城市居民幸福指数在全省排名分别是第十一、第十四、第十四、第十、第十三、第十三位,变动不大,略有上升。经济生活指数排名分别是第十一、第十三、第十五、第九、第七、第十六位,指数排名起伏变化较大,2017 年下降明显。公用设施指数排名分别是第九、第十一、第十四、第十三、第十五、第十位,前五年呈现下降状态,2017年名次大幅提升了 5 位。社会事业指数排名分别是第十、第八、第八、第八、第十、第九位,整体略有上升。人居环境指数排名分别是第十二、第十六、第十六、第十六、第十六、第十五位,2013 年下降了 4 位并连续四年徘徊在排名末端。总体看,淮南市城市居民幸福指数排名有所上升,经济生活指数呈大起大落态势,公用设施指数先下降后上升,社会事业发展较为平稳,人居环境长期处于全省末端,没有明显提升。

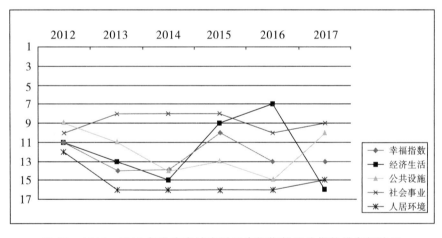

图 19　2012—2017 年淮南市城市居民幸福指数及分指数排名折线图

（八）滁州市

2012—2017 年,滁州市城市居民幸福指数在全省排名分别是第三、第七、第五、第七、第七、第十二位,下降趋势明显。经济生活指数排名分别是第四、第十二、第八、第十二、第十三、第十四位,前三年起伏较大,后三年逐年下降。公用设施指数排名分别是第四、第三、第三、第一、第一、第六位,前五年呈现上升状态,2017 年名次下降了 5 位。社会事业指数排名分别是第五、第九、第五、第六、第六、第七位,除 2013 年下降了 4 位外,整体名次变化不大。人居环境指数排名分别是第九、第四、第四、第五、第十一、第八位,整体先上升后下降,变化幅度较大。总体看,滁州市城市居民幸福指数排名逐步下降,经济生活指数在起伏中下降,近三年处于全省后进梯队,公用设施指数前五年上升明显,社会事业指数较为平稳,人居环境改善明显,但有较大起伏。

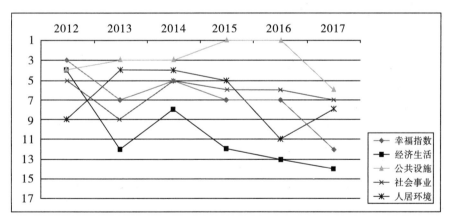

图 20　2012—2017 年滁州市城市居民幸福指数及分指数排名折线图

（九）六安市

2012—2017 年,六安市城市居民幸福指数在全省排名分别是第十四、第十三、第十一、第十六、第十、第十一位,变化中有所上升。经济生活指数排名分别是第十二、第五、第十、第十六、第十四、第十三位,前四年先上升后下降,幅度较大,后两年逐步回升。公用设施指数排名分别是第六、第十三、第十二、第十四、第十三、第十二位,呈现下降状态。社会事业指数排名分别是第十六、第十五、第十五、第十五、第十三、第十一位,整体呈上升状态,尤其后两年上升较快。人居环境指数排名分别是第四、第八、第三、第八、第四、第五位,起伏变化较大。总体看,六安市城市居民幸福指数排名呈上升态势,经济生活在 2015 年大幅下降,跌到最后一名,后期经济生活有所上升,起伏较大,发展不稳定。公用设施整体下降,社会事业近两年发展较快,人居环境一直排在全省中上位置,但起伏变化较大,持续改善环境不稳定。

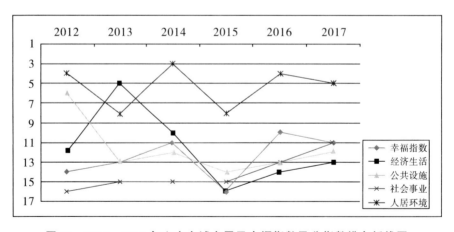

图 21　2012—2017 年六安市城市居民幸福指数及分指数排名折线图

（十）马鞍山市

2012—2017 年,马鞍山市城市居民幸福指数在全省排名分别是第一、第三、第二、第三、第四、第三位,排名略有下降。经济生活指数排名分别是第一、第一、第一、第一、第三、第一位,有五年排名在首位,发展较为稳定。公用设施指数排名分别是第十、第五、第六、第六、第六、第五位,整体呈现上升状态。社会事业指数排名分别是第一、第十二、第九、第十、第九、第八位,整体呈现先下后上状态,2013 年大幅下降了 11 位,后期逐步上升。人居环境指数排名分别是第十、第七、第十五、第十三、第八、第四位,起伏变化较大,从 2014 年起指数排名上升明显。总体看,马鞍山市城市居民幸福指数排名稍有下降,但一直排在全省第一梯队,各方面发展较为稳定。经济生活发展较为稳定,位居全省前列。公用设施发展变化不大,处于全省中上游。社会事业整体先下降后上升,人居环境近三年发展很快,排名大幅提高。

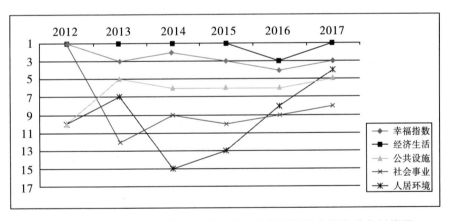

图 22　2012—2017 年马鞍山市城市居民幸福指数及分指数排名折线图

（十一）芜湖市

2012—2017 年,芜湖市城市居民幸福指数在全省排名分别是第四、第一、第一、第四、第五、第五位,呈下降状态。经济生活指数排名分别是第三、第四、第四、第五、第六、第五位,整体呈下降状态。公用设施指数排名分别是第十三、第一、第一、第四、第四、第一位,整体变化较大,呈上升状态。社会事业指数排名分别是第七、第二、第二、第二、第二、第二位,后五年排名一直没有变化,处于全省前列。人居环境指数排名分别是第十一、第五、第十二、第十五、第十三、第十位,变化起伏较大,先下降后上升。总体看,芜湖市城市居民幸福指数排名有所下降,经济生活整体下降,经济发展增速放缓。公用设施 2013 年大幅度提高,后期变化不大,一直处于全省前列。社会事业发展比较稳定,后五年一直处于全省第二名。人居环境改善不稳定,排名大起大落,2013 年以来大幅度下降,近两年有所回升。近五年,芜湖市经济发展增速呈下降态势,其他三个方面发展也有所放缓,整体排名略有下降。

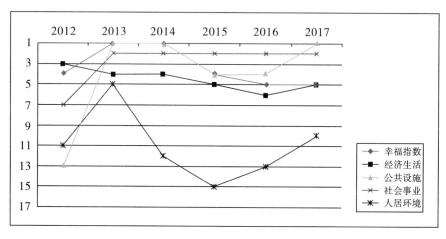

图 23　2012—2017 年芜湖市城市居民幸福指数及分指数排名折线图

（十二）宣城市

2012—2017 年,宣城市城市居民幸福指数在全省排名分别是第八、第十一、第十、第九、第十一、第八位,呈波浪形变化,排名在全省中间位置上下浮动。经济生活指数排名分别是第八、第十、第九、第四、第四、第四位,整体呈上升状态,后三年没有变化。公用设施指数排名分别是第十二、第十二、第九、第十、第十一、第八位,呈上升状态。社会事业指数排名分别是第十一、第十、第十二、第十二、第十二、第十五位,逐渐下降。人居环境指数排名分别是第三、第十四、第九、第六、第五、第六位,先大幅度下降后逐步上升。总体看,宣城市城市居民幸福指数排名起伏变化不大,经济生活整体有明显提高,2015 年以后排名稳定在全省前列。公用设施建设逐步提高,社会事业发展水平有所下降。人居环境 2013 年大幅下降了 11 位以后,环境治理加快,全省排名逐步上升。

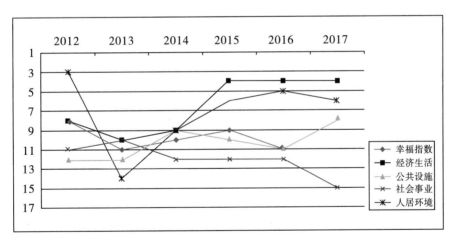

图 24　2012—2017 年宣城市城市居民幸福指数及分指数排名折线图

（十三）铜陵市

2012—2017年,铜陵市城市居民幸福指数在全省排名分别是第二、第二、第三、第二、第一、第一位,一直处于全省前列,近两年居于全省首位。经济生活指数排名分别是第七、第三、第三、第二、第二、第十一位,前五年排名逐步上升,2017年大幅度下降。公用设施指数排名分别是第十五、第四、第四、第三、第二、第四位,整体呈上升状态,2017年略有下降。社会事业指数排名分别是第二、第七、第三、第三、第三、第三位,前两年起伏变化较大,后四年没有变化。人居环境指数排名分别是第五、第十、第十、第四、第六、第二位,先下降后上升,后三年排名上升明显,有较大提高。总体看,铜陵市城市居民幸福指数排名起伏变化不大,一直保持在全省前列。经济生活稳步发展,2017年有所下降。公用设施建设和社会事业发展水平近五年相对稳定,变化不大。人居环境排名前期有明显下降,后期加大环境治理,排名逐步提高。

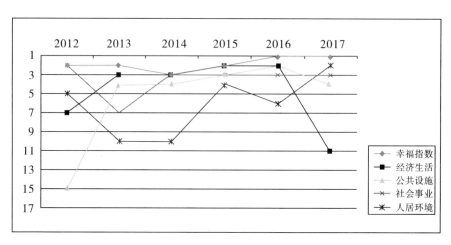

图 25　2012—2017 年铜陵市城市居民幸福指数及分指数排名折线图

（十四）池州市

2012—2017年,池州市城市居民幸福指数在全省排名分别是第九、第九、第七、第十一、第十二、第十位,整体有所下降。经济生活指数排名分别是第五、第八、第七、第十四、第十五、第八位,前五年排名逐步下降,2017年名次大幅度提高。公用设施指数排名分别是第七、第八、第七、第九、第九、第十一位,呈逐步下降态势。社会事业指数排名分别是第十三、第十三、第十一、第十一、第十一、第十三位,变化不大,稳中有升。人居环境指数排名分别是第二、第二、第一、第一、第一、第三位,连续三年居于全省第一,2017年略有下降。总体看,池州市城市居民幸福指数排名变化不大,有一定程度下降。经济生活前五年下降明显,2017年出现大幅度回升。公用设施发展缓慢,排名下降。社会事业发展水平略有上升,人居环境一直居于全省前列。

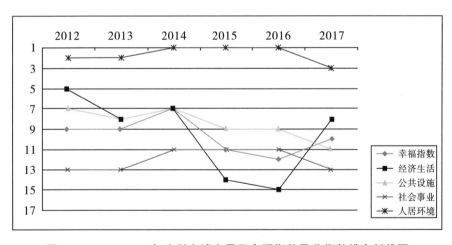

图26　2012—2017年池州市城市居民幸福指数及分指数排名折线图

（十五）安庆市

2012—2017 年,安庆市城市居民幸福指数在全省排名分别是第十三、第十二、第十二、第十二、第八、第七位,整体呈上升状态。经济生活指数排名分别是第十六、第十六、第十六、第十五、第十一、第十位,指数排名后三年有明显提高。公用设施指数排名分别是第五、第十四、第八、第八、第八、第七位,2013 年下降了 9 位,后逐年提高,上升明显。社会事业指数排名分别是第八、第五、第七、第九、第五、第四位,整体先下降后上升,变动幅度不大。人居环境指数排名分别是第六、第十二、第十一、第十四、第七、第九位,前四年排名共下降了 8 位,后两年又有大幅上升。总体看,安庆市城市居民幸福指数排名有所提高,经济生活指数稳步上升,公用设施指数和社会事业指数均是先下降后上升,人居环境发展则是呈现大起大落态势。

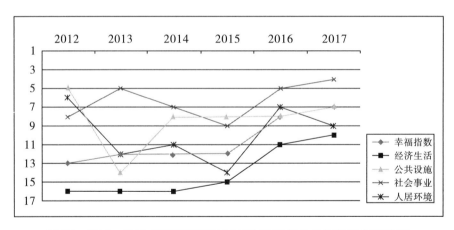

图 27 2012—2017 年安庆市城市居民幸福指数及分指数排名折线图

（十六）黄山市

2012—2017年,黄山市城市居民幸福指数在全省排名分别是第六、第四、第六、第六、第三、第四位,整体排名小幅上升。经济生活指数排名分别是第十、第六、第五、第六、第五、第三位,排名呈现上升状态。公用设施指数排名分别是第十一、第七、第十、第五、第七、第九位,起伏变化较为频繁,整体排名略有上升。社会事业指数排名分别是第九、第三、第六、第五、第七、第五位,前两年上升较快,后四年变化起伏不大。人居环境指数排名分别是第一、第一、第二、第二、第二、第一位,排名一直处于全省前列,变动不大。总体看,黄山市城市居民幸福指数排名有所提高,经济生活发展较快,全省排名提高明显,公用设施发展不稳定,变动较大。人居环境发展一直保持在全省前两名内,较为稳定。

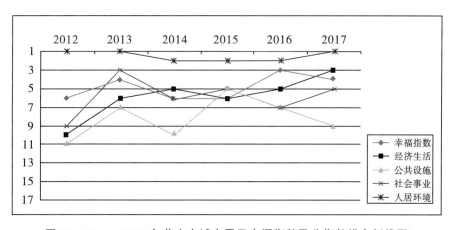

图 28　2012—2017 年黄山市城市居民幸福指数及分指数排名折线图

（课题负责人:孙自铎;成员:徐本纯、张谋贵、秦柳、许红;执笔:许红）

安徽 40 年城市发展与建设

孙自铎

第一节　农村改革迫切要求城镇发展

1979 年以后,在改革开放方针指引下,城镇建设也出现了前所未有的蓬勃发展态势。

1965 年全省小城镇 1953 个,常住人口 303 万,平均每镇不到 2000 人。快速的发展主要是在改革开放之后,1983 年小城镇已发展到 3300 多个,居全国第三位,其中标准的建制镇 152 个(包括县城 67 个),非标准镇 3150 个[①]。到 1996 年时全省建制镇 802 个(不含县城),平均每镇 2083 人,其中 2000 人以下镇占 71.45%,不足 1000 人的镇占 40.65%,5000 人以上的镇约占 7%,万人以上的镇占 2.2%,镇区面积平均为 213 平方公里。在城镇数量扩张的同时,镇上人口也在增长,面积在扩大,在全省 802 个建制镇中共有乡镇企业 28042 个,从业人员 79.9 万人,分别占全省总数的 33% 和 29.8%。当年平均每镇的财政收入 485.68 万元。小城镇建设资金的 60% 左右由向农民卖商业门面、住房和户口提供的。2002 年全省建制镇发展到 955 个,农村集镇 2014 个。

---

① 黄岳忠主编:《当代安徽经济概论》,安徽人民出版社 2004 年版,第 359 页。

一、小城镇蓬勃发展

改革开放中农村小城镇率先崛起,推动着整个城镇化进程,主要是由于农村改革的成功。农业家庭承包制的兴起,极大地调动了农民生产积极性,在原有的资源条件下实现农产品增产丰收,农产品供给的丰富为城镇的发展提供了物质基础,解决了长期困扰城镇居民的粮油棉供应问题,也为工业发展提供了充足的原料。此外,农村改革大大提高农业劳动生产率,农民收入增长,加之对农民管制政策的松动,使得农村商品经济活跃,商业贸易量扩大;同时,农业上大量劳动力得以释放出来。经济、社会条件的这些变化,为农村集镇发展创造了物质、资金和人力要素等多种资源,农民自发进入城镇经商、务工、办企业。乡镇企业的兴起与发展吸引了一大批农业劳动力,为小城镇发展提供了人口资源,作为工商业为主的乡镇企业发展,需要在空间上集中以解决动力、供水供气、货物交通等公共设施问题,在城市尚未对外放开的体制下,农民率先进入小城镇是必然的选择。

农业改革使农产品供给丰富。长期以来我国农产品供给不足,作为农业大省的农产品要保证国家需求,自身也不富裕,严重制约着城镇人口的增加和工业的发展。农村改革使农业丰收,一举改变了农产品供给短缺问题。安徽省粮食总产量在1949年仅639.2万吨,1955年达到历史最高水平的1152.9万吨,此后直到1970年才超过1955年为1263.8万吨。而改革之后,1983年即超过2000万吨大关(2010.5万吨),1990年超过2500万吨大关(2520.1万吨)。在粮食增产的同时,经济作物也普遍大幅增产。棉花1949年34.73万担,1955年70.64万担,1965年203.1万担,1970年240.33万担,1985年333.4万担,1990年472万担。由于对改革后农业增产的估计不足,粮食收储建仓一时跟不上去,20世纪80年代中期一度在全省出现卖粮难、储不下的百年少有现象。随着农业增产的是农民收入的增长,对工业品消费需求扩大,也在刺激着工业的发展,农产品剩余增加、供给丰富、可以满足城镇人口增长的需求,支撑城镇化的快速发展。

农村改革释放出大量农村劳动力。农村改革为城镇发展提供物质基础,也提供了大量剩余劳动力,为工业发展提供丰富的产业工人。这种情况表现在两个方面:除了进入乡镇企业做工之外,还形成一批外出务工人员,到1995年时全省外出打工者在8000万人,到2002年全省外出打工约900万,其中600万是常年外出打工。以平均每个打工者年净收入在3000元左右、外出打工者600万人计,年获纯收入180亿元以上。一些打工者在外学得技术,获得了资金,"换了脑子""赚了票子",完成了资本、技术的积累,回乡创办企业,为小城镇的发展做出贡献。

正是在这样的背景下,安徽省小城镇取得超前发展,可以说全省小城镇建设起步于20世纪80年代,勃兴于20世纪90年代,其主要标志:

一是数量增加。1984年全省只有152个建制镇,其中县城镇67个。2002年全省小城镇达969个,其中建制镇955个,农村集镇2014个。全省平均每42平方公里、13400个农业人口有一个小城镇。

二是规模扩大。小城镇规模的扩大表现在建成区和人口两个方面。1992年全省每个镇建成区面积1.07平方公里,1997年平均每个镇的建成区面积为1.93平方公里,增加80.4%,其中还出现一批人口超10万人的大镇。

三是建设投入加大,基础设施有了明显改观。仅"八五"期间全省小城镇建设投入就达145.56亿元。2002年,全省小城镇建设完成投资96亿元,其中县城以下建制镇投入57亿元,农村集镇投入33亿元,小城镇的自来水普及率、道路铺装率、电话普及率、绿化覆盖率都有了显著提高。

四是小城镇建设逐步纳入法制化规范化的轨道。到2000年,全省小城镇全部完成了总体规划编制,有97.3%的小城镇完成了建设规划的调整,而且规划的质量有了明显提高,凤台县毛集镇、濉溪县临涣镇、亳州双沟镇总体规划获省二等奖。

五是小城镇经济有了很大发展。据 20 世纪 90 年代中期的全省百镇调查资料,1992 年平均每个镇的社会总产值、乡镇企业营业收入、财政收入、农民人均纯收入,分别为 9100 万元、4127.14 万元、152.62 万元、657.54元,1997 年分别为 37300 万元、26365 万元、588 万元、2090 元,五年中各项指标分别增长 4.1 倍、6.39 倍、3.85 倍和 3.18 倍。2000 年,200 个中心镇平均财政收入 811.6 万元。全省已涌现出一批有特色有一定经济实力的小城镇。如当年的合肥市常青镇乡镇企业营业收入已突破 50 亿元。无为县刘渡镇的木材交易市场闻名全国,年交易额 10 亿元。繁昌县娥桥镇经营茶叶的门面 500 多家,零星摊位 3000 多个,旺季市场人流量上万人。黄山市汤口镇、歙县深渡镇以旅游兴镇,繁昌县获港镇则以资源兴城,霍邱县叶集镇依靠综合改革已发展成为皖西第一大镇。凤台县毛集镇则是以经济社会生态协调综合发展为特色。

六是小城镇逐步向城市发展。在小城镇建设中,县城是重点,也是发展最快的部分。县城里的市政,公用等基础设施提升较快。到 1989 年,全省 63 个县城,城内道路总长 1090.1 公里,道路面积 1242 万平方米,其中高级及次高级道路面积 888.7 万平方米,路灯 11338 盏,桥梁 446 座,防洪堤坝 320.3 公里,下水管道长度 964.3 公里。建有水厂 62 个,日供水能力达 30.8 万吨,供水管长度达 622.3 公里,全年供水总量达 7410.7 万吨,供水人口 157.6 万人,自来水普及率达 64%,人均日生活用水量 35.3 公升。房屋建筑面积达 5038.9 万平方米,其中住宅建筑面积达 2638.7 万平方米,人均居住面积 6.3 平方米,约有四分之一居民住上建有独立厨房、卫生设施配套的住房。城中绿地面积 2326 公顷,人均公共绿地面积 2.2 平方米,公园 37 个,占地面积 149.8 公顷,拥有大中型环卫机械 184 台,建有公共厕所 1202 座,当年清运垃圾粪便 82 万吨。

七是政策上大力倡导。安徽省在改革开放中十分重视小城镇的建设,1984 年第一次在全国召开小城镇发展的理论研讨会。1985 年又在全国率先转发并贯彻国务院关于农民自理口粮进入小城镇的文件规定,当年肥东县有 6 万多农民报名进入小城镇。这个数字看起来不少,其实当年该县在建筑业、乡镇企业和国有企事业单位做工的人员即不依靠农业为生存者就有这么多。由此可见,这是正常的进城需求,但由于那个时期小城镇上的学校、副食品、煤炭等基础设施供给不足,以及城乡二元社会结构存在,进镇者并不能享受到市民待遇,无法进入,不得不退回农村,可以说这是一次城镇化的预演,其意义值得肯定,也值得深思。1999年安徽为促进小城镇发展,再次下达相关文件给予支持,但由于中小城市发展不足、带动力不强,小城镇的发展并未能发挥更大作用。直到近年安徽又一次确立小城镇建设目标和规划,即在全省重点建设 200 个左右具有一定规模和经济实力的重点镇,自此对小城镇建设进行了比较切合实际的定位,也走上了健康发展之路,小城镇有了更快的发展。截至2010 年底,全省小城镇人均居住面积 31 平方米,小城镇自来水普及率72%,小城镇总体规划编制完成率达 97%,全省 212 个中心镇建成区面积 776 平方公里,平均建成区面积是一般镇的 2.4 倍。建成区自来水普及率83%,高出全省小城镇 11 个百分点,中心镇镇区绿化覆盖率25.8%,高出其他小城镇 4 个百分点。涌现出天长市秦栏镇、无为县高沟镇、当涂县博望镇、潜山县源潭镇等一批专业镇,特色镇,年财政收入高达几亿元之多。

二、县城镇和中等城市建设加快

从历史和逻辑的发展过程看,安徽县城镇及中等城市发展经历了 3个阶段,先是谋求中等城市发展,此后是对部分县进行县改市,进入新世纪县城镇建设在向中小城市转型,当然,这第三个过程目前还在进行之中。

由于历史的原因,安徽在近现代没有产生一个经济上堪称的大城市。1949 年新生政权建立后,在一个很长的时期内,国家在城市发展方针上又对大城市建设实施控制限制的原则,提倡"合理发展中等城市,积极发展小城镇",在这个宏观背景下,安徽对城镇建设的探索和实际操作的重点,除了发展小城镇就是把希望寄托于中等城市扩展上。但在不同时期具体的策略与重点又是不同的。

1.谋求原有中等城市的经济发展

20世纪80年代中期,安徽虽然有8个省辖市,工业产值最高的合肥市只有19亿元,最低的铜陵市则不到5亿元。其他几个地辖市,有的只有1亿~2亿元,有的就只有几千万元,即安徽的中等城市不仅小而且弱,从中等城市的现状及发展的期望来说,各地都希望在中等城市建设方面有所突破。因为早在安徽省召开小城镇发展研讨会之前,有关城镇建设的中心和突破点等选择上,安徽就把着力点放在中等城市方面。1983年11月,中共安徽省委、安徽省人民政府委托安徽省社会科学院、中国城乡建设经济所、安徽省科学技术协会等单位共同发起,在合肥召开了全国中等城市经济发展战略讨论会。这标志着安徽开始把城市建设作为推动经济发展的重要抓手。而且这不是一次单纯的学术研讨,因有着省政府及各市政府参与的背景,这次战略研讨会实际在谋求安徽中等城市的发展战略,是一次理论与实际紧密结合的会议,会前的准备和会后的成果许多直接进入政府的决策之中,掀起了建设高潮,成为中等城市发展建设的重要指导原则,并付诸实践,做出规划。

此后,在中等城市建设中,有些市在城市建设上获得巨大成效,有的在产业发展上奠定了重要基础。如蚌埠市20世纪50年代曾设想建成"玻璃城""钢铁城",70年代又在规划确立"电子城",均未能实现,在中等城市建设中,经过调查分析,确立以食品工业为主的轻工业城市。以交通优势和靠近阜阳大农区的优势,生产出一批部优、省优产品,如明胶、午餐罐头、猪肉、团结牌和百寿牌香烟、糖精、特酿酱油、蚌埠大曲、蚌埠白酒、珍珠饴、食用大豆油等,利用食品工业投资少、见效快、收益大的特点,发展城市经济。蚌埠市1980—1982年间,对食品工业投资3600万元,新上29个项目,建成后一年可新增产值1亿元,新增利税1600万元,据1982年统计,全市百元固定资产实现利税57.30元,其中食品工业百元固定资产实现的利税达 256 元。此外,发展食品工业还能拉动机械电子、化工业的发展,其大量的下脚料又可以发展饲料工业和养殖业。围绕这一目标,市里做出规划,食品工业总产值由 1983 年的 7.91 亿元增加到 1985 年的 9.7 亿元,1990 年达到 14.1 亿元,2000 年达到 30.5 亿元,在 1980 年的基础上实现翻两番,食品工业总产值在全市工业总产值的比重由 1980 年的 36.9% 提高到 2000 年的 53.8%,提高 16.9 个百分点。为此,还制定了相关促进食品工业发展的措施。此间,芜湖提出重点发展有特色的轻纺工业,协调发展重工业的战略导向。安庆市则重点发展石油化工、建材等综合性加工业。淮南市继续开发煤资源,着力在煤资源开发的广度、深度和系列化及综合利用方面发展。淮北市则主张依托煤资源,大力发展化学、建材和电力工业,其他如马鞍山市、铜陵市、宿州市也都结合自身的特点,对城市产业发展方向和城市建设的重点做出规划①。

20 世纪 80 年代安徽省各地重视中等城市发展,谋求城市经济有所突破,在实践中起到了一定的作用。如据统计,1983 年 8 个省辖市工商税收和财政收入分别占全省的 71.3% 和 73.7%,但总体看,安徽省城市仍然是发展不足,1982 年全国城市平均人口 40.6 万,安徽城市平均每市人口才 25.8 万人,当年非农业人口比重全国为 14.07%,安徽才 12.17%②。

2.适应农村工业化需要的县改市

工业化的模式决定着城镇化模式。在计划经济体制下,由于城乡分离,体制上的障碍,城乡要素不能充分流动,城乡资源配置不能自由组合,被人为地分割。改革开放中,乡镇企业异军突起,发展迅速,农村工业成为与城市并行发展的两种势力,在管理上分属不同体制,在空间上相互隔离,但工业发展的内在规律客观要求在空间上的集中,而农村工业实力的增强也为农村城镇的崛起提供了经济基础,正是适应这样一种

---

① 童大林、于光远等:《中等城市发展战略》,安徽人民出版社 1984 年版,第 79—139 页。
② 张德生主编:《安徽省经济地理》,新华出版社 1986 年版,第 373—374 页。

社会需要,县改市成为一种必然选择。从20世纪90年代开始,安徽境内一些乡镇企业、县域经济发展比较好的县,如宁国、桐城、天长、界首、明光进行了县改市。

界首市。界首是安徽省第一个撤县复市的。历史上界首的县、市设置几经变动,早在1947年即在界沟集基础上开始设界首市,1953年撤市,并从太和、临泉两县各划一部分和原市境组成界首县,1958年与太和县合并为首太县,1959年复置界首县,1989年经国务院批准撤县复市。该市设置既有历史原因又有现实因素。界首历史悠久,处于皖豫交界,六县相邻,居颍河中游,交通便利,人口稠密,每平方公里达到1000人,早在20世纪40年代一度发展为20多万人口的商业城市。1949年后特别是1979年后,当地经济尤其是工业发展很快。复市时全市工业拥有20多个行业、1000多个品种。20世纪90年代前后全市开发的新产品37项,其中3项填补了国家空白,72项为省内所独创,先后创部、省优产品29个,"奇安特"运动鞋、"芬格欣"、"沙河特曲"等产品享誉省内外,工艺陶瓷20世纪50年代就行销欧亚。此外,市内交通、市政设施、文化教育等也有较好基础。市里通车里程242公里,城内主干道硬质化,城市供水供电及排水设施齐全,市里还建有中等专业学校2所,职业中学7所,公园占地200多亩,新建体育场占地85亩,市区建成区面积8平方公里。

天长市。天长是在1993年9月18日撤县设市的。该市的建立主要是其经济发展的结果。天长市不仅农业发达,而且工业发展尤其是乡镇企业发展快速。1949年全县工业产值420万元,1985年2亿元,1993年进一步增加到26.17亿元。改市的前一年乡镇企业实现产值34.1亿元,其中乡镇工业产值19亿元。当地工业的发展也吸引了外资的进入,1993年建有"三资"企业17个,利用外资271.5万美元,在全省各县处于前列。经济发展使财政收入增加,1985年天长财政收入1715万元,1993年增加到6011万元。财政增长、经济的发展也促进城镇建设,仅1993

年即完成各类城市建设投资近 1 亿元。

明光市。明光市是 1994 年 5 月 31 日经国务院批准,撤销原嘉山县设立的市。明光市的设置也是经济发展的自然结果。明光市工业门类齐全,20 世纪 90 年代初,全市拥有乡及乡以上工业企业 369 家,形成酿酒、轻纺、机电、建材、化工、粮油加工六大支柱行业,生产的主要工业产品千余种。明光酒厂是产值、销售、利税均超亿元的国家大型二级企业,连续多年进入全国 500 家最大工业企业和 500 家最佳经济效益企业。由于地处几县交界,明光市还是皖东地区重要的商品集散地,市内建立各类市场 39 个,其中有些较大规模市场,被誉为皖东第一商城的惠利商场建筑面积 1.3 万平方米。1993 年综合经济实力居全省先进行列,财政收入为全省十强之一。

桐城市。桐城是历史文化名城,历史悠久,人文荟萃,古迹甚多,经济发达。1949 年后一直是全国重要的产粮大县,工业基础相对薄弱。20 世纪 50 年代只能生产砖瓦、铁木农具、土布、土纸、铁锅等产品。改革开放后才逐步形成以机械、化工、电子、陶瓷、五金、纺织、建材为主的工业体系,至 1990 年初,生产的工业产品 2000 多种,1992 年共有工业企业 8274 家,是 1980 年的近 40 倍,实现工业总产值 15 亿元。改革开放后,外部公路铁路的建设,使得桐城的区位优势更加明显,20 世纪 90 年代初已有公路 28 条(段),通车里程 412 公里,合九铁路横穿全境,改革开放中,文化之乡的桐城在文化教育方面又有巨大发展。经济、文化的长足发展使该县具备建市的条件。

宁国市。宁国县建于东汉建安十三年,距今已有 2000 多年的历史。1949 年宁国县的工农业总产值 2621.5 万元,经济逐步发展,到 1980 年全县总产值突破亿元,此后发展加快,1990 年全县工农业总产值 55 亿元,当年国内生产总值 5.5 亿,社会总产值达到 6.65 亿元,人均工农业总产值在全省县级处于第 9 位,人均国内生产总值居于第 3 位。1992 年,宁国人均工农业生产总值、国内生产总值等项经济指标均居全省县级前

6 名,县级综合经济实力跻身"全省十强县(市)"行列。宁国经济发展主要得益于乡镇企业的迅猛发展。1983 年全县乡镇企业总产值才 1686 万元,到 1990 年时全县乡镇企业总产值达到 2.7 亿元,其中"三资"企业 4 家,出口创汇企业 11 家,有 4 家企业被省政府命名为"明星企业",一家企业成为国家二级企业,1992 年年产值 100 万元以上的骨干企业增加到 64 家。20 世纪 90 年代,宁国形成了以建材、机械、电子、化工、冶金为支柱的工业体系,主要产品有农用三轮车、水泥、柴油机、工业泵、农药、密封件、耐磨材料等,其中有国优产品 1 个,部优产品 8 个,省优产品 20 个。1993 年,全县工业总产值 17 亿元,国家大型企业宁国水泥厂、县耐磨材料厂、县机械工业总公司、中鼎股份有限公司等跻身"安徽工业 50 强"行列,县内的宁阳、中溪、甲路、港口四大开发区已成雏形。经济的增长也增加了财政收入,1980 年全县财政收入 1031 万元,1990 年全县财政收入达到 4181 万元,1993 年全县财政收入 9346.5 万元。县改市是当地经济社会发展的必然结果。

第二节　区域中心城市的提出和建设

安徽是人口大省、农业大省,但城市规模偏小,城市化水平较低,适当发展几个大城市,带动中小城镇的发展和省区经济的崛起历来是促进安徽经济发展的必然要求,也是皖人长期之期望。

一、安徽城市状况迫切需要建设大城市

从 20 世纪 90 年代起安徽城市进入快速发展期,1990 年全省还只有合肥、芜湖、蚌埠、淮南、马鞍山、淮北、安庆、铜陵、黄山 9 个省辖市,此后随着经济发展和国家关于城市政策的松动、城市数量不断增加,1993 年原滁县地区改为滁州市,1996 年原阜阳地区改为阜阳市,1999 年原宿州地区、六安地区、巢湖地区分别改为省辖市,2000 年宣城地区、池州地区改为省辖市,同年亳州改为地级省辖市。到 20 世纪末,全省地改市全部

完成后,省辖市数量由 1990 年的 9 个增加到 17 个。此后为了城市发展需要,在 2001 年至 2004 年间,分别对马鞍山、合肥、蚌埠、淮南 4 个省辖市的行政区域进行调整,主要是撤销郊区,原郊区分别归属到市区,以此破解郊区包围城区、束缚城市发展的瓶颈,并适度扩大了市区范围。加之在此之前,1989 年至 1997 年的县改市,全省有 22 个市,城市的增加和扩大促进了城镇化进程,全省的城市化水平由 1978 年的 12.6% 提高到 2005 年的 35.5%,尽管如此,安徽省的城市虽然数量不少,但城市偏小、经济偏弱、城市化水平偏低以及发展速度不快之状况未能得到根本性的改变。2005 年全省 17 个地级市,数量在全国所有省份中处于第 3 位。建成区面积 1178.56 平方公里,其中合肥市建成区面积 225 平方公里,人口 173 万,在全国省会城市中偏小。全国 287 个地级及其以上城市中,400 万人口以上的城市 13 个,200 万~400 万人口城市 25 个,100 万~200 万人口城市 75 个,50 万~100 万人口城市 9 个,50 万以下人口城市 2 个。全国大多数省份都有 200 万以上人口的城市,仅安徽与西部的内蒙古、青海、新疆及新设立的海南没有。从经济实力看,2005 年,安徽省会城市圈内生产总值 2856.7 亿元,在全国居第 15 位,但全省城市人均国内生产总值仅 16031 元,在全国处于第 25 位,比全国平均水平要低 15150 元之多。2005 年全国城市化率为 42.99%,安徽才 35.5%,安徽低于全国平均水平7.5个百分点。而 1978 年安徽城市化率比全国平均水平仅低 5.3 个百分点,就是说改革开放中,安徽在城市化进程中不仅没有缩小与全国的差距,反而呈扩大之走势。

这一切与安徽的大城市发展不够,辐射带动力不强不无关系。2005 年省会合肥作为全省最大城市,国内生产总值 674.15 亿元,在全国省会城市处于倒数第 4 位,再从大城市的发展速度看也是滞后的。以合肥为例,1995 年市区人口 112.66 万人,2005 年增加到 173 万人,10 年增长 53%,而同期其他省会城市增长都达到 1~2 倍。南京市由 261.40 万人增加到 513 万人,增长 96%,杭州市由 141.3 万人增加到 409.5 万人,增长189.9%,武汉市由443.6万人增加到801.4万人,增长80.6%,广州市由380.3万人增加到617.3万人,增长62%,西安市由293.2万人增加到533.2万人,增长81%,南宁市由118.2万人增加到249.7万人,增长111.2%。

正是在这种情况下,安徽于1992年提出合肥现代化大城市建设问题。但由于此后不久国外的东南亚金融危机,国内对于由卖方市场转向买方市场的变化不适应,经济发展不大顺利等原因,全省大城市建设的真正的启动是在20世纪末的几年。

二、大城市建设的主要措施

安徽大城市建设或者说中等城市的扩张,主要是通过旧城改造与再造新城、撤销郊区和内依外联等多种模式展开和推进的。

1.再造新城使城市规模撤离

由于安徽城市小,大城市建设的需要,在实施旧城改造的同时,向外扩张成为必然选择。如合肥早在20世纪80年代开始旧城改造,2010年又进一步进行大拆违,正是在这种情况下,合肥市在提出建设现代化大城市的同时,90年代开始了"再造新合肥"的建设目标,提出在合肥城南部建设一个新合肥。1990年10月,合肥高新技术产业开发区建设正式启动,随后合肥经济技术开发区、新站综合开发试验区,龙岗综合开发区、双凤、桃花、蜀山等工业园区相继建立,通过开发区建设达到在经济发展上GDP千亿元目标,城市人口的容量达到300万,市区的面积拓展到280平方公里。

此后在此基础上开始合肥市大发展、大建设、大环境的三大建设,全面拉开"141"的城市空间发展规划,即主城向东、西南、西、北方向建设4个城市副中心,沿巢湖逐步兴建一个生态型、现代化的滨湖新区。四个外围组团分别是由店埠、撮镇为主的东部组团,由双墩、新站试验区、庐阳工业园区构成的北部组团,由高新技术开发区、蜀山产业园、科技创新示范基地组成的西部组团,以及包括经济技术开发区、上派镇及滨湖新区组成的西南部组团。1 即是原城区,指在原有淮南铁路和合九铁路以内,312 国道以北,包括老城区,政务文化新区等城市建设区。

合肥仅是安徽城市拓展的一个代表,从 20 世纪 90 年代开始,省内的芜湖、安庆、蚌埠、铜陵等市都先后建立各种不同的开发园区,这些园区的建设为城市发展经济做出贡献,同时也为城市的拓展提供路径。到 2005 年合肥城扩大到 225 平方公里,城区常住人口增加到 225 万,城市综合实力从全国的第 39 位提升到第 31 位。建设开发区是再造新城的重要措施。截至 2010 年底,全省区有 149 个省级以上各类开发区,其中国家级 9 个,省级 81 个,省政府批准筹建的 59 个,实现每个县(市、区)都有省级开发区或筹建的省级开发区的目标。全省开发区占地面积 2932 平方公里,建成区 1259 平方公里。其中,国家级开发区面积 229.8 平方公里,建成区面积 163.9 平方公里,分别占全部开发区的 7.8% 和 13%。开发区总人口 325.6 万人。当年全省省级以上开发区实现销售收入 1.1 万亿元,财政收入 370 亿元,其中,国家级开发区实现销售收入 4977 亿元,财政收入 184.4 亿元,分别占全省省级以上开发区 41.5% 和 44.4%。规模工业增加值 2849 亿元,占全省的 50.8%,其中国家级开发区工业增加值 1077 亿元,占 37.8%。进出口总额 119.6 亿美元,占全省进出口总额的 50.7%。按建成区面积计算,开发区每平方公里实现销售收入 10.18 亿元,工业总产值 8.4 亿元,财政收入 3500 万元。其中,国家级开发区每平方公里销售收入、工业总产值、财政收入分别达 30.3 亿元、24.5 亿元和 1.1 亿元,分别是全省平均水平的 3 倍、2.9 倍和 3.1 倍。开发区就业人员 168.7 万人。

2.旧城改造使城市获得发展

对旧城进行更新改造,或通过集中城区成片改造,迅速改变城区面貌;或通过重要街区、水域、道路改造,提升城市功能;在这方面也为安徽的城镇建设和发展做出贡献。

安徽省最早开展旧城改造的是合肥市,1983 年 8 月合肥市的城市总体规划中,针对当时道路狭窄,房屋低矮破旧,交通拥挤,市容景观差的状况制定了"收缩布局、控制征地、合理填补充实、分段改造旧城"的城内翻新、城外连片的城市建设方针,当年10月从社会筹集180万元资金,拉开了旧城改造的序幕,当时主要是对长江路西段和金寨路北段改造,探索并试行了"统一规划、合理布局、综合开发、配套建设"的经验,工作重点是对交通进行改善,调整网点,美好市容。实践表明,以这些内容为重点的综合改造工程,对旧城改造与建设起到投石问路的作用,获得城乡建设部的充分肯定。此后,经过10年的连续作战,吸引社会资金5.8亿元,开发面积101.7万平方米。相继改造了长江路西段、金寨路北段、安庆路西段、寿春路中段、淮河路西段等5条路线,新建了明光、益民、团结巷、龚大塘、蒙城路、公园新村、桐城路、二里街、花园巷、安庆路、大西门、义仓巷、大庆巷、梅山路等14个住宅小区和建筑组团,开发了城隍庙、七桂塘两个大型步行商业街,建成了金融大厦、九州大厦、天都大厦、黄山大厦、供电大楼、省保险公司大楼、省建行营业楼等7座高层建筑及青云楼、十字街食品商业楼等,同时也有大量市政建设。合肥的旧城改造被作为经验向全国推广。

合肥市两路改造成为全省城市更新改造的先行者,带动了一些城市进行改造,各具特色,创造出新的模式。马鞍山雨山湖综合整治工程以水系整治为突破口,集引水、排水、绿化及游览为一体,先后对南北湖水系进行综合整治,开展了清淤、截污等工程,有效地实行了雨污分流,改变了昔日淤泥沉积、沼泽腐臭的问题,同时对周边违章建筑进行拆除,让地变绿,大面积营造绿地,对面积达3.14公顷的花雨园林文化广场进行改造建设,加强湖区周边山体绿化建设,完善环湖绿地系统,为广大市民开辟了新的园林绿地空间,极大地改善了城市居住环境。此外,芜湖市镜湖、安庆市菱湖公园建设以及六安市淠史杭综合整治工程也都取得了明显效果。

3.棚户区改造使旧城面貌发生重大变化

由早期的旧城改造转变到新世纪大规模棚户区的改造,同样促进城市发展。近年来,城市棚户区改造成为旧城改造的重点。如淮南市煤矿棚户区改造工程,规划建设 49 个小区,搬迁居民 73628 户共 24 万人,彻底解决了采煤沉陷区、老矿区的居民居住和环境问题。为此,淮南市先后获得"中国煤矿康居建设小康奖""中国煤矿康居建设特殊贡献奖""安徽省绿色生态家园"和"感动淮南十佳事迹"等荣誉称号。

在对旧城改造中还打造出一些有特色的街区,彰显了城市风采。在旧城改造中,一些城市不仅强化城市功能,改善城市生活环境,同时也是传承历史文化,提升城市品位的重要举措。芜湖市通过旧城改造,把中山路步行商业街打造成该市的标志性街区之一。黄山市对屯溪老街实行保护、整治、更新相结合,保持了明清时期的传统风貌,又增添了时代的特征,使之成为具有鲜明个性价值的老街。

由旧城改造走向"大拆违""大建设"。合肥市在总结借鉴旧城改造经验的基础上,掀起了"大拆违""大建设",使得城市拓展和发展前所未有。2005年 7 月,合肥市痛下决心,在全市开展"大拆违"行动,在不到 4 个月的时间中,共拆除违法建筑 1275.9 万平方米,受到市民高度认同和热情支持。集中拆除"大环境"奏响序曲,也为全省城市"大建设"拉开大幕。

总之,从旧城改造到大拆违,加快了安徽省城市建设步伐,拓展了城市发展空间,提升了城市品位,赢得了社会的广泛赞誉。

4.撤销城市郊区使城市发展突破空间限制

在过去安徽城市都设有郊区,围绕着城市四周,形成一种农村对城市的包围圈。设置城市郊区的目的是在农产品供给不足的情况下保障城市居民的副食品供应问题。以粮为纲的年代,城市郊区不仅农民可以不种粮食,而且郊区人口的粮食由国家供给,主要从事农业的蔬菜生产,尽管吃到国家的供应粮,但社会保障仍然与市民有着区别,由此城市郊区仍然是农村,郊区的就业者本质上仍然是农民。改革开放后,农产品供给丰富,农民也有了自由按市场需要进行生产之决策权,远郊农民也开始生产蔬菜供给城市,郊区作为专门的蔬菜生产基地的作用在弱化,而在农村工业化中近郊农村乡镇企业迅速发展,利益的驱使也未必能刺激近郊农民专业从事蔬菜生产。而郊区的设置成为城市向四周拓展的一堵墙,影响着城市的向外扩张。特别是对于合肥等迫切需要扩大的中等城市来说,撤销郊区成为必然选择。从另外的角度而言,撤销郊区使之并入市区,成为扩大城市规模的重要举措。正是在这种情况下,合肥、马鞍山、芜湖、安庆等市先后撤销城市郊区。

再从实践来看,随着城市的发展和建设,原来的郊区已成为城市中的一部分,但这些郊区的居民仍然被作为农民对待,这些地区仍然采取农村的管理方式,居民被排斥在市民之外,阻碍着郊区居民向市民的融入。其次,改革中,郊区农民虽然不再从事农业生产,但与土地仍保持着千丝万缕的联系,仍然无法割断与土地的关联,另一方面农民进城的门槛很高,需要交纳大量费用,即无论从城市发展需要还是从郊区及农民自身的诉求来看,撤销郊区势在必行。

5.外融内联获得了强大的辐射力

安徽大城市建设的路径另一特点是采取外融内联方式。即加强与省外大城市的融入,依靠外省大城市的辐射带动促进本省城市的发展。内联即是指省内一些城市与率先崛起的大城市进行城际协作,带动当地城市发展。前者代表是滁州、马鞍山与南京共同形成的都市圈,相互促进、共同发展。历史上滁州、芜湖、巢湖、马鞍山等市都与南京有密切的人流物流关系,但在计划经济体制下,这种自然联系被人为切断。改革开放后,在20世纪80年代中期,通过共同建设都市圈,加强与这些地方的合作及联系重新被提到议事日程,但开始时由于旧体制的惯性,也由于南京市的经济实力还不够强,辐射带动能力还较弱,南京都市圈内的相互关联性和影响力还不大,以后随着市场经济的深入发展,南京及其周边地区经济的活跃和壮大,特别是由于科技及人才在经济发展中的地位和作用的提升,拥有较多的科研、大学机构和人才优势的南京市对周边地区的带动作用显现。另一方面安徽靠近南京市地区的经济活跃,与南京的发展差距开始在缩小,相互的关系由过去单纯的原料供给和处于下游的分工状况发生改变,相互之间的地位有所变化,交流的平等性逐步得到体现,再加之交通通讯便利,使得地区间的人流、物流和信息流联系渠道扩大,流量增加,南京都市圈才算真正意义上的形成。在城市建设和发展方面表现得尤为突出。如大滁州的建设方向即向南京靠拢,并把加强与南京的便利通达、扩大两地间的联系作为城市建设的一个重要取向。马鞍山城市也在向东发展。以后逐步再扩大到沿江城市,与南京高速公路和城际铁路已经在沟通。从南京方面来看,也在积极对安徽扩大开放,仅原省辖巢湖市境内就有 20 万人在南京从事工商业等不同工作。沿宁周边城市的许多企业都与南京发生着多种联系。事实上安徽许多城市融入长三角城市群,合肥成为长三角地区的副中心。这对安徽城市发展具有不可估量的作用。

后者的典型代表是淮南与合肥的同城化建设。合肥将长丰县北部的三河、孔店、曹庵、杨公等乡镇划归淮南后,使淮南城市穿山向南延伸有了空间,而合肥建设向北延伸及合淮高速公路的建成,使合肥、淮南两大城市联为一体,淮南煤城的优势和合肥科教城的优势相互获得互补,都得到了充分的发挥,有力地促进了城市发展。

6.大学城、开发区建设为城市发展增添动力

安徽城市发展的一个重要因素是大学城和开发区的建设。这一方面扩充了城市范围,另一方面促进了城市的发展。这两点对于安徽城市来说都十分重要。历史上安徽不仅城市发展滞后,而且文化教育尤其是高等教育也十分落后。高等教育不仅学校少,且校区狭窄,不能适应经济社会发展之需,大学城的建设弥补了这方面的不足。合肥市的大学城建设迅速扩展了校区,也拉开了城市新的框架。芜湖、蚌埠、安庆等城市也都兴建了大学城。

经济开发区的建设更是从另一方面促进了城市的扩张与发展,也促进和优化了城市布局,原先工业区多集中在城市中心,区位狭小,限制了企业自身发展,也影响到居民生活,后来开发区的建设形成一个个专业分工区,既扩大了城市规模,又促进了城市经济实力的增长。

三、城镇体系布局趋于完善合理

进入 21 世纪,安徽城镇以前所未有的速度发展,城镇面貌也有翻天覆地的变化,之所以发生如此巨大变化,究其原因主要是三大城市群(圈、带)的形成,使得安徽城镇体系与布局趋于完善和合理,带动区域协调发展,城镇体系趋于合理。

1.三大城市群(圈、带)的发展与崛起

城市圈、城市带、城市群指以中心城市为核心,向周围辐射构成城市的集合。城市群的出现是一个历史过程。城市是一个区域的中心,通过极化效应集中了大量的产业和人口,获得快速的发展。随着规模的扩大、实力的增强,对周边区域产生辐射带动效应,形成一个又一个城市圈或都市圈。伴随着城市规模的扩大和城际交通条件的改善尤其是高速公路的出现,相邻城市辐射的区域不断接近并有部分重合,城市之间的经济联系越来越密切,相互影响越来越大,就可以形成城市群。从国内外发展趋势来看,未来城市群的发展必然以现有超大城市、大城市为核心。在安徽,20 世纪 90 年代末以来,合肥作为全省经济增长的极核作用逐步增强,马鞍山、芜湖、铜陵、安庆等城市逐步形成带状城市群。伴随着城市化进程,在经济全球化和区域经济一体化的时代大潮中,进一步加强区域合作,培育、构建带动全省发展的"圈带群",已成为目前安徽省加快发展的必然选择。

立足于安徽省情与社会经济发展现状,2006 年 10 月召开的安徽省第八次党代会首次提出了发展安徽省城市群的战略构想,即以省会经济圈为中心、以皖江城市带和沿淮城市群为支撑的三大城市群发展战略。省会经济圈包括合肥、六安、巢湖(原地级巢湖市、下同)3 市。皖江城市带包括马鞍山、芜湖、铜陵、池州、安庆、巢湖、宣城、滁州 8 市 29 县。沿淮城市群包括淮北、亳州、宿州、蚌埠、阜阳、淮南 6 市,六安(寿县、霍邱县)2 县。三大城市群范围有部分交叉。

省会经济圈区域竞争力进一步提升,经济地位不断提高。2007 年 1 月安徽省十届人大五次会议上,王金山省长在《政府工作报告》中明确提出"建设以合肥为中心,以六安、巢湖为两翼的省会经济圈"。省会经济圈是构建安徽省城市群、推动城市化跨越发展战略的第一落脚点。省会经济圈范围包括合肥、六安、巢湖 3 市,国土面积为 3.44 万平方公里,占全省的24.7%。2006 年户籍人口 1603 万人,占全省 24.3%;地区生产总值 1775 亿元,约占全省的 28.9%。其中心城市合肥市以占全省 5%的国土面积、7%的人口,创造了占全省 17.5%的地区生产总值。近年来,随着省会合肥滨湖现代化大城市建设与社会经济发展进一步提速,合肥对周边地区的辐射、带动能力进一步增强,与周边城市社会、经济、文化联系更加紧密,区域竞争力进一步提升。2006 年地区生产总值达到 1775 亿元,年均增长 13%以上,高出全省近 3 个百分点。其中,合肥市达到 1074 亿元,年均增长 5%以上;巢湖市达到 344 亿元,年均增长 9.7%以上;六安市达到 356 亿元,年均增长 9%以上。随着社会经济的快速发展,省会经济圈在全省的经济地位不断提升。从经济比重看,省会经济圈地区生产总值占全省的比重由 2000 年的 22.6%提高到 28.9%。其中,中心城市合肥市地区生产总值占全省的比重由 2000 年的 10.7%提高到 2006 年的17.5%,经济首位度年均提高 1.13 个百分点。从人均来看,2006 年省会经济圈人均 GDP 达到 11015 元,超过全省平均水平 960 元。

皖江城市带不断发挥区位优势,成为全省经济发展的高地。皖江城市带是中部地区与长三角联系最紧密的城市带。2010 年 1 月 12 日,国务院正式批复《皖江城市带承接产业转移示范区规划》,安徽沿江城市带承接产业转移示范区建设被纳入国家发展战略。这是迄今全国唯一以产业转移为主题的区域发展规划,是促进区域协调发展的重大举措,为推进安徽参与泛长三角区域发展分工,探索中西部地区承接产业转移新模式,也为中部地区加速崛起点燃了助推器。皖江城市带范围包括马鞍山、芜湖、铜陵、池州、安庆、巢湖、宣城、滁州 8 市及所辖 29 县(市),国土面积为 5.6 万平方公里,占全省的 40.3%;2006 年末总人口 2129.3 万,占全省的 32.5%;地区生产总值 2723 亿元,占全省的 44.2%。其中,马、芜、铜、宣 4 市以占全省 5% 的国土面积和 7.6% 的人口,创造了占全省 20.4% 的地区生产总值和 26.7% 的财政收入。

沿淮城市群抢抓机遇,城市化进程不断加快。沿淮城市群包括淮北、亳州、宿州、蚌埠、阜阳、淮南 6 个市和六安市的霍邱县、寿县,国土面积约占安徽省的三分之一,总人口约占安徽省的一半。沿淮城市群地区社会经济发展与省内外城市群相比有一定差距。2006 年底,省政府发布了沿淮城市群“十一五”经济社会发展规划,规划突出城市群对皖北地区跨越式发展的功能与作用,从区位条件、产业基础、资源、交通运输条件出发,着眼于培育和发挥比较优势,强调发展劳动、资源密集型产业,突出“两淮一蚌”为中心,突出发展能源经济、生物质经济和循环经济,突出发展重化工业,强化产业链延伸,强调把转变经济增长方式、走新型工业化道路和建设现代农业放在沿淮城市群建设的核心地位,对组织、调整和优化沿淮城市群工业结构具有指导作用。

2.城市群推动区域协调发展

城市是区域经济发展的结果,同时城市也带动着区域经济的迅速崛起。

中心城市带动城乡统筹。以省会经济圈为例,合肥是国家四大科教基地城市,拥有中国科学技术大学等高校 57 所、中科院合肥分院物质研究所等科研院所 268 个,人才总量为 59.74 万人。合肥市先后被国家科技部评为“全国科技先进市”,被世界科技城市联盟接纳为会员城市,2004 年被批准为全国首个“国家科技创新型试点市”。近几年来,合肥经济首位度不断提高,发挥的聚集效应呈逐年增强趋势,值得注意的是,在 2006 年经济首位度首次突破 2.0，一般认为，单极型圈域中首位度超过 2.0 的城市便具备比较强的聚集效应。由此合肥作为圈域核心城市已具备辐射圈域的能力。

合肥市作为省会中心大城市带动了城乡统筹，所辖肥西、肥东、长丰3 县主要经济指标增速连续多年高于全市平均水平，县域经济占全市经济比重从 2005 年的 21% 升至 2008 年的 24%。肥西、肥东已进入中部地区百强县、全省十强县行列；长丰进入全省动态十佳县行列，并名列全省发展十快县之首。城市副中心建设加快，覆盖近郊"141"组团的"一刻钟快速交通网"已经形成。实现了近郊城乡公用事业建设统筹，3 县近郊地区已实现城市供水、供气，城市公交车直达肥东、肥西县城及全市近 50% 的乡镇。

合肥还与巢湖、六安两市联手打造泛巢湖国家旅游区，合肥市的休闲度假、会展、园林、科教、文化、乡村、工业旅游与六安的红色旅游、生态旅游，以及巢湖的蓝色旅游、绿色旅游结合起来；合铜黄高速沿线六市（合肥、黄山、池州、铜陵、安庆、巢湖）共筑大旅游圈，从而实现强化城镇组团联系、优化城镇空间布局、促进城镇功能提升、形成精品城镇的城乡统筹目标。目前三河—杭埠—同大、霍邱石店—邵岗、寿春—正阳、梅山—叶集—姚李、无为高沟—姚沟、庐江罗河—泥河等城镇组团，忠庙、姥山、半汤、银屏山、天堂寨、石笋、皖西大裂谷、万佛湖等旅游城镇组团的建设正在全力推动；建设新桥机场、合肥高铁站、三市轻轨换乘站、合肥新港综合区、巢湖港巢城港区、巢湖郑蒲港区、六安周集港区、六安临岗港区等交通枢纽建设步伐不断加快。地级巢湖市所属庐江、巢湖等划入合肥市，更增添了合肥的实力，自此全国五大湖之一的巢湖全部划归合肥市，旅游的大发展不可估量。

城市群发展推动沿江资源互补。通过长江黄金水道，皖江城市带历史上就与长三角有着紧密的联系。皖江城市带的城市不断明确与长三角的产业分工，立足工业化产业错位互补发展。一方面强化垂直的产业关联,努力成为长三角的原材料和配套产品生产基地;另一方面发展水平层面上的产业关联,借助长三角的技术力量和产业优势,大力发展产品组装和深加工。

以马、芜、铜三市为例,这三个城市沿皖江南岸依次分布,相距1个小时的车程,在某种程度上芜马铜已经率先在皖江城市带中实现经济一体化。安徽省发改委在《关于加快芜马铜地区经济发展的调研报告》中提出了芜马铜沿江产业带的概念,"就是要在长江芜马铜段与沿江高速公路之间1500平方公里的范围内,以长江岸线和高速公路为主轴,以开发区和园区为载体,以产业集聚为核心,以城市群为依托,经过三五年努力,形成加工制造业密集的经济带,使之成为全国重要的加工制造基地、承接国内外产业转移的桥头堡和全省重要的经济增长极"。

推进基础设施建设共建共享已经成为皖江城市带的共识,8个城市政府部门之间最重要的合作就在于基础设施的建设。皖江城市带交通优势十分明显。8个城市之间高速公路网络、铁路网络完善,其中有6个城市拥有沿江港口,江面上已有芜湖、安庆、铜陵3座长江大桥,安庆望江大桥、芜湖二桥、马鞍山大桥等正在规划建设中。

在铜陵长江大桥附近,海螺集团巨大的水泥运输管从厂区直通港口,成为当地一道风景。以水泥和型材生产著称的海螺集团,在芜湖、铜陵、安庆三地均建立了大型生产基地,3个城市邻近港口的便利的物流条件决定了特色鲜明的生产布局。

3.城镇体系趋于合理

长期以来,安徽苦于没有大城市,三大城市群(圈、带)的建设使安徽彻底改变这一形象,中小城市地位显著提高,并使城镇体系趋于合理。

中华人民共和国成立之初,安徽城市小而少。1952年8月,撤行署成立安徽省人民政府时,设合肥、蚌埠、芜湖、安庆、淮南5个省辖市和屯溪宣城两个行署辖市。到1978年底,全省有11个建制城市。1979—1986年安徽先后设立宿州、滁州、巢湖、黄山和亳州5个县级市,1987—

1991 年先后设立地级黄山市、安庆市,设立县级宣州、贵池市,恢复界首市(县级)。1992—1998 年相继设立天长、明光、宁国和桐城 4 个县级市,建立地级阜阳市。1999—2001 年,宿州、巢湖、六安、池州、宣城相继撤地设市。到 2008 年末,全省各级城镇总数为 990 多个,其中设市城市 22 个(地级市 17 个,县级市 5 个),县城 56 个,其他建制镇 900 多个。从城镇规模等级看,城镇人口数 100 万以上的特大城市有 3 个,58 万~100 万的大城市有 6 个,20 万~50 万人口的中等城市有 13 个,10 万~20 万人口的小城市有 33 个,城镇规模等级序列呈"金字塔"式分布,大中小城市和小城镇基本实现协调发展。省域城镇体系格局基本形成。

城市间的区域融合不断加强,即以沿江、合徐—合芜—芜宣高速公路为城镇发展轴,省会经济圈、皖江城市带、沿淮城市群为城镇组合发展地区,各地级市为发展极核的"两线三片多极"省域城镇空间结构基本形成。以合肥为核心的省会经济圈,以芜铜马为核心的皖江城市带建设,以淮北、宿州、蚌埠、阜阳、淮南为核心的沿淮城市群建设成效显著,成为带动区域发展的核心。同时,合肥、芜湖、马鞍山等城市与周边江、浙、沪城市加强联合发展,成为承接长三角产业转移的先行地区。

第三节　城市基础设施建设和规划管理的创新

安徽城镇原先不够发达,城市内外的基础设施更是不足。改革 40 年来,实现了跨越式发展,城市对外大交通及城市内部的供水供电及道路交通发展迅速。

一、城市大交通与基础设施建设

1.大交通建设使区位优势实现

安徽地处中部,连贯南北,承东启西,是东西、南北地区实现经济联系的重要联结和传递地带,战略地位十分重要。但长期以来,交通瓶颈约束未能充分发挥作用。随着国家"中部崛起"战略实施,作为推动发展基础力量的安徽交通开始发力,公路、铁路、民航、水运等,全面进入一个大发展时期。

改革开放以后的前20年为安徽省交通重点突破时期,到1990年共改造拓宽公路1313公里,1982年安庆、芜湖大件码头先后建成,结束了安徽省无大件码头的历史。新建的芜湖朱家桥外贸码头有两个万吨级泊位,可以接纳世界各地的万吨轮船。1986年10月1日合宁高速公路开工兴建,1991年10月4日建成通车。此后安徽省内的高速公路如雨后春笋般发展起来,至今除个别县外,都通了高速公路。不仅如此,进入新世纪对外通达更为方便,全省所有市都通了高铁。从省会合肥出发,1小时可达南京,2小时可达武汉,3小时可达上海,4小时可达北京。新建的合肥新桥机场更是提供了通往外地的空中航行。大交通的发展使安徽省的区位条件得到根本的改善,承接南北、联系东西的地位确立。

2.城市内基础设施建设日新月异

以城市内的供水、供电及供气为例,40年来出现了翻天覆地的变化。

城市供水最早始于1911年安庆市地方绅士集资兴办的安庆水厂,到1949年仅有安庆、芜湖建了两个水厂,到1978年全省10个市建成自来水厂15座,日供水能力和生产用水61.1万立方米,设市城市普及率仅达72.9%,用水人口179.7万元。改革开放以后迅速发展,基本解决了人民群众吃水难的问题。1998年末全省所有设市城市建成自来水厂96座,此后10年设市城市供水能力达到525万立方,自来水普及率达到95.11%,中共十八大至今,不仅保障城市居民用水,多数农村居民也用上自来水。

城市供电。电力是经济发展的基础和载体,更是保障人民群众生活的持续和国民经济健康发展的先决条件。改革开放40年来,安徽城市供电更是发生了翻天覆地的大变化。1989年中国引进技术自行设计和制造的大容量发电机组——国产一台60万千瓦汽轮发电机组在淮南平圩发电投产,标志着中国大型火电厂机组设计、制造施工、调试运行水平的全面提高。2005 年安徽开始了新一轮大规模的电源建设,一大批高容量、高参数、高效益的 60 万机组建成。与之同时,电网建设相应配套。以后经过 2006—2008 年三年的皖电东送建设,不仅解决了本省城市供电,还为长三角地区输送了大量电能。

二、城市规划与管理

1.城市规划

规划是城市建设的龙头,是城市发展的蓝图。1978 年安徽省政府召开了全省城市建设工作会议,要求各地尽快编制城市总体规划,全省城市编制工作的法规体系逐年健全。1980 年前后省和合肥市城市规划院正式成立。

1981 年 8 月,省建委内设城市建设处改为建设局(县级建制)并设立规划科;1983 年,成立安徽省城乡建设环境保护厅,规划科升格为规划处。1980 年前后,省和合肥等市的城乡规划设计院正式成立,省建筑工程学校正式成立城市规划专业,省建校升格为省建工学院,正式设立本科城市规划专业。

1979 年至 1984 年,安徽省 17 个市、53 个县先后编制了城市总体规划。其后,根据国民经济和社会发展的变化,并依据 1984 年国务院颁布实施的《城市规划条例》,对原规划进行了必要调整和修编。各地在编制完成城市总体规划以后,随即开展了详细规划和专项规划的编制工作。

1990—2000 年,规划的相关法律法规进一步健全,总体规划得到全面而系统的修编。1990 年 4 月 1 日《中华人民共和国城市规划法》的实施,确立了城市规划工作在国家经济社会的改革和发展中的法律地位和重要作用。1991 年 8 月颁布实施的《安徽省实施〈城市规划法〉办法》结合安徽省实际,制定了贯彻实施《城市规划法》的相关内容,促进了全省城市规划的制定和审查工作。这个阶段,全省 22 个城市总体规划按照《城市规划法》和《实施办法》的要求,进行了系统而全面的修编,并分别获得国务院和省政府的批准。

2000 年以后,规划综合指导作用进一步增强。此间,安徽省经济社会发生巨大变化。2008 年,芜湖、宣城、滁州等 7 市总体规划编制和审批工作已经完成。在此之前,六安、黄山、安庆等 10 市总体规划的修改和完善工作已经启动,进展顺利。

《安徽省城镇体系规划(1995—2010 年)》是建设部批准实施的全国第二个省域城镇体系规划。该规划明确了"东向发展、奋力崛起"的新型城镇发展战略,调整的规划经 2005 年 10 月省政府第 18 次省长办公会议审议通过。2006 年 3 月 21 日,建设部与安徽省建立会商制度搭建了安徽省全面融入长三角的工作协商平台。同年,《长三角城镇群规划》明确了三省一市涉及安徽省的整合发展的战略重点,此外,《安徽省跨市电网布局规划(2008—2020)》于 2009 年 7 月批复实施,促进了全省电力建设。《合肥经济圈总体规划(2008—2020)》《合淮同城化总体规划(2008—2020)》已经完成规划编制。

在规划的指导下,安徽省城镇进入有序建设和发展阶段。

2.城市管理

改革开放后,国家放弃了僵化的计划经济体制,市场力量开始发挥作用。城市社会结构发生了变化,城市管理中自主性开始加强,政府经济社会的控制逐渐放松,管理逐渐理性。城市管理进入全面转型时期。管理主体多元化,管理方法科学化等现代城市管理理念逐渐成为主流。

城市发展的每一步都离不开城市管理。有所谓城市三分建设、七分管理之说。城市管理有广义和狭义之分。狭义的城市管理主要是有关城市建设规划和公共设施的管理,广义的管理是一个综合概念,主要包含城市社会管理、经济管理等各个方面。

中华人民共和国成立之后,百废待兴,为实现强国梦想,国家全面实行了计划经济体制,并选择了重工业优先的赶超发展战略。在这一总的原则指导下,城市管理形成了经济建设主导、政府全面控制的"经济主导型"基本格局。

一是城市成长管理,中央主导、地方配合。1952 年 9 月,中央财政经济委员会召开了第一次城市建设座谈会。确立了中央政府集中控制城市的成长权利,地方政府的主要职责是贯彻落实中央政府的决策部署。在这一政策指导下,城市扩展与工业企业建设同步,形成了中央主导、以骨干企业为龙头的城市成长模式。此间,安徽省的淮南市、淮北市及马鞍山、铜陵都是以中央指导为主。相应的城市公用设施建设投资也以中央划拨为主。

二是在城市内部,政府全面控制,企业执行计划。1953 年起,安徽进入社会主义改造和社会主义建设时期,各城市工业企业数量增加,生产规模扩大。为满足政府全面管理企业经营的需要,各城市相继成立相关管理局,实行统一领导、统一计划、归口管理。在这种体制下,国家对企业实行"生产讲指标,物资讲统配,产品讲统销,财务统收统决"的制度。企业的"人财物、产供销",均由主管部门统一调度和支配。

三是城市社会管理,军事化色彩浓厚,注重社会控制。国家通过单位这一组织形式管理职工,通过街道、居委会体系管理社会闲散人员、民政救济和社会优抚对象,实现对城市全体成员的控制和整合。"文革"期间更是"以阶级斗争为纲",居民委员会也相继改称为"革命居民委员会"。城市社会管理陷入混乱。

改革开放后,国家放弃了僵化的计划经济体制,市场力量开始发挥作用,城市社会结构发生了变化。城市管理中自主性开始加强,政府对经济、社会的控制逐渐放松、管理渐趋理性。

一是地方自主性加强、计划指令与城市规划并行。1980 年 10 月,国家原建委召开全国城市规划工作会议,第一次明确地把城市成长管理的部分权限交由地方政府,要求省级及各城市人民政府,重视城市规划工作,解决好有关城市的性质、规模、发展方向等重大方针政策问题,切实抓好城市规划的编审和实施。1984 年,国务院颁布《城市规划条例》,进一步明确了地方政府在城市成长中的权力和责任。1983 年 5 月,安徽省组建省建设环境保护委员会,具体负责全省城乡建设综合管理。1984年前后,省内各城市先后成立城乡建设环境保护委员会(局),具体负责城市规划、设计、施工、维护、管理、环境保护、园林绿化和建材生产等工作。从总体上看,这一时期安徽省城市成长的主要特点,仍是中央计划指令与地方城市规划并行,特别是淮南、淮北、铜陵、马鞍山、安庆这些大中型中央企业主导的城市,中央、地方共筹发展的特征很明显。

二是增强企业活力,发展非国有经济。1978年10月,国家开始了城市经济体制改革的试点工作。蚌埠市在全省率先试点扩大工业企业自主权,以后逐步推开。与此同时,城市就业制度改革,大力发展个体工商业,全省城市集体、个体经济开始进入正常化、法制化的轨道。

三是单位制逐渐瓦解、基层组织职能加强。非公有制经济的发展,单位对政府的行政隶属关系和依赖性也日趋减弱。单位体制的变迁,以及管理职工功能的衰落,导致了其不再也不能办社会,其大量社会职能逐步被剥离,流向街道、流向社会。"单位人"开始向"社会人"转化,单位制逐渐瓦解,城市基层组织的社会管理职能加强。1980年街道办事处恢复以后,工作对象大大拓宽,机构设置和人员编制也开始扩充。1986年,民政部开始倡导在城市基层开展社区服务,城市社会管理的主导思想,开始由注重社会控制,转向关注社会服务。

1992年,邓小平南方讲话和中共十四大确立了社会主义市场经济体制,安徽省城市管理进入全新发展时期,管理主体多元化、管理方法科学化等现代城市管理理念逐渐成为主流。

一是地方主体、市场主导。1990年,中央政府将财权下划到地方政府,地方政府发展城市有了财力保障。自此,城市由中央一级统筹下的执行者,逐步转化为自身利益的自主追求者,各地以经济开发区为依托的城市成长建设如火如荼。全面转型时期城市管理的另一特点是市场主导。各地创办开发区的主要目的,是为了创造外来投资、外商和高新技术产业有较强吸引力并符合国际惯例的"小环境",为外来投资提供良好的软、硬设施,开发区投资项目的引进、实施等,都是以市场为基础,以合同为手段,通过双方协商进行的。

二是政府归位、市场入位。1993 年后,安徽省城市经济管理改革的总体特征是由直接管理企业,转向尊重市场、以要素管理为主,培育市场机制和社会中介组织,实施宏观调控政府归位、资源配置市场入位。1993 年 8 月,合肥电冰箱厂成功改制为美菱股份有限公司,同年 10 月,美菱股份在深圳证券交易所挂牌上市,成为全省第一家上市公司;1993 年 11 月,马钢股份 H 股在香港上市,成为全省第一家在内地之外上市的股份公司;1994 年 5 月,安徽证券交易中心与上海证券交易所股票交易系统实现联网。1994 年铜陵被国家体改委批准为全国经济体制综合改革试点城市。1996 年,合肥市被国务院确立为"优化资本结构"试点城市,围绕资本要素的各项改革旋即在该市展开。与之同时,各城市先后成立了人才市场、劳动力市场,劳动力要素市场化改革在全省各地全面启动。1995 年 11 月,《安徽省劳动力市场管理条例》颁布、城市劳动力市场化改革步入法制轨道。进入新世纪,城市经济管理体制改革向深水处迈进。主要体现在以下几个方面:一是资本市场建设全面展开。二是投融资体制改革开始进行。三是土地交易制度改革引向深入,城市土地使用权交易管理法制化日趋成熟。

三是社区制全面推广、管理现代化稳步推进。2000 年以前,安徽省同全国一样,城市社会管理基本处于延续改革探索期的模式,改革的力度不是很大。2000 年 11 月,国务院办公厅转发民政部关于在全国推进城市社区建设的意见,城市社区制改革全面推开。自此,社区管理的理念和形式均获得更新,彻底抛弃"单位"制,走向社区管理模式。与之同时,城市公共事业管理朝着现代化方向迈进。一是城市公共事业市场化改革初见成效。改革使得约有 40% 的城市公交产权、50% 的城市供水产权、80% 的城市燃气产权,已经转让给民营企业或外资企业。二是城市管理信息化建设开始启动。2003 年,"数字安徽"建设在全省启动。

2006年10月,合肥试点数字化管理城市10套系统建成。2007年4月,合肥、铜陵、芜湖、马鞍山、黄山为全省第一批、国家第三批数字化城市管理试建城市。2009年6月底,铜陵数字化城市管理系统开始运行,标志着该市管理工作正式进入数字化管理新阶段。三是城市管理法律法规日趋完善。有关房屋拆迁、市容和环境卫生、物业管理、公共客运交通、污水处理收费、城市规划管理等,都出台了相关法律法规及规范性文件,全省城市管理工作全面步入法制化轨道。

三、城市生态保护

城市生态保护是城市管理中的重要一环。在中华人民共和国建立的前30年中,城市本着"先治坡、后治窝"的原则,城市的生态建设始终没有摆上应有的位置。此外,由于城市管理的缺失,一些有关环境的治理连基本的统计都没有到位。如城市的污水处理直到1991年后才有记录。生活垃圾、粪便处理、厕所数量1979年后才有统计。加之财政紧缺,1950—1979年的30年间全省城市建设总投资仅为34988万元。有关环境问题根本无法考虑。直到改革开放以后,各种环境问题才开始逐步重视并得以改善。

1.污水和垃圾处理

安徽省污水处理工作始于20世纪80年代末,1993年合肥市在全省率先建成第一座日处理生活污水4000吨的琥珀山庄污水处理厂。2008年,新建成的污水处理厂数量超过前10年的总和,是全省污水处理厂建设史上工作力度最大、建成数量最多的一年。当年末,全省建成城市污水处理厂66座(含扩建3座),形成污水处理能力312.5万吨/日,铺设污水管道7612公里。设市城市污水处理率达到78.86%。全省22个设市城市中,19个市污水处理厂已建成投入运营,3个市在建;56个县中,31个县建成,16个县在建。2008年全省城镇污水处理厂集中处理污水7.29亿立方米,削减COD13.23万吨,完成COD排量占全省总减排量的68%。在污水处理厂建设过程中,抓好项目开工率、投资完成率、运行负荷率和污水处理费征收率"四率"工作。2008 年,安徽省设市城市污水处理厂建成率和城镇污水处理厂平均运行负荷率均高于全国平均水平,居全国前 14 位,在中部省份居第 2 位;征收污水处理费 4.91 亿元,比上年增长 30%。按照产业化要求,合肥、肥东、含山、怀远、固镇、太和等市、县污水处理厂委托专业化的污水处理运营企业运营;合肥、马鞍山、阜阳、宿州、淮南、淮北、安庆、天长、无为、凤台、颍上、庐江、五河、寿县、舒城等 40 多个市、县,通过 BOT、TOT、BT 等方式进行污水处理设施的市场化运作。2004 年,合肥市采取了 TOT 方式,通过国际招标整体出让王小郢污水处理厂资产和经营权,德国柏林水务等以 4.6 亿元的高价取得王小郢污水处理厂经营权。

城市生活垃圾处理是城市市容环境卫生工作的重要组成部分,其设施总量和服务水平直接关系到城乡人居环境的改善,对城市经济社会可持续发展将产生直接的影响。从中华人民共和国成立初期到 20 世纪 60 至 70 年代,因缺少城市环境卫生管理队伍,城市生活垃圾无法做到日产日清,垃圾在城中、城在垃圾中的现象普遍存在。改革开放后,城市生活垃圾收运处理工作逐步得到政府的重视,20 世纪 80 年代后期和 90 年代,随着创建卫生城市、园林城市和城市环境综合整治活动的深入开展,垃圾收运处理工作基本做到了日产日清。合肥、芜湖、马鞍山、六安、安庆等城市建设了简易垃圾填埋场,夏季基本做到定期消杀灭蝇。以后,城市生活垃圾由简易处理转向专业化处理。2008 年末,全省 22 座设市城市中已有 13 座城市已建成 14 座垃圾处理设施,形成 7347 吨/日的处理能力,城市生活垃圾处理率 94.75%,无害化处理率 53.95%,还有一大批在建处理场(厂)。

2. 园林绿化

园林绿化是城市唯一具有生命力的基础设施。中华人民共和国成立60 多年来,安徽省城市园林绿化工作取得了较大进展,对改善城市生态环境,美化城市面貌,完善城市功能,促进城市开发、开放,提高城市综合效益等方面均起到了积极作用,在城市园林绿化总量和园艺水平等方面取得显著成绩。

中华人民共和国成立以前,安徽城市园林绿化工作十分薄弱,市区树木少、绿地少、环境质量差。安庆、芜湖等市历史遗留下一些公园和景点,多是破旧不堪。中华人民共和国成立以后不久,合肥市便在龚家花园旧址辟逍遥津公园,着手植树栽花修路建亭。蚌埠市于1951年开始整治原中山公园,后改名南山公园。芜湖从1950年起抓绿化荒山、空地,整治镜湖,开辟陶塘公园。安庆市于1952年开始恢复菱湖公园,抓市区行道树绿化。1955年以后,省辖市都成立了绿化委员会,市长亲自抓绿化工作。1958年,中共安徽省委提出绿化城市号召,要求各市3年内实现"厂校有园,河路有林,桑果满园,浓荫四旁"。

1978年以后,各城市开始制定绿化规划,在绿化工作中实行大、中、小并举,水、多、匀分布,点、线、面相结合的方针,既注意继承和发展古典艺术,又创造具有时代特征和地方特点、民族特点的园林工作。在街头巷尾、居民小区开辟小游园、绿化地、小街景;在河滨、路旁隙地建设各类小型园景和装饰性绿地。1990年末,全省城市园林绿地面积达6473公顷,其中公共绿地1770公顷;城市建成区园地绿地总面积4805公顷;建成区道路绿化覆盖面积661公顷;建成城市公园38个,计1409.5公顷,全省城市共植树723万株,建成苗圃428.5公顷。此后又有较大发展,到2008年末,全省城市绿地面积59163公顷,其中公园绿地面积10683公顷,公园210个,全省城市建成绿地率33.5%,绿化覆盖率37.00%,人均公园绿地9.0平方米。

城市园林绿化的质量有明显提高。一批设计新颖、施工精细、管理规范、艺术价值较高,综合效益明显并且有一定知名度的园林绿地精品工程相继建成。如合肥市芜湖路综合改造工程、政务文化新区中心湖区绿化景观工程、蜀山森林公园西扩工程、马鞍山索溪河环境综合整治、六安淠河总干渠城区段环境综合治理工程、安庆市菱湖风景区环境综合整治等。

城市园林绿化影响不断扩大,许多城市被评为国家园林城市等称号。1992年建设部在全国开展"创新中国园林城市"活动,合肥作为第一批3个国家园林城市之一,在全行业中产生很大影响。到2008年,全国共有国家园林城市130个、国家园林县城30个、国家园林城镇10个。安徽省就有7个国家园林城市,分别是合肥、马鞍山、安庆、黄山、淮北、淮南、铜陵,1个国家园林县城(凤台)、1个国家园林城镇(颍上县迪沟镇),同时还有省级园林城市6个(芜湖、池州、宁国、宿州、六安、巢湖)、省级园林县城10个(霍山、肥东、蒙城、歙县、庐江、五河、颍上、泾县、肥西、无为)。园林建设改善了人居环境,许多城市成为宜居城市。自2000年以来,合肥、六安、马鞍山3个城市荣获"中国人居环境奖(水环境治理优秀范例城市)",马鞍山雨山湖治理及城市环境综合整治、芜湖市城市绿化及生态环境建设、铜陵市大通移民建镇、合肥市环城水系统综合治理、淮南毛集生态环境建设项目、六安市淠河总干渠城区段环境综合治理工程、淮北市沉陷区环境综合治理项目、黄山市南滨江水景观综合整治项目、合肥市芜湖路综合改造工程、安庆市菱湖风景区综合整治工程、九华山风景名胜区九华街区环境综合整治工程、芜湖市九莲塘地段棚户区环境综合整治工程、合肥市清溪路垃圾填埋场整治工程、池州市城市综合整治等14个项目荣获"中国城市人居环境范例奖"。

多年来的城市园林绿化建设不仅改善了城市人居环境,彰显了城市魅力,而且优化了投资环境,有效地促进了经济社会的发展。

四、城市文化的保护、利用和文明创建

城市文化的保护和利用是城市发展中不可或缺的部分。城市是人类生活的高级形态,自从进入现代化城市阶段,人类社会的各个方面都呈现加速发展的态势。城市文化是城市社会的重要构成要素,是城市区别于乡村的重要内涵,对城市化和城市现代化有着重要的推动作用。文化反映一个城市的特色,也是城市的精神所在,同时文化也能形成巨大的产业满足人们的消费需求。

1.重视保护城市文化遗产

安徽尽管拥有一批具有两三千建城史的城镇,但除了皖南个别地方外,传承着城市文脉的历史建筑、文化遗迹和完整的历史街区,由于历代战争、朝代更替以及中华人民共和国成立以来三次运动冲击影响所剩无几:一是中华人民共和国成立初期的大建设到大炼钢铁,许多古建筑被拆毁;二是"文革"期间"破四旧",许多文物古迹惨遭厄运;三是近年来在旧城改造中由于一些地方急功近利和开发商利益诱导,大量老旧历史街区、建筑毁于一旦,城市历史文化遗产、自然环境和独特风貌受到严重破坏。不少城市追求大规模的建筑群、大体量的建筑物,导致城市面貌千篇一律。而这千城一面的所谓现代化城市和文化趋同正在吞噬城市的人性与形态,特别是吞噬以历史城市、街区、古老建筑为标志的城市特色和民族特色。随着城市发展逐步回归理性,人们越来越认识到,城市与人一样,都有自己的相貌与个性。保护历史文化遗产正是保存地区、民族个性,构成世界多样的基础。

城市的文化保护分为城市自然和历史文化资源两个方面,严格依法保护各类物质文化遗产和非物质文化遗产,将城市形象和人文因素相结合,将城市建设与城市文化特别是主题文化相结合,传承历史,塑造特色。借鉴国外城市建设成果,吸收先进科学建设理念,博采众长,不断创新。重视城市文化遗产保护主要体现在三个方面:一是规划编制的保护,二是在施工中的保护,三是对已有文化遗产的保护。

以黄山市为例,1985年,聘请清华大学编制老街保护规划,开创黄山市历史街区保护规划编制的先河,在全国也产生了积极的影响。2001年,再次由清华大学与黄山市合作,编制《屯溪老街保护整治更新规划》。1996年,黟县组织编制西递村古村落保护规划,1998年4月由全国著名古建设专家郑孝燮主持评审通过。接着,黟县宏村的保护规划也在1999年3月经中国城市规划院工程师王景慧主持评审通过。西递、宏村保护规划的成功编制,为这两个古村落申报世界文化遗产打下坚实的基础。2000 年,西递、宏村列入世界文化遗产名录后,在全国范围内产生积极影响,由此带动休宁县及徽州区的一大批村镇的保护规划的编制工作。规划编制后的施工,必须经文物单位的评审同意后才可进行,而且施工中遇到的文物保护必须经文物单位鉴定,才可进行发掘。

截至 2010 年底,全省已有世界文化遗产 2 处、国家历史文化名城 5 座、中国历史文化名镇 5 个、中国历史文化名村 12 个、省级文化名城 9 座、省级文化名镇 15 个、省级历史文化名村 29 个、省级历史文化街区 6 个。

2. 文化逐步融入其他产业

文化的大发展使其渗透到各行各业,成为城市不可缺少的元素。

改革开放以来,安徽文化事业产业均有较大发展,如全省广播电视业现已基本形成以电视台、电台广告收入为主体,包括传输产业、衍生品产业等近 20 个门类构成的新媒体和传统媒体相互融合、多元发展的产业集群。其中,移动电视、手机电视、购物电视、楼宇电视、短信平台、动漫制作、音视频网站等新媒体发展迅速。截至 2008 年末,全省拥有广播电台 17 座,中波发射台和转播台 22 座,广播人口覆盖率为 96.82%;电视台 17 座,有线电视用户 371.8 万户,电视人口覆盖率为 96.92%。安徽卫视是全国唯一一家在 31 个省会城市、直辖市和 5 个计划单列市全面落地入网的省级卫视,收视人口覆盖率达到 8.11 亿,是全国覆盖面最广的省级电视台。安徽演艺业历史悠久、艺术流派纷呈,戏剧、音乐、舞蹈、曲艺、杂技等艺术门类各具特色,特别是黄梅戏、花鼓灯等在全国享有盛誉。截至 2008 年底,全省国有专业艺术表演团体 89 个,从业人员 2400 多人;全省民营文化表演团体 1600 余家,从业人员 3 万余人。

文化业不仅自身得到迅猛发展,尤其难能可贵的是文化与其他产业相互融合,促进了旅游经济等产业的加快发展。安徽是全国文化自然资源丰富、地域特色突出的省份之一,旅游业与文化产业的结合使得旅游业得到超乎寻常的快速发展。截至2008年底,安徽有全国重点文物保护单位56处,省级重点文物保护单位454处,国家级非物质文化遗产名录47项,省级非物质文化遗产名录202项,市、县级文化保护单位200多处。同时拥有风景名胜区、地质公园、名城名镇、森林公园、文物单位等众多资源品牌。如宣城市以敬亭山为标志的宣城诗歌文化,以宣纸、宣笔为代表的宣城书画文化,以皖南花鼓戏为代表的戏曲文化等地域文化特色鲜明,该市据此提出"唱响宣城文化、振兴宣城经济"的目标,形成从"软文化"到"硬经济"的顺利衔接。2004年以来,相继举办第二届宣城艺术节,首届"中国(宣城)文房四宝之乡"文化旅游节、中国曹禺戏剧奖第十一届"飞彩杯"全国小品小戏大赛等一系列文化活动,既扩大了"徽文化"和"文房四宝文化"影响,又振兴了该市的经济发展。芜湖市投资18亿元建成的"方特欢乐世界",是中国人自主设计、当今世界规模最大的第四代高科技主题公园,2008年接待游客180万人次,享有"天造黄山、佛造九华、人造方特"的美誉,是典型的文化融入旅游的事例。主题公园还带动其他文化产业的发展。现在在建的文化产业项目40多个,其中华强文化科技产业园、和瑞芜湖动漫产业项目等10个重大文化项目,总投资达100多亿元。文化与经济科技的结合得出丰硕之果。

3.文明创建

文化不仅与经济相互融合,共同发展,而且还对人的精神层面起到扬善弃恶的作用,在帮助人们树立正确的价值观方面发挥了巨大作用。许多城市都把文明创建列入城市管理之中,建立目标、列入考核。

合肥市明确提出要打造"君子之城""道德之都",以此作为文明创建的预期目标。通过创建2012年被中央文明委测评为全国省会、副省级城市文明程度指数第四名。芜湖市则努力建设"四个芜湖"(创新芜湖、优美芜湖、和谐芜湖、幸福芜湖),通过文明城市建设,构建科学发展,率先崛起新高地。创新是芜湖别具一格的城市特色。被邓小平同志三次提及的"傻子瓜子"、民族汽车工业自主创新旗帜——奇瑞汽车、东方"迪士尼"——方特主题公园都是芜湖创新特质的集中体现。该市从"十一五"的"自主创新"战略到"十二五"的"创新驱动"战略,创新一直居城市发展战略之首。芜湖将创新扩展到政府管理、城市规划、金融服务、社会管理等各方面,"盆景"变"风景",成为名副其实的"创新之城",形成了"百姓创家业、能人创企业、干部创事业"的浓厚氛围,为经济发展注入源源活力。2011年,《福布斯》杂志对中国内地129座城市的创新能力进行综合排名,芜湖市位列第18位,居中部城市第一。芜湖还大手笔投入,高水平建设生态文明,打造宜居宜业宜游的优美城市。该市将园林绿化系统作为城市中唯一有生命的基础设施全力打造,建设一批城市公园和绿色景观带,打造清新宜人的"城市绿肺"。"和谐芜湖"深挖潜力,构筑文明创建的道德之本。芜湖坚持把群众作为创建文明城市的主体,最大限度地调动各方积极性,2006年推出"居民道德档案"这一公民道德素质评价工作新模式,着力构建家庭、单位、社会"三位一体"综合体系,营造和谐社区氛围,着力探索培养市民健康生活的新载体,建立先进文化全民共享的新模式。"幸福芜湖"活力无限,彰显文明创建的为民之旨。芜湖努力从办好事、办实事着手,不断提升居民的幸福感、归属感、荣誉感和安全感,使"幸福芜湖"成为共同价值追求。在"幸福芜湖"宗旨之下,芜湖注重民生工程建设,五年投入207亿元,滚动实施48项为民工程。主要用于城市社会保障、基本医疗保险、义务教育均衡、文化图书馆、保障房建设等事业。由于芜湖市文明创建硕果累累,经济社会发展取得长足进步,两次荣获中国人居环境范例奖,荣获第三批全国文明城市提名资格城市,以及国家科技进步先进市、国家园林城市、全国文化体制改革先进地区等多项荣誉称号。

第四节　朝着城市化迈进

改革开放以来,中国取得了举世瞩目的经济成就,彻底改变了以往贫穷落后的面貌,而处于江淮大地的安徽,也发生了翻天覆地的变化,40年以来,安徽的社会生产力、综合省力和人民生活水平都发生了历史性飞跃。特别是进入新世纪以来,尤其是十八大以来,随着经济社会的发展,国家中部崛起战略的提出及安徽省东向发展战略的实施,安徽城镇发展水平不断提高,安徽由此进入了以推进新型城市化为目标的全面发展时期。但城镇建设和城市化中也存在不少问题。

一、城镇建设和城镇化中存在的问题

2000年,中共安徽省委、省政府将城镇化列入安徽发展四大战略之一,2001年11月5日,为适应经济和社会发展的需要,更好地实施城镇化战略,不断提高全省城镇化水平,根据《安徽省国民经济和社会发展第十个五年计划纲要》和《安徽省城镇体系规划》,安徽省政府颁布了《安徽省城镇化发展纲要(2001—2010)》,进入新世纪,先后形成了《安徽省城镇体系规划纲要(2012—2030年)》和《安徽省城镇体系规划(2012—2030年)》。安徽城镇进入全面扩展时期,城市内部基础设施不断提高,但也存在不少问题。

1.工业化未能有效带动城镇化

我省与浙江省、江苏省和全国相比在经济发展平均水平相接近的阶段,城镇化率显著偏低,大约低8个百分点。2001年至2011年全省工业增加值保持年均26.73%的增长,而与此相对应的工业就业增长率仅为4.89%,与逐年提高的工业增长率不成正比。同时以开发区为代表的产业空间与城市空间统筹协调不够,开发区的空间占用率与其对城市经济和就业的贡献率之间存在一定差距。

2.人口板块与经济板块不匹配

我省南北差异明显。由安徽各市总人口的分布和各市人均GDP的分析可见,省内人口分布与经济发展水平存在较大的错位,尤其是皖北地区与皖江地区之间。皖北地区人口多,而经济发展水平较低,皖江、皖南地区人口相对较少,而经济发展水平相对较高,形成安徽南北差异显著的特征。

3.行政板块与经济板块不匹配

我省各市行政区划面积与经济发展水平仍存在较大的错位。经济总量较高的地级市,包括铜陵市、淮北市、淮南市,其行政区划面积相对较小,地均经济水平较高;其他地级市行政区划面积总量大,但对应的经济总量偏低。因此行政区面积的大小并未对经济发展提供有利的支撑条件,而这一矛盾也将影响未来安徽中心城市的成长。

4.土地城镇化快于人口城镇化

我省 2008 年至 2010 年城镇建成区面积由 3912.82 平方公里增加到 4262.20 平方公里,同期城镇人口由 2484 万增加到 2573 万,新城城镇人口人均建设用地约 506 平方米,远超过 100 平方米/人的国家标准,现状人口城镇化率与土地城镇化相比,大概慢了 6 个百分点,表明城镇化建设中仍然存在"拼土地、拼资源、拼成本"等城市发展不可持续的问题,土地城镇化与人口城镇化不匹配。

5.城市特色彰显不足

安徽省文化积淀深厚、地域文化突出,但城市发展建设中未能有效挖掘文化要素和地域特征,对传统徽派建筑特色保护和传承重视不够,"千城一面"的现象普遍存在,导致"城市大了、生活难了,建筑洋了、特色没了"。

6.宜业宜居尚有不少问题

城市的产业分工还处于较低层次,中心城市对周边的带动尚不明显。城市的服务业尤其是生产性服务业发展不足,创新推动发展还不显著。此外,城市的环境特别是空气质量不够好,难以符合群众的要求。城市的宜业宜居还有待改善。

二、县城镇成为农民进入的最佳工地

县改市是县域经济发展的必然要求,也是县城向中小城市建设转型的表率和先行示范者。进入 21 世纪,随着安徽省县域经济的迅速发展与壮大崛起,在"十二五"规划中,几乎各地都提出了把县城建设成为中小城市的打算和设想,实践中,近年来许多县已在着手进行规划建设。如江淮之间的40多万人口小县含山提出要在小县建大城,把县城建成20万人口的小城市。蒙城虽然有130多万人,但在皖北地区是一个人口小县,"十二五"规划的县城人口规模为40万,而现在建成的区中已有人口近30万。明光市规划"十二五"目标县城30万人,远期的2030年为40万人口,宿松规划2030年为32万人,霍邱规划县城镇发展目标50万人,阜南县规划2015年的县城人口为33万人,各地对县城建设的规模设想,也即是赋予其在城镇化中的重要地位,是有其客观社会基础的。

1.县域经济实力的进一步提升

由于获得良好的发展机遇和发展条件,皖江地区成为承接全国产业转移的示范区,这是国家顺应国内外形势的重要决策,也是安徽人多年的期盼和努力的结果,从此经济发展适逢百年难得的机遇,县域经济有了不同程度的发展。出现一批上百亿元产值、财政收入超10亿元的县,2011年后,凤台、肥西等县财政收入达到20亿元以上,县域经济实力的增强,产业的增长,使得县域建设有了经济支撑,并能吸引人口就业。宁国、霍山、天长等市县是其代表。

2.县城镇的地位作用显现

经过多年的努力和建设,安徽培育出一些大城市(圈、带、群)。这些大城市经济实力已经或不久将在千亿元以上,不仅拥有自我发展能力,而且经济的对外带动力增强、辐射力扩大,有条件有能力把工业向周边扩散转移,县城在填补和完善城镇体系上作用显现,经济获得发展的良好机会。如大城市中的合肥近郊的肥西、长丰,淮南近郊的凤台及马鞍山的当涂等是其典型代表。在这种情况下,省里有精力也有财力关注、支持县城的建设和发展。

3.率先富裕的农民和打工者有能力有愿望进入县城

农业的不断发展和农民的外出打工,使得近些年安徽省农民收入保持大幅度持续增长,经过多年的积累,农村中一些率先富裕者,已具备进入县城的生产、生活之能力,从而为县城向城市转型提供了人口资源。

4.县城镇的市政、公用设施向城市靠近

经过多年建设,县城镇已不像过去的小城镇那样设施简陋,缺乏文化、教育、体育、园林等现代城市的设施,公用设施有了一定的改善,尤其是中等教育方面县城集聚了较多资源,与城市的差别在缩小,比之农村一般小城镇的建设档次、生活设施、社会文明等又明显地高出许多,县城成为吸引农民进城居住生活向往的地方。即便是中小城镇也有了较大发展,到2010年,全省212个中心镇建成区面积776平方公里,平均建成区面积是一般镇的2.4倍,中心镇建成区内自来水普及率83%,高出全省一般小城镇11个百分点。中心集镇绿化覆盖率25.8%,高出其他小集镇4个百分点。涌现出天长秦栏镇、无为高沟镇、当涂博望镇、潜山源潭镇等一批专业镇、特色镇。

5.经济开发区的建设,为加快县域工业化提供重要条件,也为吸引农民返乡就业,创业提供了载体

城镇是与工业化共同伴随的结果,虽然我国当前要解决城市化滞后工业化的问题,但推进城镇建设和城镇化进程没有工业的率先发展是不可能的。同计划经济时代的城乡两条工业化道路模式不同,农村工业不能分散布点,需要进入园区,才有利于招商引资,也才能做强做大。近年全省各县都批准设立省级开发园区,有些县还不止1个,开发区面积多在几平方公里至十几平方公里以上,县城开发区的建设在吸引农民进园务工创业的同时,也吸引农民就近居住生活。

6.宏观经济、社会发展的客观需要

工业化带动城市化,总体看我国城市化滞后于工业化,今后城市化需要加快,在这个过程中将有大批农民进城。无论是现实和历史,还是国外和国内,城市化中人口不可能都进入大城市,大城市人口过多会带来环境、社会、交通等问题,由此城镇化需要一个合理的体系,中小城市

在城镇体系中具有重要地位,是可以接纳农民进入最多的一个城镇层次,全省61个县,如果每个县城都建成中小城市,平均增加人口20万,全省就是1200多万,约占全省总人口的20%,若以城镇的终极目标为70%计,现有的城镇化率为46%,建设好县城镇可以为全省提供15个百分点以上的城市化率,是城镇化的主体。同时,县城镇处于城乡之间,亦城亦乡,农民对县城比对城市无论是人际关系还是城镇街道设施、生活习惯等都要熟悉得多,农民愿意进入,进入也能融入城镇生活和原有居民人群之中,有利于完成由农民向市民的转变。还有,农民进入县城与农村之间既可彻底分离又可保持密切的距离与关系,进可以成为城镇永久居民,退可以返回农村农业,不即不离又可照顾到农业生产和留居农村的家庭其他成员,具有安全感,是现阶段一种稳妥的城镇化模式。正是适应这样一种发展趋势,县城镇向中小城市建设的转型被现实地提出来,尤其是现实中大多数县域都已作出规划,并从事建设。

一是规模扩大。这表现在城镇的空间和人口两个方面,现在县城一般规划都是在20平方公里以上,人口20万人以上,已是中小城市的规模和框架。

二是建设的标准档次提高。许多县城已经规划或已建成城市休闲公园、体育场、文化馆、博物馆等文化体育设施,明光县初步建成,阜南县即将建成的体育馆可以容纳几千人,场内有配套的体育设施。寿县、灵璧、界首、金寨等县(市)的博物馆、纪念馆等已可与城市相关设施相媲美。自来水、城市道路、燃气供给、居民住宅、公交汽车等市政公用建设也在向城市看齐,县城逐步成为宜业宜居之地。

三是在县城镇建设中,各地都重视统筹考虑县内小城镇和新农村建设,一般都是与县城发展同时规划和建设,可以说,在县城这个节点上,真正把统筹城乡发展、缩小城乡差别的理念和原则得到贯彻。

四是上升到全省城镇发展的战略层次上。1993年7月10日安徽省第八届人民代表大会第四次会议通过的《安徽省国民经济和社会发展

"九五"计划和 2010 年远景目标纲要》中,明确提出了"要加快发展大中城市、积极发展小城市、大力发展小城镇、加速推进农村城镇化进程"。

三、城市形态布局建设与管理要有利于宜业宜居

城市的形态布局是为城市功能服务的,是确保城市作用发挥的重要体现。随着 20 世纪 90 年代城市普遍实行的"退二进三"的产业结构变化,以及开发区、政务区的建设,各城市的布局也在发生着重大变化,特别是大规模的房地产的开发,成为引领城市崛起的发展极,也改变着城市的形态与布局。过去那种工厂建在城市中心区的状况发生了根本性的变化,出现了不同类型的功能区,不仅改变了城市布局,也改变了城市的经济结构。

1.城市建设要有功能分区

随着城市的扩展,城市功能布局逐渐分明。

一是开发园区建设。截至 2008 年底,全省城镇新建开发区 114 家,包括通过国家审核批准的 89 家,省政府批准筹建的 25 家省级开发区。全省 89 个开发园区建地面积 1399.9 平方公里,开发区建成土地面积 626.21 平方公里。开发园区的建设不仅扩大了城市面积,而且对城市的经济发展的贡献巨大。据统计,全省各类开发园区完成的工业总产值、固定资产投资、利用外资和省外资金、财政收入、新增就业人员分别约占全省的 1/2、1/3、1/2、1/5 和 1/2 之多。如合肥高新技术产业开发区,2005 年建成区面积达 11 平方公里,形成"一区多园"的格局,是以发展高新技术产业为主,集科研、贸易、房地产业为一体的综合工业园区。该市的经济技术开发区,2005 年建成区面积达到 30 平方公里,建成了六大工业园区,以及明珠广场和国际会展中心为代表的城市综合功能配套设施和大学城,构筑出一个现代化新城区的框架。

二是为适应高校扩招的大学城建设。随着高等院校扩大招生,一些大学原校区已满足不了发展的需要,一些城市都建有专门供大学发展的新校区。如合肥市的中国科学技术大学、合肥工业大学、安徽大学、安徽建工大学等都在新地方建有校舍,面积比之原有的校区都扩大了。其他的如安徽师范大学(芜湖)、安徽财经大学(蚌埠)、安庆师范学院(安庆)都有新校舍。这些学校搬迁一方面适应学校发展需要;另一方面扩大了城市市区,形成城市专门的大学城,起到了专门功能区作用。

三是政务中心的兴建带动了城市产业布局的调整。由于历史的原因,城市的行政机关多设在老市区,不仅面积小且影响城市商业区的发展。政务区搬迁到城市的边缘地区,腾出商业区,既改变了城市的商业布局,又带动了新区的发展。如合肥市的政务区选择在该市的西南,占地12.6平方公里,1999年选址,2002年4月完成总体规划,这里原先是城市中的农村,政务区搬迁进入之后,迅速成为市区,带动了房地产业和商业的发展。又如芜湖市、蚌埠市、六安市政府都是从闹市区中向周边搬迁,置换出原有城市的稀缺资源,对促进城市发展,改变城市布局无疑起到了重要作用。

四是房地产的开发使城市出现了新区。房地产业一方面在老城区拆迁建立新居民区,改善城市居民住房条件;另一方面又在开拓新区中大显身手,为城市的发展做出贡献。如合肥市的滨湖新区,位于合肥主城区东南部,南依巢湖,北靠二环南路,西接沪蓉高速公路,东临南淝河,规划用地面积约190平方公里,为合肥从环城时代迈向滨湖时代的一个重要标志,滨湖新区于2006年正式启动建设,成为未来合肥通过巢湖、走入长江、融入长三角的水上门户,是合肥未来新形象的集中展示区,也是合肥对外交流和发展的重要窗口。滨湖新区的开发房地产业起到了重要作用。

2.城市形态的变化要有利于促进城市产业结构的调整

过去我省是典型农业省,城市工业规模小,工业基础薄弱。中华人民共和国建立后大力推行工业化,城市的主旋律是大力发展工业,在全省形成以马鞍山、铜陵、淮南、淮北为代表的资源型城市和以合肥、芜湖、蚌埠为代表的综合型城市。但是在重工业优先发展战略指导下不少城市经济结构失衡,轻工业发展缓慢,高新技术产业缺乏、服务业发展不足、新建城镇工业结构单一,弱化了工业化对城市化的带动力。

改革开放以来,安徽省随着各种开发园区的发展,城市的产业结构有了很大的改观。一是城市的三次产业结构发生变化,三产结构提升,二产比重迅速增加,一产比重稳步下降。二是服务业得到长足发展。特别是合肥、芜湖、蚌埠这类综合性城市的金融业、保险、物流、旅游、设计、咨询等现代服务业有了长足的发展。金融、商业、服务业的业态日益多样化,各类连锁店、专卖店、加盟店纷纷兴起,各种超市蓬勃发展。城市中心区工厂、行政中心的搬迁为这些新兴产业腾出具有商业价值的地点。三是资源型城市转型取得明显成效。马鞍山、淮南、淮北、铜陵等资源城市为主的工业结构向多元化结构方向发展。如马鞍山市原以钢独大的结构逐步转变为其他产业占到50%。四是工业中高新技术产业比重在提升,特别是合肥、芜湖、蚌埠等市的电子信息、生物医药、工程材料、动漫制作等领域涌现出许多新型企业,对提升城市产业结构发挥了积极作用。这在很大程度上归功于高新技术开发区的建设与发展。

3.城市布局的变化要有利于打造宜居宜业城市

城市布局的优化促进了宜居宜业城市的发展。房地产的开发兴建了一大批住宅区。全省通过危房改造、康居示范工程、生态住宅小区、城市环境等综合整治项目建设,住宅的工程质量、功能质量都有了大幅度提高。首先是面积增加。人均居住面积,2008年城市人均住房建筑面积29.9平方米,比1952年增加了11倍。2007年底,全省所有城市(含县城)人均住房建筑面积低于10平方米的低保家庭实现廉租住房应保尽保。在此基础上2008年住房保障范围进一步向低收入家庭拓展达9.1万户。城市居民实现了由"忧居"到"有居"再到"优居"的转变。

在宜居的同时也做到宜业。芜湖的中山路商业街,通过改造形成了集购物、旅游、休闲、文化、餐饮等综合功能为一体的步行商业街。经改造后中山路商业街共有各类商业网点236个、全街营业面积20万平方米。2006年全街社会商品零售总额占全市的20%以上,是建街前销售收入的12倍,累计新增就业岗位1.2万个。该项目的实施,显著改善了市中心的城市环境,繁荣了市场,美化了城市,带动了芜湖的经济发展。

总之,城市形态布局的变化表明安徽城市正在向现代城市转型。

4.城市要有特色

城市是人类生活的高级形态,自从进入现代化城市阶段,人类社会的各个方面都呈现加速发展的态势。城市文化是城市社会的重要构成要素,是城市区别于乡村的重要内涵,对城市化和城市现代化有着重要的推动作用。文化反映一个城市的特色,也是城市的精神所在,同时文化也能形成巨大的产业满足人们的消费需求。

(1)要重视保护城市文化遗产

城市的文化保护分为城市自然和历史文化资源两个方面,严格依法保护各类物质文化遗产和非物质文化遗产,将城市形象和人文因素相结合,将城市建设与城市文化特别是主题文化相结合,传承历史,塑造特色。借鉴国外城市建设成果,吸收先进科学建设理念,博采众长,不断创新。重视城市文化遗产保护主要体现在三个方面,一是规划编制的保护,二是在施工中的保护,三是对已有文化遗产的保护。

(2)文化要逐步融入其他产业

文化的大发展使其渗透到各行各业,成为城市不可缺少的元素。文化业不仅自身得到迅猛发展,尤其难能可贵的是文化与其他产业相互融合,促进了旅游经济等产业的加快发展。安徽是全国文化自然资源丰富、地域特色突出的省份之一,旅游业与文化产业的结合使得旅游业得到超乎寻常的快速发展。如宣城市利用其地域文化特色鲜明,以敬亭山为标志的宣城诗歌文化,以宣纸、宣笔为代表的宣城书画文化,既扩大了"徽文化"和"文房四宝文化"影响,又振兴了该市的经济发展。芜湖市投资18亿元建成的"方特欢乐世界",是中国人自主设计、当今世界规模最大的第四代高科技主题公园,2008年接待游客180万人次,享有"天造黄山、佛造九华、人造方特"的美誉,是典型的文化融入旅游的事例。

(3)文明创建是城市建设不可或缺的灵魂

文化不仅与经济相互融合,共同发展,还对人的精神层面起到弃恶扬善的作用,帮助人们树立正确的价值观发挥了巨大作用。许多城市都把文明创建列入城市管理之中,建立目标、列入考核。

合肥市明确提出要打造"君子之城""道德之都",以此作为文明创建的预期目标。通过创建 2012 年被中央文明委测评为全国省会、副省级城市文明程度指数第四名。芜湖市则努力建设"四个芜湖"(创新芜湖、优美芜湖、和谐芜湖、幸福芜湖),通过文明城市建设,构建科学发展,率先崛起新高地。创新是芜湖别具一格的城市特色。被邓小平同志三次提及的"傻子瓜子"、民族汽车工业自主创新旗帜——奇瑞汽车、东方"迪士尼"——方特主题公园都是芜湖创新特质的集中体现。

5.城市管理要逐步规范

城市发展的每一步都离不开城市管理。有所谓城市三分建设、七分管理之说。城市管理有广义和狭义之分。狭义的城市管理主要是有关城市建设规划和公共设施的管理,广义的管理是一个综合概念,主要包含对城市社会管理、经济管理等各个方面。

(1)城市的建设规划管理

规划是建设的龙头,是城市发展的蓝图。1979 年至 1984 年,安徽省17 个市、53 个县先后编制了城市总体规划。其后,根据国民经济和社会发展的变化,并依据 1984 年国务院颁布实施的《城市规划条例》,对原规划进行了必要调整和修编。各地在编制完成城市总体规划以后,随即开展了详细规划和专项规划的编制工作。1990—2000 年,规划的相关法律法规进一步健全,安徽省总体规划得到全面而系统的修编。2000 年以后,规划综合指导作用进一步增强。此间,安徽省经济社会发生巨大变化,2008 年,芜湖、宣城、滁州等 7 市总体规划编制和审批工作已经完成。在此之前,六安、黄山、安庆等 10 市总体规划的修改和修编工作已经启动,进展顺利。

《安徽省城镇体系规划(1995—2010年)》是建设部批准实施的全国第二个省域城镇体系规划。该规划明确了"东向发展、奋力崛起"的省域城镇发展战略,调整的规划经2005年10月省政府第18次省长办公会议审议通过。2006年3月21日,建设部与安徽省建立会商制度搭建了安徽省全面融入长三角的工作协商平台。2010年后又编制了《安徽省城镇体系规划(2012—2030年)》。在规划的指导下,安徽省城镇进入有序发展阶段。

(2)城市管理要有创新

1992年,邓小平南方讲话和中共十四大确立了社会主义市场经济体制,安徽省城市管理进入全新发展时期,管理主体多元化、管理方法科学化等现代城市管理理念逐渐成为主流。

2000年以前,安徽省同全国一样,城市社会管理基本处于延续改革探索期的模式,改革的力度不是很大。2000年11月,国务院办公厅转发民政部关于在全国推进城市社区建设的意见,城市社区制改革全面推开。自此,社区管理的理念和形式均获得更新,彻底抛弃"单位"制,走向社区管理模式。与之同时,城市公共事业管理朝着现代化方向迈进。一是城市公共事业市场化改革初见成效。改革使得约有40%的城市公交产权、50%的城市供水产权、80%的城市燃气产权,已经转让给民营企业或外资企业。二是城市管理信息化建设开始启动。2003年,"数字安徽"建设在全省启动。2006年10月,合肥试点数字化管理城市10套系统建成。2007年4月,合肥、铜陵、芜湖、马鞍山、黄山为全省第一批、国家第三批数字化城市管理试建城市。2009年6月底,铜陵数字化城市管理系统开始运行,标志着该市管理工作正式进入数字化管理新阶段。三是城市管理法律法规日趋完善。有关房屋拆迁、市容和环境卫生、物业管理、公共客运交通、污水处理收费、城市规划管理等,都出台了相关法律法规及规范性文件,全省城市管理工作全面步入法制化轨道。

6.城镇要向农民开放

走新型城镇化道路的关键之一,是要把农民进入城镇作为首要任务来对待,城镇化就是农民的市民化。当前之所以出现土地城镇化超前于人口城镇化,不积极支持农民进城是其主要原因。由于长期的二元结构及当前的财政体制,农民进入城镇要承担几万元乃至十几万元的财政负担,是一笔不小的支出。但这一步必须走,带着8亿农民无论如何是实现不了现代化的,也是无法从根本上解决"三农"问题的。农民的市民化要坚持改革,一方面在城市要让农民享受到廉租房廉价房的福利;另一方面要在农村让农民带着土地等财产进城;还要重视农民的培训,让农民能就业并就好业。只有让农民进入城市能居住并能就业才能安下心来做个市民。在这方面省内外都有鲜活的例子,关键是解放思想,找出对策加以突破,让农民充分分享改革之成果。

参考文献:

1.《安徽省志·城乡建设志》编纂委员会.安徽省志·城乡建设志(电子版)[EB/OL].安徽省地方志网站:http://www.ahdfz.gov.cn/index.html.

2.王正巧,刘志迎.安徽工业经济发展历程[J].华东经济管理,2008(1).

3.郭万清,等.安徽城市六十年[M].合肥:安徽人民出版社,2010.

4.张德生,高本华.安徽省经济地理[M].北京:新华出版社,1987.

5.安徽省经济信息中心经济预测处.安徽省城市化进程、现状和去向[EB/OL].安徽信息网:www.in.ah.cn/analyses/ZW2001/zw16.htm.

6.省情资料库.安徽大辞典[EB/OL].安徽省情信息网.http://www.anhuiinfo.com/list/? id=285.

7.省情资料库.安徽省情1—7卷[EB/OL].安徽省情信息网.http://www.anhuiinfo.com/list/? id=287.

8.倪虹.安徽省城市群空间发展战略及实施路径研究[M].合肥:安徽人民出版社,2009.

9.安徽历史学会.安徽六十年 1949—2009［M］.合肥:合肥工业大学出版社,2009.

10.徐学林.安徽城市［M］.北京:中国城市经济社会出版社,1989.

11.周蜀秦.中国城市化六十年:过程、特征与展望［J］.中国名城,2009(10).

12.王茂林.新中国城市经济 50 年［M］.北京:经济管理出版社,2000.

13.李树琮.中国城市化和小城镇发展［M］.北京:中国财政经济出版社,2002.

14.王茂林,龙永枢,杨重光.新中国城市经济 50 年［M］.北京:经济管理出版社,2000.

15.陈斌开,林毅夫.重工业优先发展战略、城市化与城乡收入差距［J］.南开经济研究,2010(1).

(作者系安徽省社会科学院研究员)

175

新常态背景下的特色小镇发展研究

课题组

特色小镇建设是我国经济进入新常态背景下提出的一项重大战略举措,也是新型城镇化发展的重要路径和抓手,是供给侧结构性改革的重要平台、有效路径和战略举措。"十三五"规划纲要提出"因地制宜发展特色鲜明、产城融合、充满魅力的小城镇";2016 年 7 月,住建部、国家发改委、财政部联合发布《关于开展特色小镇培育工作的通知》,指出2020 年打造 1000 个左右各具特色、富有活力的特色小镇,带动小城镇全面发展;《国家新型城镇化规划(2014—2020 年)》中重点强调:要在总体上控制小城镇的数量,提高小城镇建设质量,遵循节约用地的原则,实现体现特色的目标。特色小城镇的建设,是全面构建新型工农关系、城乡关系的重要途径,是实现城乡空间格局基本定型、城乡特色形态塑造和城乡文化传承尤其是地域文化传承的主要载体。当下正是我国迈进新型城镇化道路的重要时期,也是小城镇实现进一步发展的重要历史机遇期。特色小城镇不仅是先进地区保持发展特色实现持续稳定发展的重要抓手,也是中西部地区发挥优势实现跨越式赶超的现实选择。

一、特色小镇的内涵、特征和功能

特色小镇顾名思义即为有特色的较小的城镇。一般是指城乡地域中地理位置重要、资源优势独特、经济规模较大、产业相对集中、建筑特色明显、地域特征突出、历史文化保存相对完整的乡镇。"特色小镇"概念有一定的特殊性,和普通"城镇"中的"镇"概念不同,和行政区域、行政单元有别。2016 年国家发改委《关于加快美丽特色小(城)镇建设的指导意见》将特色小镇界定为聚焦特色产业和新兴产业,集聚发展要素,不同于行政建制镇和产业园区的创新创业平台。2017 年国家发展改革委、国土资源部、环境保护部、住房城乡建设部《关于规范推进特色小镇和特色小城镇建设的若干意见》中,将特色小镇界定为在几平方公里土地上集聚特色产业、生产生活生态空间相融合、不同于行政建制镇和产业园区的创新创业平台。根据上述特色小镇的概念界定,可以明确特色小镇是以某一特色产业为依托,具有一定的产业基础和清晰的产业定位,通过政府、企业等多方参与规划建设,使其具备独特的文化内涵、宜居宜游的环境、完善的基础设施以及灵活的体制机制的一种新的区域发展模式。其实质是依靠地区的特色环境要素(如生态环境、文化、产业等),建造一个具有明确产业定位、文化内涵、旅游景点的综合性多功能区域的新型城镇化模式。特色小镇的"特色"体现在独一无二的风格、风貌以及风情上,其发展内涵是通过对地区资源要素的整理、规划以及优化的过程,探究新型城镇化发展模式。

从特色小镇的内涵来看,它应当具有如下特征:(1)产业上的独特性。特色小镇应立足于本地的要素禀赋和比较优势,挖掘基础最佳、潜力最大、最能成长的特色产业,打造具有核心竞争力和可持续发展特征的独特产业生态。特色小镇发展的最根本动力来源于产业,同时产业也是决定特色小镇未来发展的最主要影响因素,因此产业定位必须具有独特性,通过"找准特色—凸显特色—放大特色"来使小镇产业获得更大的竞争力。此外,发挥特色小镇作为产业的空间载体的功能作用,应以产业的发展规划为中心,以创新发展为驱动,集聚相关产业,做大做强特色产业,提高特色小镇发展的产业承载力。即便是发展同一产业,也要进行差异性定位、市场细分以及错位发展。通过这几个方面提升特色小镇产业的区域竞争力,形成区位优势,从而推动特色小镇产业向"特、强、精"的方向发展。（2）功能上的聚合性。与以往以经济或技术等方面为主要发展目标的开发区不同，特色小镇是以全方位发展为要求，兼具生产、生活、生态功能，具有产城人文融合发展的特点。特色小镇的发展不仅需要单一的空间规划，更是囊括了旅游、产业、社区及基础设施建设等方面的规划，通过优质的特色产业、独特的文化标识、完备的设施服务、优美的居住环境的有机结合，进一步推进特色小镇各方面功能的融合，使特色小镇宜居、宜业、宜游，促进特色小镇协调有序发展。（3）风貌上的宜居性。特色小镇是立足于几平方公里土地上，围绕人的城镇化，统筹生产生活生态空间布局，与周边自然环境相协调，宜居宜业，整体格局和风貌具有"小而美"的典型特征。"小而美"是要求特色小镇的发展应重质不重量，不需要盲目扩张小镇面积，追求"大而广"的建设形态，而是要进行集约集成化建设，从建筑风格、生态特色及地形地貌等方面来多维度地展示特色小镇的美。除此之外，更需要体现特色小镇的文化之美，深度挖掘小镇的传统文化，形成自身独特的文化标识，并充分将小镇的文化特色体现在各个方面，使其具有自身独特的文化内涵。（4）机制上的灵活性。创新是特色小镇持续健康发展的根本动力。当前，特色小镇建设尚处于初步探索阶段，需要大量的实践积累经验，才能形成成熟、完善的建设路径，在此过程中应不断创新和调整，这就需要灵活的机制体制、方法和环境来扶持、配合，从根本上激发特色小镇持续发展的内生动力。特色小镇的发展不应当被其他发展模式的体制机制所束缚，出现"穿新衣，走老路"的情况，而是在发展的过程中注重发展理念、发展模式、发展制度的创新，同时根据各地区区位条件的差别，因地制宜地选择运营机制、主导产业以及创新相关政策制度，从而激发特色小镇发展的内生动力。

小城镇作为城市与农村的链接枢纽，具有承上启下的作用。而特色小镇作为小城镇的发展方向与新型城镇化的具体措施，可以实现生产、生活、生态融合，具有内联外通的作用，主要表现为以下几个方面：一是特色小镇具有整合资源、优化要素配置的作用。特色小镇的发展理念是在原有小城镇基础上，保留具有地方性特点的产业并将其放大，达到整合资源、优化要素配置的效果。特色小镇的发展是以产业为支撑，按照产业发展的空间规律，将产业链以及相关服务机构和服务行业在一个具有比较优势的地区进行整合，获得产业优势，可以在有限的空间里充分利用资源，实现区域经济发展最大化。二是特色小镇可提升资源要素转移能力，缩小城乡经济差距。特色小镇的位置一般处于城市与农村接合部，在传统城镇化发展中该区域往往被忽视。因此，特色小镇如果利用好城乡接合部的自然资源，通过完善基础设施建设，有可能创造出新型区域经济发展模式。随着特色小镇发展模式逐渐成熟，它将吸引更多的资金要素与人力要素，这有利于生产要素流动，进而带动周边农村经济发展。三是特色小镇有助于缓解中心城市发展顽疾，促进城镇化进一步发展。随着中国城镇化进程不断推进，大城市病问题日益严重。人口过度膨胀、交通拥挤、环境污染、资源匮乏等问题严重阻碍了城市发展。特色小镇通过与中心城市的空间错位以及行政错位，实现自治。行政上的独立可以摆脱中心城市的束缚，灵活使用社会融资或者财政资金，更好地建设公共基础设施与完善公共服务，建设更适合居住与工作的环境，吸引中心城市居民，从而达到缓解中心城市压力的效果。同时，特色小镇也继承和保留了原有的社区功能。特色小镇虽然不是按照传统街道或社区划分的行政单位，但仍然具有基本的社区功能。特色小镇通过建立一套全新的社区运行体系，小镇管理部门以城市治理为理念，主要负责行政服务和外围环境配套建设，增强了社区的自我管理和自我服务能力。四是文化传承功能。特色小镇不是简单的产业集聚区，而是集社区居住、休闲观光和人文文化等于一体的人文产业型城镇。根据国家相关要求，特色小镇内风景区、自然保护区、文化自然遗产等的原貌应予以保护，这使得特色小镇具备了旅游功能。特色小镇建设对旅游功能的重视，可以更好地宣传和弘扬本地文化。一方面，通过挖掘地方独特的文化内涵,可以将特色产业融入文化内涵和旅游功能,提升产业附加价值。另一方面,特色小镇通过新理念、高标准规划建设,可以进一步保护和弘扬地方传统文化。特色小镇因人居而美,其产业特色、自然山水、文化创意和社区营造使得小镇成为弘扬和传承地方历史文化的重要平台。文化是一个地区最根本的竞争力,特色小镇在建立良好的产业生态系统的同时,嵌入了当地人文历史文化,将地区文化全方位、深层次地融入小镇中,使小镇具有持久生命力和竞争力。

二、我国特色小镇的发展历程和形成模式

从中华人民共和国成立到 1978 年,中国小城镇发展速度较慢。1978 年中共十一届三中全会召开,中国进入改革开放的新时期,开启城镇化高速发展时期,城镇化率在各五年计划发展过程中大幅提高。1978 年中国城镇化率为17.9%。1978—1983 年农村经济体制改革推动城镇化发展。1984—1992 年城市经济体制改革推动城市化发展,此阶段小城镇发展快速。1992—1998 年社会主义市场经济体制为发展重点,房地产开发起步提速,城市基础设施建设加速。其中,1991—1995 年,国务院降低了新设市和建制镇的标准。新城市数量"1984—1992 年由 300 座增加到 517 座;建制镇由 6211 个增加到 11985 个"。"九五"计划时期,中央政府不断出台新的政策法规,各级政府加大对小城镇建设和发展的支持和指导力度,成就显著。2000 年中国城镇人口占总人口比重的 36.2%,总数为 45906 万人。至 2009 年全国城镇人口比重达到 46.59%,城镇人口为 62186 万人。2011 年,我国进入"十二五"规划阶段,中国城镇化率达到 51.27%。政府大力倡导新型城镇化建设,并将其视为促进经济发展的有力引擎。此后,小城镇快速发展,各类特色小镇出现。小城镇发展更加强调产业发展,并成为拉动经济发展的新增长点。2014 年 10 月以浙江省为首的特色小镇进入孕育阶段,并建立 10 个省级示范特色小镇。通过优化空间结构提升配套服务、小镇空间环境,使小城镇带动周边区域的快速发展。随着城镇化体系的完善,中国逐步形成了"大分散、小集中"的城镇群发展格局,小城镇产业发展升级换代,逐步成为大体系中星罗棋布的"块状经济体"。城镇化模式由单一型转向多元复合化、城乡一体化。小城镇发展更加注重生态保护,地域文脉的延续。同时,要求具备便捷完善的设施服务和充满活力的体制。作为小城镇发展密集的江苏省,走集约型城镇化道路,重点发展中心城镇的建设,保留地域特色文化,注重生态保护,如苏州小镇修复河道,恢复周边自然、人文景观,体现江南水乡特色,小城镇发展更具魅力。2017 年我国的城镇化率为58.52%,超过世界平均城镇化率55%,但与发达国家80%以上的城镇化率相比,还存在 20 多个百分点的差距。随着新型城镇化进程的加快以及供给侧结构性改革的需要,急需一种新的发展模式来推动经济的转型与发展。

纵观我国特色小镇的发展历程,其形成路径主要有以下几种:一是由产业园区转型而来的。传统的产业园区与特色小镇都重视产业的发展,但产业园区是由政府主导的,开发模式相对而言较为单一,在生态、居住、服务等功能上不够完善,功能仅局限于做劳动密集型的产业,很难实现向上升级,无法吸引人才的流入;而特色小镇是产业与城镇有机结合的创新发展平台,在强调产业的同时还具有多元化的功能,具有浓郁的生活氛围和强大的发展潜力。特色小镇为产业园区的转型升级提供了机会,不少产业集聚型的特色小镇就是由传统的产业园区转型而来的,例如,杭州萧山信息港小镇就是产业园区在已有的产业基础上成功转型成特色小镇的典范。二是由建制镇转型而来的。行政区划上的镇大多会被分为重点镇与非重点镇,重点建设镇一般都位于交通便利的地区,具有良好的产业与经济基础,而非重点建设镇一般都会受到地形条件的限制,经济发展的状况不佳,因此,前者更容易转型成产业型的特色小镇,而后者更易转型为生态人文型的特色小镇。中央提出的特色小镇培育计划中提出要建设建制镇模式的特色小镇,但传统的建制镇难免会带有行政管制的色彩,这与以企业为主体的特色小镇不相符,因此,在建制镇转型为特色小镇的过程中,应注意政府行政职能的转变。三是基于当地的生态环境与历史文化资源形成的。根据霍兰教授的复杂适应理论,特色小镇的特色性并不是在政府的规划下创造出来的,而是其基于自身的特质涌现出来的,许多生态型以及历史人文型的特色小镇都是在当地独特的生态自然资源以及历史文化遗产的基础之上,形成了自身的特色性,吸引了大批的游客,从而成为独树一帜的特色小镇,例如,浙江莫干山小镇就是基于莫干山形成的乡村旅游型特色小镇。四是在人为的开发培育下形成的。人为培育的特色小镇离不开大量的资金投入,需要由实力雄厚的龙头企业在一定区域范围内,因地制宜开发、培育出独具特色的产业及文化,从无到有地打造出特色小镇。例如,浙江东阳横店影视小镇就是在横店集团的带领下,人为投资打造出来的文化型特色小镇。人为培育的特色小镇不是政府规划出来的,而是自下而上组织形成的,人为的开发绝非偶然,需要有专业的规划团队,科学开发培育特色产业,吸引企业的入驻和投资。

三、新型城镇化理念下安徽特色小镇培育发展的对策建议

近年来,安徽特色小镇建设成效显著,目前已有省级以上建制镇特色小镇25个(其中15个为国家级特色小镇),省级"非镇非区"特色小镇43个(含18个省级试验特色小镇)。在国家政策推动下,安徽省积极打造一批体现徽风皖韵、宜居宜业的特色小镇。如铜陵市郊区大通镇、黄山市黟县宏村镇、合肥市肥西县三河镇、六安市金安区毛坦厂镇等15个特色小镇已被列入中国特色小镇名单,并明确了首批省级21个特色小镇。安徽特色小镇建设初具规模,区域特征鲜明。皖北特色小镇主要围绕农业发展优势,兼具三产融合、农业创新的发展趋势;皖江特色小镇主导工业和旅游优势,兼有向金融服务和高端创新的发展趋势;皖西特色小镇立足特色农产品和环境优势,在生态产品和特色制造业等方面有所突破;皖南特色小镇则在做好传统文化旅游的同时,向休闲养生、文化创意多元化发展。发展速度加快。形成了以中药材、特色农业、食品、纺织服装、电线电缆等制造业为主以及以徽派文化、传统古村落、山水风光等文化旅游产业为主的建制镇特色小镇。同时涌现了大量以产业创新和业态创新为发展导向的各类特色小镇。

但从总体上看,安徽特色小镇发展水平较低,在建镇数量、发展水平以及人口规模等方面不仅与东部地区差距较大,省内不同区域之间的发展也不平衡。特色小镇的培育、建设和持续发展模式仍处于探索之中,特别是对特色小镇"产、城、人、文"四位一体的新型城镇化理念认识还不到位,存在传统城镇化倾向、产业园区倾向、房地产化倾向、突击开发倾向,制约了特色小镇建设质量和效果的进一步提升。针对上述问题,我们需要理清发展理念,准确把握特色小镇的概念和内涵,坚持以"人的城镇化"为核心,全面落实新型城镇化规划,把培育特色小镇作为带动城乡共同发展的引导性工程,进一步推动和引导农民就近城镇化。积极探索符合安徽省情的特色小镇培育发展方式和发展路径。

(一)转变发展理念,加强顶层设计

特色小镇的建设应结合当地建设条件,坚持理念指导、规划先行,形成横向错位发展、纵向分工协作的发展格局。坚持把质量摆在特色小镇建设的首位,坚持多规融合,强调规划的统筹性和协调性。根据各地主体功能定位,立足发展基础和比较优势,确定小城镇主导功能,精准定位主导产业和特色产业,体现区域差异性,提倡形态多样性,打造具有持续竞争力和可持续发展能力的独特产业形态。提高特色小镇的城镇化发展水平,强化辐射带动能力,促进周边乡镇和乡村居民点人口集聚,为完善城镇体系提供多点支撑,形成城乡统筹、协调发展、集约高效的发展态势。在特色小镇选址布点时,要从省域层面与视角,合理布局设置具有不同产业特色、不同规模的特色小镇,避免特色产业同质化的出现,突出特色小镇产业的独特性。特色小镇规划的制定应"以人为本",建立有效的公众参与机制,注重经济、社会、生态的可持续发展。相比于国外成熟的特色小镇发展模式,我国的特色小镇发展还处于初步探索阶段,因此在发展过程中要将自上而下的顶层设计与自下而上的基层探索有机结合在一起,既为上级的政策制定和优化提供意见和建议,也为下级特色小镇的建设发展提供针对性的政策指导,从而探索出适合中国国情的各类特色小镇发展模式。

(二)明确产业定位,实现产业集聚

特色小镇要坚持"以产立镇、以产带镇、以产兴镇",促进从小镇资源到小镇产业,小镇产业到小镇经济,小镇经济到小镇发展。"特色小镇"发展应按照现代产业体系要求,紧扣产业发展趋势,锁定产业主攻方向。在产业选择方面,要立足地区要素禀赋和比较优势,做精做强本地最有基础、最具潜力、最能成长的主导特色产业。根据安徽省各地的现状基础条件,可选择茶叶、纸墨、瓷器、中药、纺织、酱料、白酒、石刻、戏曲等具有代表性的历史经典产业,差异化定位、精细化专攻、错位化发展,各小镇锁定不同的产业主攻方向。同时又要以市场需求为导向,以创新为驱动,注重产业的关联性,注重培育战略新兴产业、改造传统产业,结合"互联网+"等新兴手段,拓宽产业广度,延长产业链条,按照区域化布局、产业化经营、专业化生产、特色化服务的要求,从内容和空间上实现特色产业的集群化发展。围绕主导产业,加速产业资源聚集,形成融合文化创意、科研开发、成果展览、体验交流等于一体的立体化特色产业体系。

(三)推进产城融合,增强社区功能

在小镇的建设过程中,兼顾产业特色、生态宜居以及居民意愿,推进"文化产业+小城镇+企业""环保产业+小城镇+企业""旅游产业+小城镇+企业"等多元融合发展模式,既有利于助推特色产业发展,又可以加快以人为本的新型城镇化,推进产城融合发展进程。特色小镇要打造成为一个具有社区功能的产业发展平台和人才聚落空间,为了留住前来创业的人才及吸引流失人口,应提高原居民和新居民对小镇的心灵归属感。完善特色小镇的商业服务、公共服务、教育医疗、休闲娱乐等公共基础服务设施,完善社区的管理、服务、保障、教育、安全稳定五大基本功能。大力发展社区的组织力量,形成一个可以汇聚人才、人文底蕴浓厚的社区,增强小镇中居民的责任意识和心理归属感。特色小镇在建设中还应注重对产业、文化、旅游、社区四大城镇功能的有效集聚及系统配置,要基于特色小镇中特色产业,进行文化内涵的深入挖掘、文化元素的探寻与培育等。

(四)突出生态保护,营建宜居环境

特色小镇必须注重生态文明建设。首先,在建设理念上融入生态文明,特色小镇的形态要求"精而美",是有山有水有人文,产业功能、文化功能、旅游功能和社区功能高度融合,让人愿意留下来创业和生活的特色小镇。生态小镇可以不是特色小镇,但特色小镇必须是生态小镇。特色小镇建设必须守住生态的底线,坚持生产、生活、生态"三生融合"的理念。其次,在产业选择上注重生态文明,特色小镇应将产业定位为资源节约型、环境友好型的绿色产业,重点发展信息、环保、旅游等支柱性的高潜能、高创新性、高附加值的产业,摒弃高消耗、高投入、高污染的产业产品。即使是历史经典产业也必须融入绿色发展的元素,从粗放式、外延式转向集约式、内涵式发展,积极采用现代工艺技术,提升产品品质,实现产品的创新升级。最后,在基础建设和生活方式上倡导生态文明。特色小镇要力争实现"嵌入式"开发,保留原汁原味的自然风貌,同时积极推进特色小镇景区化建设,实现绿化和艺术化的结合。不断提升小镇居民的环境保护意识,倡导绿色、低碳的生活方式,促使特色小镇成为民众生活方式向绿色低碳、文明健康方向转变的引领之地。特色小镇作为新型城镇化的有机组成部分,要全面提高生态宜居性,使特色小镇的"特色"不仅体现在产业上,更体现在人的生活方式、小镇文化等各方面;要把自然、人文、产业的美融为一起,形成独特的环境魅力和文化魅力,做到"宜居、宜游、宜养、宜创"。

(五)彰显文化魅力,提升发展品位

特色小镇区别于以往小城镇的发展方式,一个重要方面就是彰显文化特色,并将文化品位融入产品、旅游等实体上,转化为农业增效、农村增绿、农民增收的现实效益。安徽在经济发展阶段上落后于东部,但在文化资源禀赋上优势明显。尤其是一些传统村落、古建筑群、非物质文化遗产等赋予这些区域丰厚的文化底蕴,是未来打造特色小镇、彰显文化品位的独特优势。特色小镇建设必须彰显文化魅力以提升发展品位,包括既要保护好外在的文化载体,也要涵养好内在的文化素养。外在的文化载体涵盖历史名人人文资源、古村落、文化遗址遗迹、非物质文化遗产等。要处理好保护与开发的关系,在保护文化整体性和原真性的前提下规划好开发形式和进度,在资源环境承载容量内适度开发旅游业,坚决防止破坏性开发。并适时引入文化创意企业,通过文化创意将传统与现代结合,借助科技手段和信息技术让古老厚重的文化鲜活起来。涵养好内在的文化素养即要求公共文化服务在基层落地并延伸,同时要提高广大村镇居民个人素质。特色小镇的文化彰显和传承,离不开当地居民的参与。村镇居民的文化自信体现在对当地传统文化的内涵与价值的充分认识,要在保护传统文化过程中使之转化为当地生产生活方式的精神内核。

(六)创新体制机制,激发内生动力

特色小镇应作为新型创新驱动载体,通过聚集及整合高端要素以提升创新能力的新引擎。要加快传统产业的转型升级,由单一产品加工售卖的方式转向产品创新研发、创意加工、文化旅游、售后服务等产业链式的发展。放宽投资及入驻门槛,放宽商事主体的核定条件,努力打造有利于吸引高端要素的创客空间,最大限度地聚集人才、技术等高端要素。政府在特色小镇建设中必须明确自身功能和角色定位,强调企业的主体地位和市场化的运作模式,通过政府权力的"减法"来换取市场活力的"加法"。政府的主要作用应该体现在引导和服务上,通过制定各种政策和措施保障公共服务和公共物品的供给,为特色小镇发展中的要素聚集和产业发展提供制度支撑。因此,政府在特色小镇培育过程中要通过深化"放管服"改革,排除各种体制干扰,优化投资发展环境,做好从管理者向服务者的转变,强化从"保姆式服务"向"教练式服务"观念的转变,为投资企业提供专业化和精准化的指导意见。通过权力清单、责任清单和负面清单等管理模式的改革创新,推动形成一批集聚高端要素、具有鲜明特色、富有活力和竞争力的新型小城镇。

(七)吸引社会资本,弥补资金缺口

持续稳定的资金来源是特色小镇建设及持续发展的不可或缺的重要因素。然而,由于特色小镇自身存在的劣势及短板,当前社会资本参与度不足。引导社会资本参与特色小镇建设是破解特色小镇建设筹融资难问题的重要路径。政府可通过提供激励政策,加大财政资金撬动作用,吸引社会资本参与特色小镇建设,突出社会资本的主体地位。同时特色小镇的健康发展也需要形成多元投资主体格局,政府资金、社会资本以及金融机构是特色小镇建设的主要投资主体。因此,必须创新投融资机制,构建多元主体投资格局,弥补资金不足。一是深化政府与社会资本合作。通过公私合营融资模式(PPP),政府与社会资本签订 PPP 合作协议,组建 SPV,实现政府与社会资本之间的深度合作。二是加大政府资金投入力度。加大财政资金投入,优化财政资金投资结构,分类安排专项资金,支持特色小镇建设。三是强化金融支持。充分使用政策性金融,充分发展商业性金融,鼓励金融机构开发面向新型城镇化的产品与服务,进一步促进金融机构参与特色小镇建设。

(八)循序渐进实施,分类分级培育

由于特色小镇需要持续的投入,依赖于产业发达程度,应循序渐进,切忌一哄而上。在特色小镇建设中要保持和彰显自然地形地貌特色,让建筑风格与自然环境和谐协调。要根据特色小镇的不同形态,分类加以引导。要尊重小镇现有格局、不盲目拆街拆房;要保持小镇宜居尺度、不盲目追高求大;要传承小镇传统文化、不盲目照抄照搬外来文化。要根据区域发展的实际情况和自身核心竞争力进行规划设计,宜工则工、宜农则农、宜商则商、宜游则游。不同类型的小镇其产业所属主管部门不同,需要统一部署,加强部门间协调沟通,信息资料共享。由于经济发展和财力有一定限制,政府的投入不可能一次性完成,因此要有长期发展的准备,分批实施,条件成熟一批发展一批。由于区域发展差距,各地的条件又千差万别,因此要分级培育,各级都可以从基础工作做起,根据现有状况确定本级示范标准。

(作者单位:安徽省社会科学院经济研究所)

改革开放 40 年安徽工业发展成就

秦　柳

一、安徽工业发展历程

改革开放 40 年来,安徽省工业发展大致可分为六个发展阶段:恢复发展阶段(1979—1983 年)、稳步增长阶段(1984—1992 年)、快速增长阶段(1993—1996 年)、增长回落阶段(1997—2003 年)、加快发展阶段(2004—2011 年)和转型升级阶段(2012 年至现在)。

(一)恢复发展阶段(1979—1983 年)

党的十一届三中全会召开以后,安徽省工作重心转向以经济建设为中心的正确轨道,各项改革不断深入,开放领域逐步扩大,有力地促进了工业经济的快速发展。按照中央统一部署,安徽省企业改革先后经历了扩大企业自主权、承包经营责任制、厂长(经理)负责制、两步利改税、转换经营机制等主要阶段。企业改革调动了企业和职工的生产积极性,极大地解放和发展了生产力,扩张了短缺经济态势下的产品供给,推动了工业经济的发展。这一阶段,全省能源、原材料工业显著加强,轻工、纺织、机械、食品等传统工业在调整中进一步提高,高科技、高附加值的新兴工业迅速发展。1983 年,全省工业增加值达到 62 亿元,为 1978 年的 1.6 倍,年均增长 10%。

（二）稳步增长阶段（1984—1992 年）

1984 年，我国提出建立有计划的商品经济，对国有企业实行利改税，使之成为自主生产经营、独立核算、自负盈亏的经济实体，以逐步理顺国家与企业的分配关系，克服大锅饭的弊端。这在一定程度上促进了安徽工业经济的发展。同时，安徽省大力发展乡镇企业，从"两小"（小商品、小规模）起步，到"六个轮子"（区、镇、乡、村、联户、户办）一起转，再到加快乡镇企业发展的"1235"工程的实施，有力推动了乡镇企业的发展，全省涌现了一批乡镇企业营业收入超百亿元的县、超 10 亿元的乡、超亿元的村和企业集团，进而带动了全省工业的快速发展。1992 年，全省工业增加值达到 293 亿元，为 1983 年的 3.4 倍，年均增长 14.4%。

（三）快速增长阶段（1993—1996 年）

1992 年小平南方讲话和党的十四大召开，给安徽工业经济注入了新的活力，加之工业企业改革不断深入、现代企业制度试点稳步推进以及乡镇工业异军突起，全省工业形成了一批具有辐射力和带动力的龙头企业和强优企业群，钢、水泥、冰箱、洗衣机、叉车等产品产量居全国前列。其中，马钢、美菱冰箱、荣事达洗衣机、海螺水泥、合力叉车、古井酒业、圣泉啤酒、合肥芳草、奇安特鞋类、芬格欣等一批企业和产品已成长为全国知名企业和名牌产品，马钢车轮轮箍、高速线材居国内先进水平，美菱冰箱、荣事达洗衣机成为全国最畅销产品，海螺水泥成为国家重点工程专用水泥。1996 年，安徽省工业增加值达到 634.2 亿元，为 1992 年的 1.8 倍，年均增长 16.5%。

（四）增长回落阶段（1997—2003 年）

受亚洲金融危机、国内需求不足的影响，加之资金、技术、劳动力素质等多种因素制约，安徽省中小工业企业发展遭遇瓶颈，自 1997 年以来，企业效益连续 4 年低迷，工业企业亏损面居高不下，特别是乡镇企业发展步伐明显放缓。为扭转这一局面，安徽省以"七个一批"为抓手，大力推进国有企业扭亏增盈工作，国有企业三年改革和脱困目标如期实现,企业债转股、兼并重组和压缩淘汰落后产能等取得明显成效,现代企业制度建设也在积极推进,全省工业发展出现好转,呈现出稳中趋快的发展态势。2002 年和 2003 年,安徽工业增长速度由 1998—2001 年的一位数提高到两位数。企业效益回升,2003 年安徽工业利税总额由 1998 年的 106.5 亿元增加到 359 亿元,增长了 2.4 倍。这一时期,全省工业增加值首次迈上千亿元平台,2003 年达 1255.8 亿元,为 1996 年的近 2 倍,年均增长 10.1%。

（五）加快发展阶段（2004—2011 年）

安徽省积极适应国家宏观调控政策及内外发展环境的变化,牢固树立和落实科学发展观,按照"调整、改革、管理、后劲"的发展思路,以工业化为核心,加快经济结构优化升级,深化企业三项制度改革,推进企业并购重组,并全面实施"861"行动计划,建设一批重大项目,着力培育一批大公司、大集团,发展一批"专、精、特、新"的中小企业集群。随着各项改革与政策累积效应的集中释放,全省工业经济出现重大转机,增长速度加快,工业经济总量不断迈上新台阶,对整体经济增长的支撑作用日益增强。2011 年,安徽规模以上工业增加值突破 7000 亿元大关,达到 7061.7 亿元,同比增长 21.1%,增幅居全国第 4 位、中部第 1 位,连续 8 年保持 20% 以上的增长。这一时期,工业经济运行质量也得到提高。2011 年,全省工业经济效益综合指数由 2004 年的 127.9 提升到 312.3;实现利税由 2004 年的 359.4 亿元增加到 2254.8 亿元,成为全省财税的主要来源。

（六）转型升级阶段（2012 年至今）

党的十八大以来,安徽全面贯彻落实"创新、协调、绿色、开放、共享"五大发展理念,立足制造强国、网络强国宏伟战略,全面推动实施《中国制造2025》,围绕打造"三个强省"、建设五大发展"美好安徽"总体部署,主动适应并积极引领经济发展新常态,着力推动供给侧结构性改革,全面推进"制造强省"建设,全省工业经济呈现有规模、有速度、有质量、可持续的良好发展态势。

一是工业总量不断壮大,速度持续领先,质量显著提升,结构不断改善,活力有效激发。全部工业增加值从 2012 年的 8025.8 亿元提高到 2017 年的 11514.8 亿元,对全省经济增长的贡献持续超过 40%;规模以上工业增加值年均增长 10.2%,居全国第 5 位、中部第 2 位;规模以上工业主营业务收入跨过两个万亿台阶,年均增长 9.2%;规模以上工业企业数突破两万户,达到 20449 家,年均增加 1496 户,居全国第 1 位。截至 2017 年底,全省私营企业数突破 90 万户,是 2012 年的 3 倍。

二是技术改造思路更加清晰、有效投入稳步增长、结构不断优化、作用日趋凸显。安徽省先后出台了《安徽省传统产业改造提升工程实施方案》《安徽省"十三五"技术改造规划》《安徽省制造强省实施方案(2017—2021 年)》《大规模实施新一轮技术改造推进方案》等,聚焦"7+5"(七大高端制造业+五大传统产业)产业体系,实施"1+5"(工业强基、高端制造、智能制造、绿色制造、精品制造、服务型制造)工程,形成多方位、立体化、网格化、系统化推进格局。全省五年累计完成技术改造投资 2.88 万亿元,技改投资占工业投资总额超过一半;五年累计增长 91.7%,连续跨越 4000、5000、6000、7000 四个千亿关口,年均增长 14%;五年列入技术改造投资导向计划的项目总数达到 1.9 万项,总投资 4.1 万亿元。

三是大力加强创新平台建设、质量管理创新、标准化建设和产学研联合,有效推动了技术创新体系建设,提高了工业产品供给质量和水平,提升了安徽制造的品牌影响力。五年全省新增省企业技术中心 688 家,国家企业技术中心数量增长 9 成、数量稳居全国前列;培育安徽省精准医疗装备技术中心等 12 家行业技术中心、8 家制造业创新中心,遴选推介 355 个安徽工业精品,认定 125 家省标准化示范企业,征集企业技术案头需求和高校科研成果 7300 余项,组建了 20 余家产业技术创新联盟;164 个行业标准获得工业和信息化部立项。

四是工业节能减排成效显著。全省规模以上单位工业增加值能耗累计下降 36.6%,比全国多下降 8.6 个百分点,超额完成下降 18% 以上的目标任务。高效低温余热发电、智能电网、水处理设备和药剂、除尘脱硫、煤矿瓦斯综合治理等技术达到国内先进水平。7 家企业 13 种型号产品入选工信部编制的《节能机电设备(产品)推荐目录》,7 家企业 50 种型号产品入选工信部编制的《"能效之星"产品目录》。

二、安徽工业发展成就

改革开放 40 年来,安徽工业面貌发生了翻天覆地的变化,工业经济在总量规模、结构调整、效益质量等多个层面都取得了令人瞩目的成就。

(一)总量规模显著扩大,主导地位日益突出

改革开放以来,随着经济体制改革的不断深化、对外开放的不断扩大以及"工业强省"等战略的实施,安徽工业经济持续快速发展,在国民经济发展中的主导地位不断增强。2016 年,安徽全部工业增加值达到 9912.5 亿元,是 1978 年的 273.1 倍,占地区生产总值的比重由 1978 年的 31.8% 上升到 41.1%。在全部工业中,规模以上工业加快发展的势头更为明显,企业个数由 1998 年(开始规模以上工业企业统计)的 3887 家增加到 2016 年的 19382 家,实现增加值由 1998 年的 445 亿元增加到 2016 年的 9724.9 亿元,年均增长 18.7%,占地区生产总值的比重由 1998 年的 17.5% 提高到 40.3%。2016 年,全省规模以上工业企业月度实现增加值 810.4 亿元,是 1998 年的 1.82 倍。从国民经济中的产业结构看,工业是第二产业的重要组成部分。工业的快速发展,提高了工业化的进程步伐,推动了全省经济结构的调整和优化,2017 年全省三次产业的结构由 1978 年的 47.2∶35.5∶17.3 调整为 9.5∶49∶41.5。

(二)产业体系不断完善,战略性新兴产业快速成长

经过改革开放以来的建设与发展,安徽省逐步建立了一个具有一定规模,门类比较齐全的工业体系。安徽培育了汽车、装备制造、家用电器、化工及橡胶轮胎、食品及农副产品深加工、能源及原材料等优势行业,其中煤炭、电力、冶金、建材、家电、汽车等行业在全国占有重要位置,

已成为全国重要的能源原材料、家电、汽车等生产基地。2017 年,安徽成品钢材产量达到 3143.9 万吨,为 1978 年的 45 倍;水泥产量达到 13394.2 万吨,为 1978 年的 73.3 倍;原煤产量为 14301 万吨,为 1978 年的 5.8 倍;发电装机容量达到 6468.4 亿千瓦时,为 1978 年的 77.8 倍;彩色电视机产量由 1985 年的 5 万部增加到 1399.6 万部;家用洗衣机产量由 1979 年的 7 台增加到 2056 万台;家用电冰箱产量由 1979 年的 32 台增加到 3338.3 万台;房间空调器产量由 1990 年的 1.2 万台增加到 3781.2 万台;汽车产量由 1978 年的 3000 辆左右增加到 133.5 万辆。冰箱、空调、彩电、洗衣机、水泥、汽车等优势产品产量稳居全国前列。

安徽积极发展战略性新兴产业,一批战略性新兴产业快速成长。新型显示产业从无到有、由弱到强,以面板为核心,集聚了液晶玻璃、光学膜、偏光片、驱动芯片等上下游企业 30 多家,合芜蚌地区正成为国内面板产能最大、产业链最完整、技术水平一流的新型显示产业集聚发展区。机器人产业在全国影响力和知名度大幅提升,龙头企业埃夫特公司已进入国产机器人整机企业第一梯队,四自由度以上机器人销量占国产机器人的 1/3,位居全国第一。集成电路、通用航空、硅基材料、生物医药等产业稳步崛起。合肥集成电路产业集聚了相关企业近 90 家,从业人员超过 1.2 万人,合肥已成为全国少数几个拥有集成电路设计、制造、封装测试及设备材料全产业链的城市。为推动战略性新兴产业集聚发展,2015 年 9 月安徽确定了第一批 14 个省战略性新兴产业集聚发展基地;2016 年 8 月又确定了第二批 10 家战略性新兴产业集聚发展基地(见表 1);2017 年 5 月 27 日出台了《安徽省促进战略性新兴产业集聚发展条例》,成为全国首个出台相关法律的省份。2017 年,安徽 24 个战略性新兴产业集聚发展基地工业总产值增长 23.1%;规模以上战略性新兴产业产值增长 21.4%,比上年加快 5 个百分点,战略性新兴产业产值占规模以上工业的比重由上年的 23.3% 提高到 24.7%。

表 1 安徽省战略性新兴产业集聚发展基地

第一批	1.合肥新站区新型显示产业集聚发展基地 2.合肥高新区集成电路产业集聚发展基地 3.合肥高新区智能语音产业集聚发展基地 4.合肥、芜湖新能源汽车产业集聚发展基地 5.亳州谯城经开区现代中药产业集聚发展基地 6.蚌埠硅基新材料产业园硅基新材料集聚发展基地 7.阜阳太和经开区现代医药产业集聚发展基地 8.滁州市经开区智能家电产业集聚发展基地 9.马鞍山经开区先进轨道交通装备产业集聚发展基地 10.芜湖鸠江经开区机器人产业集聚发展基地 11.芜湖三山经开区现代农业机械产业集聚发展基地 12.宣城宁国经开区核心基础零部件产业集聚发展基地 13.铜陵经开区铜基新材料产业集聚发展基地 14.安庆高新区化工新材料产业集聚发展基地
第二批	1.合肥市高新技术产业开发区生物医药和高端医疗器械产业集聚发展基地 2.合肥市包河经济开发区创意文化产业集聚发展基地 3.淮北市濉溪经济开发区铝基高端金属材料产业集聚发展基地 4.宿州市高新技术产业开发区云计算产业集聚发展基地 5.淮南市高新技术产业开发区大数据产业集聚发展基地 6.六安市霍山高桥湾现代产业园高端装备基础零部件产业集聚发展基地 7.池州市经济技术开发区半导体产业集聚发展基地 8.黄山市现代服务业产业园文化旅游产业集聚发展基地 9.芜湖市新芜经济开发区通用航空产业集聚发展试验基地 10.马鞍山市博望高新技术产业开发区高端数控机床产业集聚发展试验基地

(三)骨干企业不断壮大,产业集群效应彰显

经过 40 年的发展,一批优势企业迅速崛起。2016 年,全省大中型工业企业数量由 1999 年的 671 个增加到 1701 个,增加了 1.54 倍;产值由 1999 年的 982.02 亿元增加到 21430.01 亿元,增加了 20.82 倍。大中型工业企业已成为工业经济的中流砥柱,2017 年安徽大中型工业企业固定资产合计 6751.51 亿元,占规模以上工业企业固定资产的比重为 65%;

主营业务收入 21939.24 亿元,占规模以上工业企业主营业务收入的比重为 50.9%;利润总额 1336.73 亿元,占规模以上工业企业利润的比重为 58.5%;本年应交增值税 618.16 亿元,占规模以上工业企业本年应交增值税的比重为 63.5%。安徽省坚持抓重点项目建设,抓骨干企业成长,坚持"择优、创牌、造舰",打造了一批企业集团,如汽车工业以奇瑞公司、江淮汽车企业集团为代表,成为我国民族汽车自主知识产权和自主品牌的典范;材料工业以马钢、铜陵有色、海螺为代表,成为业内有影响力的领军式企业;丰原集团依靠生物质能源产业发展为全国最大的农产品加工企业之一;能源工业以淮南、淮北矿业集团为代表,技术经济指标居全国行业领先水平。2017 年,全省产值超百亿元企业达 34 户,比 2012 年增加 14 户,其中铜陵有色集团产值超千亿元,在 2018 年中国制造业企业 500 强榜单排名第 42 位。同时,工业产业集群发展方兴未艾。自 2008 年安徽省政府做出建设产业集群专业镇的决策部署以来,全省省级产业集群专业镇的数量已达到 213 个,集聚企业 29692 户,其中规模以上企业 4810 户,营业收入超 10 亿元以上 135 个,超 50 亿元以上 47 个,超 100 亿元以上 22 个,超 200 亿元以上 4 个;带动从业人员 163.54 万人。2016 年,安徽 213 个省级产业集群专业镇实现增加值 1909.27 亿元,同比增长 25%;实现营业收入 7741.95 亿元,同比增长 16%;上缴税金 272.89 亿元,同比增长 20%;实现利润 634.05 亿元,同比增长 15%,分别占全省规上企业的 18.9%、18.6%、7.9%、30.5%。

(四)结构调整稳步推进,发展格局多元化

1978 年,安徽全部工业企业构成主要是国有和集体两个部分,全省工业总产值中,国有工业、集体工业分别占 79.9% 和 17.3%,其他经济类型工业仅占 2.8%。改革开放后,国家采取了一系列有利于股份制、民营经济特别是私营经济发展的措施,同时积极吸引外商、港澳台商投资兴办工业,在更高程度上形成多种所有制经济共同发展、具有较强活力的体制优势,为工业发展提供持续动力和制度保障,全省以股份制、三资和私营企业为主体的非公有工业从无到有、从小到大、从弱到强,迅速发展,工业结构由单一走向多元化。2000 年,全省工业总产值的构成中,国有企业占 31%,集体企业占 35.8%,其他经济类型工业占比提高到33.2%,占整个工业的近 1/3。发展到 2008 年,安徽国有工业占 43.3%,集体工业占 1.4%,私营企业、港澳台商投资企业和外商投资企业等其他经济类型工业占比进一步提高到 55.3%,占据整个工业的半壁江山。到2016 年,全省国有工业占 20.3%,集团工业占 0.16%,私营企业、港澳台商投资企业和外商投资企业等其他经济类型工业占比高达 79.54%。私营企业作为非公有工业的重要组成部分,涉足领域不断拓展,逐步参与竞争和经营一些过去难以涉足的国有垄断行业,成为安徽省经济增长的重要引擎和扩大就业的重要渠道。2017 年,安徽私营企业数量由 2012年的 30.39 万户增加到 91.6 万户,其中注册资金亿元以上的私营企业达3686 户;民营经济增加值由 2012 年的 9618 亿元增加到 1.59 万亿元,年均增长 10.6%,占全省生产总值比重由 2012 年的 56%提高至57.8%;民营企业缴纳税收 2672.2 亿元,占全省税收的 68%;民营企业提供城镇就业岗位的 80%以上。

随着所有制结构的调整,工业企业组织结构、产业结构和区域经济结构等也发生了深刻的历史性变化。尤其是近年来,安徽优先发展以装备制造业为代表的先进制造业,加快发展新一代信息技术、新材料、生物和大健康、绿色低碳等新兴产业,推动冶金、化工、建材、纺织、食品加工等传统产业优化升级,工业结构得到合理调整。轻、重工业增加值之比也由 1979 年的 48.4:51.6 调整到 2016 年的 30.1:69.9,结构日趋合理。适应市场需求,轻工业内部结构也逐步优化、协调,深度加工,高附加值的产品比重不断上升,而简单加工、附加值低的产品日益减少。全省工业初步形成了以省会工业密集区为中心、以皖江工业密集带和沿淮工业密集带为支撑的发展格局。

(五)创新驱动发展战略深入实施,创新能力显著提高

近年来,安徽积极贯彻创新驱动发展战略,把创新作为引领发展的第一动力,坚持以科技创新为核心,加强政策引导和专项投入,支持企业发挥主体作用,企业科技创新活力激发,研发投入保持较快增长。2017年,全省工业企业中开展研发活动的企业有4697个,比2011年增加3322个,增长2.42倍;开展研发活动的工业企业占全部工业企业的比重为24.88%,比2011年提高13.82个百分点;工业企业拥有科技机构5110个,比2011年增加3596个,增长2.38倍;工业企业拥有科技活动人员26.63万人,比2011年增加8.66万人,增长48.2%;工业企业研发经费支出为436.12亿元,比2011年增加273.29亿元,增长1.68倍;工业企业研发经费支出占主营业务收入比重由2011年的0.65%提高到1.01%;工业企业专利申请数为52916件,比2011年增加33702件,增长1.75倍;工业企业拥有发明专利数为49810件,比2011年增加44718件,增长8.78倍。2017年底,安徽高新技术企业达到4310家,其中营业总收入亿元以上高新技术企业1138家、10亿元以上156家、百亿元以上8家;高新技术产业增加值增长14.8%,对全省规模以上工业增加值增长的贡献率为63.5%。

表2 2011—2017年安徽工业企业科技活动情况

指标	2011 年	2012 年	2013 年	2014 年	2015 年	2016 年	2017 年
有研发活动的企业(个)	1375	1970	2369	2946	3258	3839	4697
有研发活动的企业占全部企业比重	11.06%	13.57%	14.64%	16.59%	17.08%	19.36%	24.88%
科技机构数(个)	1514	2387	2737	3326	3986	4536	5110
科技活动人员(万人)	17.97	21	22.32	24.61	23.78	25.41	26.63

（续表）

指标	2011年	2012年	2013年	2014年	2015年	2016年	2017年
研发经费支出（亿元）	162.83	208.98	247.72	284.73	322.14	370.92	436.12
研发经费支出占主营业务收入比重	0.65%	0.72%	0.73%	0.77%	0.83%	0.88%	1.01%
专利申请数（件）	19214	26665	32909	40244	45598	49791	52916
拥有发明专利数（件）	5092	9215	13582	21667	28568	41791	49810

数据来源：《安徽统计年鉴2013》《安徽统计年鉴2014》《安徽统计年鉴2015》《安徽统计年鉴2016》《安徽统计年鉴2017》和《安徽统计年鉴2018》

三、开发区在安徽工业发展中发挥了重要作用

开发区是我国改革开放的伟大创举，在安徽工业发展中功不可没。可以说，没有开发区的建设和发展，就没有安徽工业发展的巨大成就。开发区凭借良好的基础设施、优惠的经济政策和精干高效的管理架构，吸引了大量外来投资，弥补了工业发展的资金和技术缺口，极大地促进和加快了安徽工业化进程。

（一）安徽省开发区的发展历程

自1991年3月国务院批准合肥科技工业园为国家级高新技术产业开发区以来，安徽省开发区已经走过了20多年的发展历史，其发展经历了从无到有、从少到多、从无序发展到理性增长，目前已形成全方位、多层次、纵深化发展的新格局。回顾安徽省开发区的发展历程，大致经历了以下几个阶段：

1.起步成长期（1991—2000年）

开发区是在我国经济特区建立之后兴办的特殊经济开发区域。1978年12月中国共产党第十一届三中全会以后，党中央、国务院决定对广东、福建两省在对外开放经济活动中实行特殊政策和灵活措施，在那

里兴办了深圳、珠海、汕头、厦门经济特区。经过几年的发展,这四个经济特区充分利用比邻香港、澳门、台湾的优势,大胆吸收境外资金、技术进区投资,积极发展进出口贸易,经济发展形势较好。1984 年,邓小平同志视察深圳、珠海、厦门特区等地之后,明确指出:"深圳的发展和经验证明,我们建立经济特区的政策是正确的。"根据邓小平同志的建议,党中央、国务院于 1984 年 5 月正式决定开放天津、上海、大连、青岛等 14 个沿海港口城市,同时为使这些城市尽快形成较为配套的基础设施,创造对外资有较强吸引力的"小环境",推进这些城市的经济技术发展,党中央、国务院决定:这些城市"有些可以划定一个有明确地域界限的区域,兴办经济技术开发区",实行某些类似经济特区的政策。由此,在这些沿海港口城市首批兴办了 14 个经济技术开发区。安徽开发区起步较晚,1990 年 10 月,合肥科技工业园奠基;1991 年 3 月,国务院批准合肥科技工业园等 27 个高新技术产业开发区为首批国家级高新技术产业开发区;1992 年 7 月,国家科委同意将"合肥科技工业园"更名为"合肥高新技术产业开发区"。1993 年 4 月,芜湖经济技术开发区由国务院批准设立,是安徽省第一家国家级经济技术开发区。同年,经安徽省人民政府批准,合肥经济技术开发区、铜陵经济技术开发区、安庆经济技术开发区和滁州经济技术开发区等成为全省首批省级开发区。1994 年 4 月,蚌埠高新区成立,1995 年 5 月启动建设。1995 年 4 月,合肥新站综合开发试验区(现更名为合肥新站高新技术产业开发区)被安徽省人民政府正式批准为省级开发区。马鞍山经济开发区也是 1995 年设立的省级开发区,1999 年 6 月启动建设。2000 年 2 月,经国务院批准,合肥经济技术开发区升级为国家级经济技术开发区。

表3　2000 年安徽部分开发区主要经济指标

指标	合肥高新技术产业开发区	合肥经济技术开发区	合肥新站综合开发试验区	芜湖经济技术开发区	蚌埠高新技术产业开发区	铜陵经济技术开发区	安庆经济技术开发区	滁州经济技术开发区
全区企业经营收入（万元）	1093678	383000	250000	1000000	116000	46000	418540	48000
工业总产值（万元）	1033400	430000	12000	700000	94000	80000	140320	46000
财政收入（万元）	17352	25673	12238	73900	2187	3649	8347	1535
税收总额（万元）	57694	20595	2300	68300	2183	3649	6325	1450
固定资产投资总额（万元）	45573.9	98000	31900	133000	8667	22000	23687	13660
新批外商投资企业项目数（个）	13	13	7	18	3	—	6	2
合同总投资额（万美元）	6760.36	2831	9525	8185	184	—	2457	150
新批准内资企业项目数（个）	95	46	24	133	15	26	15	23
投资总额（万元）	135489	74696	32906	163000	14708	51460	45922	86647
注册资本（万元）	116454	—	8027	55000	6173	1890	3402	9707

数据来源:《安徽统计年鉴2001》

2.规范发展期(2001—2008 年)

"十五"前期,安徽省一些县区为加快县区经济的发展,借鉴沿海发达地区的成功经验,自行设立了一批开发区或工业园区,全省开发区发展进入一个高峰阶段,各类开发园区最多时达到 334 个,规划面积1715.1平方公里。2003 年实施宏观调控时,国家针对开发区建设中存在的遍地开花、滥占耕地、损害农民利益等突出问题,对开发区进行了清理和整顿,安徽省开发区数量和面积也在这次清理整顿中大幅度削减。2003 年底到 2004 年初,安徽省按照国家有关政策精神,本着"布局集中、用地集约、产业集聚"的要求,共撤销开发区 222 个,占原有的 66.5%;核减面积1189.5 平方公里,占 69.4%;拟保留开发区 112 个,规划面积 525.6 平方公里。2005 年,国家发改委对各省市区上报的拟保留开发区开展了设立审核工作,经核准安徽省共保留 89 个,其中国家级 4 个、省级 85 个,规划面积共 406 平方公里。具体分布是:安庆 10 个,合肥 9 个,六安 8 个,芜湖和阜阳分别有 7 个,蚌埠、滁州和巢湖分别有 6 个,宿州和亳州分别有5 个,铜陵和宣城分别有 4 个,淮南、马鞍山和池州分别有 3 个,淮北 2个,黄山 1 个。从全省角度看,安徽省绝大多数市县都保留了发展工业经济的开发区。安徽开发区发展建设进入了良性循环的轨道。2008 年,安徽省级以上开发区经营(销售)收入由 2005 年的 28434212 万元增加到 63340086 万元,增加 34905874 万元,增长了 1.23 倍;工业总产值由2005 年的 19656636 万元增加到 46124009 万元,增加 26467373 万元,增长了 1.35 倍;规模以上工业总产值由 2005 年的 17651523 万元增加到43446248 万元,增加 25794725 万元,增长了 1.46 倍;实际利用外商直接投资由 2005 年的 63873 万美元增加到 200921 万美元,增加 137048 万美元,增长了 2.15 倍;实际利用省外境内资金由 2005 年的 2531565 万元增加到 9041735 万元,增加 6510170 万元,增长了 2.57 倍(见表4)。

表4　2005—2008年安徽省级以上开发区一些经济指标变化

指标	2005年	2006年	2007年	2008年
经营(销售)收入(万元)	28434212	31158392	45238794	63340086
工业总产值(万元)	19656636	23174429	32359331	46124009
规模以上工业总产值(万元)	17651523	21466741	30463224	43446248
实际利用外商直接投资(万美元)	63873	126069	179065	200921
实际利用省外境内资金(万元)	2531565	3928542	6484995	9041735

数据来源:《安徽统计年鉴2006》《安徽统计年鉴2007》《安徽统计年鉴2008》和《安徽统计年鉴2009》

3.快速发展期(2009—2013年)

2009年国务院批准皖江城市带承接产业转移示范区后,安徽省加大了承接产业转移的载体建设,加快开发区扩区升级,全省开发区发展迎来重要机遇期。到2013年底,安徽省级以上开发区达到176个,其中国家级开发区18家,省级正式开发区73家,省级筹建开发区64家,新型园区21家;占地面积达4229.5平方公里,已建成面积1598.7平方公里,大多数园区道路、供水、供电、排水、通讯、排污、网络、土地平整等"七通一平"建设加快,园林绿化、环境保护等公用工程和公共服务基础设施基本完备;共有各类企业6.3万家,其中"四上"企业[①]1.1万家。2013年,全省开发区实现经营(销售)收入29277.8亿元,比上年增长21.1%。其中经营(销售)收入超百亿的有71个,合肥经开区、芜湖经开区、合肥高新区超千亿元,分别为3194.8亿元、2350.6亿元和1795.7亿元。分类别看,

---

① "四上"企业:是指规模以上工业企业、资质以内建筑业企业、限额以上批零住餐企业、限额以上服务业企业等四类规模以上企业的统称。其中:规模以上工业企业是指年主营业务收入在2000万元及以上并经国家统计局核准纳入上报范围法人工业企业;资质以内建筑业企业是指获得资质证书3级以上并经国家统计局核准纳入上报范围法人建筑业企业;限额以上批零住餐企业是指达到一定限额(批发业主营业务收入2000万元以上,零售业500万元以上,住宿餐饮业200万元以上)并经国家统计局核准纳入上报范围的批零住餐企业(包括个体户);限额以上服务业企业是指达到一定限额并经国家统计局核准纳入上报范围的服务业企业,不包括房地产经营企业和批零住餐业企业。

国家级、省级、省级筹建、新型园区分别实现经营(销售)收入 12724.2 亿元、12382.4 亿元、3897.1 亿元和 274 亿元,增长 16.1%、24.7%、24.8% 和 66.9%。当年,安徽开发区规上工业总产值达到 20336.1 亿元,占全省规上工业总产值的 61.6%,比上年增长 21%,增幅高于全省规上工业 6 个百分点;规上工业增加值达到 5196.5 亿元,占全省规上工业增加值的 60.7%,增长 20.7%,增幅高于全省规上工业 7 个百分点。

表 5 2013 年安徽省开发区分布

地区	总数	国家级	省级正式	省级筹建	新型园区
合肥	18	4	10	3	1
芜湖	15	3	6	4	2
蚌埠	9	1	5	2	1
淮南	7	1	2	4	0
马鞍山	11	2	3	4	2
淮北	8	0	2	5	1
铜陵	5	1	3	0	1
安庆	18	2	8	7	1
黄山	8	0	1	7	0
滁州	16	1	5	7	3
阜阳	10	0	7	2	1
宿州	8	0	4	3	1
六安	15	1	7	4	3
亳州	6	0	5	0	1
池州	8	1	2	3	2
宣城	14	1	3	9	1
合计	176	18	73	64	21

数据来源:《2013 年安徽省开发区发展报告》

4.转型升级期(2014年至今)

为适应新的形势和任务,进一步发挥国家级经济技术开发区作为改革试验田和开放排头兵的作用,促进国家级经开区转型升级、创新发展,2014年11月,国务院办公厅发布了《关于促进国家级经济技术开发区转型升级创新发展的若干意见》。为认真贯彻落实国家文件精神,在充分调研的基础上,2015年3月,安徽省人民政府办公厅出台了《关于促进全省开发区转型升级的实施意见》,标志着安徽省开发区进入转型升级的新时期。《关于促进全省开发区转型升级的实施意见》提出,主动适应经济发展新常态,注重发挥市场在资源配置中的决定性作用,努力实现开发区由政府主导向市场主导转变、由速度数量向质量特色转变,将开发区建设成为先进制造业和高新技术产业的集聚区、创新驱动和绿色集约发展的示范区、产城一体和带动区域发展的新城区、开放型经济和体制机制创新的先行区;对国家级开发区、实力较强的省级开发区、发展初期的开发区分类指导,并从开发区的平均规模、高新技术产业培育、经济外向度等方面提出到“十三五”末全省开发区转型升级目标。为科学考核评价全省省级以上开发区改革和创新发展,2017年12月,安徽省人民政府办公厅又出台了《安徽省省级以上开发区综合考核评价暂行办法》。《安徽省省级以上开发区综合考核评价暂行办法》在综合指标体系中设定6个一类指标25项二类指标,其中发展实效等定量指标共计15个,定性指标10个。根据当年综合评价结果,对各省级以上开发区进行奖惩。对综合考核中排名居前30位的开发区,给予奖励,并在项目、资金、土地、扩区升级等方面给予倾斜;对综合考核处于后5位的开发区,给予警告,限期整改;同时强调,对整改不力,特别是长期圈占土地、开发程度低的开发区,予以核减面积或降级、撤销处分。2018年6月,安徽多个省级开发区被撤销,撤销安庆化工新材料产业集中区(安庆市承接产业转移集中示范园区),将其整体并入安庆经济技术开发区,加挂“安庆承接产业转移集中示范园区”牌子;撤销安徽桐城双新经济开发区(筹),将其整体并入桐城经济技术开发区;撤销安徽潜山源潭经济开发区(筹),将其整体并入安徽潜山经济开发区;撤销安徽宿松临江产业园(筹),将其整体并入安徽宿松经济开发区;撤销安徽望江桥港经济开发区(筹),将其整体并入安徽望江经济开发区。此前,也有多个开发区被撤。比如,撤销安徽合肥商贸物流开发区(筹),将其整体并入安徽肥东经济开发区,保留"合肥上海产业园"牌子;撤销安徽庐江龙桥工业园区(筹),将其整体并入安徽合肥庐江高新技术产业开发区;撤销铜陵承接产业转移集中示范园区,将其整体并入铜陵经济技术开发区,加挂"铜陵承接产业转移集中示范园区"牌子;撤销安徽贵池前江工业园区(筹),在认真评估基础上,将其符合产业政策、主导产业定位和环境保护标准的部分并入安徽池州高新技术产业开发区;撤销池州承接产业转移集中示范园区,将其整体并入安徽池州经济技术开发区,加挂"池州承接产业转移集中示范园区"牌子。根据2018年版《中国开发区审核公告目录》,目前安徽省共有开发区117家,数量居全国第9位,占比4.6%。其中,国家级开发区22家,数量居全国第9位,占比3.9%;省级开发区95家,数量居全国第8位,占比4.8%。在国家级开发区中,安徽省有国家级经济技术开发区12家,居中西部第1位,全国第4位,仅次于江苏、浙江和山东;国家级高新技术产业开发区6家,数量居全国第12位,占比3.5%;国家级海关特殊监管区4家。2017年,全省开发区实现经营(销售)收入48481.4亿元,比上年增长16.3%,呈现稳中有进、结构向好、活力增强的良好态势。

(二)开发区建设加快了安徽工业化进程

开发区作为工业发展的重要支撑和招商引资的重要载体,引来了企业的不断积聚,培育了众多产业,在加速推进安徽工业化进程中发挥了重要作用。比如,合肥经济技术开发区形成了智能家电、新一代信息技术、汽车及新能源汽车、装备制造、快速消费品、绿色节能建筑、生物医药及高端医疗器械、公共安全等产业,成为国内家电产品种类和品牌集中度最高的开发区,是全国最大的冰箱、叉车、挖掘机、轮胎、液压机床制造基地,以及最大的笔记本电脑生产基地。合肥国家高新技术产业开发区培育了科大讯飞、科大国盾、四创电子、华米科技、阳光电源、科大国创、安科生物等领军企业,形成了人工智能、公共安全、新能源、生物医药、先进制造等高端产业集群。合肥新站高新技术产业开发区围绕新型显示(集成电路)、智能装备制造、新能源、新材料四大主导产业,先后引进了京东方6代线、8.5代线、10.5代线,彩虹、长虹、海润、惠科、中车、欣奕华、力晶等核心项目以及世界500强法液空、住友、康宁等一大批配套项目。芜湖经济技术开发区坚持把主导产业培植、龙头企业培育、产业链配套作为产业发展的关键环节来抓,已经形成具有一定竞争力的汽车及零部件、家用电器、新材料三大主导产业,聚集了境外世界500强投资企业26家、国内上市公司48家、高新技术企业93家、省级以上研发机构78家、国家级研发机构13家。蚌埠高新区形成了以硅基新材料、电子信息、高端装备制造等三大产业为主,新型显示(LED、OLED)、生物医药等新兴产业齐头并进的产业体系;以凯盛光伏新材料、豪威科技电子显示白板、方兴科技、国显科技、华益导电膜等企业为龙头的硅基新材料产业获批安徽省首批战略性新兴产业集聚发展基地,以大富工业智能机器人、中建材的埃蒙特机器人、中科电力的智能大型变压器、柳工的起重机和多功能高空作业车、中集安瑞科的压缩机等为代表的高端智能装备制造产业集群在全国具有一定的影响力,以中电41所、中电科仪器仪表产业园、德豪光电、雷士照明、双环电子为代表的特色电子产业集群正形成加速集聚的发展态势;拥有以昊方机电为代表的全国最大的汽车空调电磁离合器生产基地,以中电科41所为代表的全国最大的养殖孵化机生产基地以及以华益公司为代表的世界最大的ITO导电膜玻璃生产基地,以国威、德国曼胡默尔昊业、台资凤凰滤清器为代表的全国最大的滤清器生产基地;安瑞科压缩机CNG加气站市场占有率全国第一,环球药业自主研制的国家一类新药盐酸安妥沙星是我国第一个具有完全知识产权的喹诺酮类抗感染药物,也是安徽人首次命名的第一个新药。滁州经济技术开发区形成了三大优势主导产业,其中智能家电及电子信息产业聚集了世界家电领导品牌博世西门子、国内家电领先品牌康佳、知名国际小家电品牌东菱凯琴、中国第一世界第三的半导体封装企业长电科技、上市公司立讯精密等知名企业,是全国唯一集中国家电及装备制造业基地、国家家电设计与制造特色产业基地、国家新型工业化家电产业示范基地于一身的"国字号"家电产业基地,也是安徽省首个智能家电产业集聚发展基地,还是"安徽省家电产品出口基地""安徽省优质家电生产示范区";汽车及先进装备制造产业聚集了"中国皮卡十大影响力品牌"和"中国 SUV 十大影响力品牌"猎豹汽车、知名专用车生产企业永强汽车、世界 500 强企业瓦卢瑞克、国内最大的家电成套装备制造企业鲲鹏装备模具等知名企业;绿色食品产业聚集了世界领导食品品牌雀巢、中国罐头和饮料行业双十强企业银鹭、中国核桃饮品行业的先行者和领导者养元、国内著名休闲食品品牌盼盼、国内知名功能性饮料东鹏、中国知名糖果企业雅客、中国第二大果冻生产商蜡笔小新等品牌企业,先后获批国家农业产业化示范基地、中国食品产业成长之星、安徽省新型工业化产业示范基地(休闲食品及饮品)、中国食品产业基地。马鞍山经济开发区形成了汽车及零部件制造、食品及乳制品、机械深加工及成套设备制造、新材料及环保产业等特色产业群体,美国 KKR、蒙牛乳业、江苏雨润、达利食品、广东科达等一批知名企业先后入驻并取得了长足发展。2017 年,安徽省级以上开发区的工业增加值由 2010 年的 23036230 万元增加到 66464192 万元,年均增长16.34%,占全省工业增加值的比重由2010 年的 43%提高到 57.7%。

参考文献:

[1]杨亚坚.工业经济实现大发展、大跨越——新中国成立 60 周年安徽经济社会发展系列分析报告之十一[EB/OL].http://www.ahtjj.gov.cn/tjjweb/web/info_vie w.jsp? strId=1380599479432230.

［2］朱吉玉,江宏,朱丹.改革开放四十年安徽经济发展回顾与展望［J］.安徽商贸职业技术学院学报,2018(2).

［3］吴量亮.工业经济奋力迈向新高端［N］.安徽日报,2016-09-12.

［4］我委召开新闻通气会发布安徽工信领域五年发展成就［EB/OL］.http://www.ahjxw.gov.cn/interact/wlfyr_view.jsp? strId=1519889489354930&view_type=6.

［5］安徽工业改革开放30年.

［6］安徽省统计局,等,安徽工业在改革中巨变［M］.合肥:黄山书社,2009.

（作者系安徽省社会科学院经济所副研究员）

关于我省服务业发展情况的调查报告

调查组

　　加快服务业创新发展、增强服务经济发展新动能,关系到人民福祉的增进,也是全面提升综合国力、国际竞争力和可持续发展能力的重要途径。"十二五"以来,我国服务业发展连续迈上新台阶,2011年成为吸纳就业最多的产业,2012年增加值超过第二产业,2015年增加值占国内生产总值(GDP)比重超过50%。服务领域不断拓宽,服务品种日益丰富,新业态、新模式竞相涌现,有力支撑了经济发展、就业扩大和民生改善。

一、"十二五"时期我省服务业发展基本情况

　　"十二五"以来,省委、省政府坚持把发展服务业作为推动产业转型升级和转变经济发展方式的重要抓手,突出创新驱动,促进结构优化,健全工作机制,强化政策落实,全省服务业取得长足发展,逐步成为经济增长的重要支撑。服务业发展呈现产业总量明显扩大、产业结构不断优化、增长贡献明显提高、集聚效应逐步显现、改革开放持续推进五大特点。

　　全省服务业增加值由2010年的4193.7亿元增长到2015年的8602.1亿元,总量翻了一番多,年均增长10.6%,高出全国同期2.2个百分点。2015年服务业增加值占地区生产总值比重达到39.1%,年均提高1个百分点。五年累计完成服务业投资4.7万亿元,是"十一五"期间的

2.6倍,2015年服务业投资占全省固定资产投资的比重达到52.2%。服务业对全省经济增长的平均贡献率为33.4%,比"十一五"时期提高2.1个百分点。服务业完成各种税收1663.6亿元,占全部税收的50.3%。服务业从业人员年均增长3.4%,高于全社会从业人员2个百分点,占全部从业人员比重达到39.5%,比2010年高3.7个百分点,服务业已成为吸纳城乡居民就业和增加收入的主要渠道。

二、2017年我省十大服务行业满意度调查总体情况

为全面落实党的十九大精神,贯彻省委、省政府战略部署,了解当前我省服务业发展现状,积极发挥好第三方评估对我省服务业健康持续发展的监督和促进作用,安徽省现代省情调查研究中心开展了2017"安徽省十大服务行业居民满意度调查"活动,力争通过满意度调查,找出我省服务行业存在的突出问题,并针对问题加以改进,以充分发挥服务业在促增长、调结构、惠民生中的积极作用,引领安徽经济社会健康稳步快速发展。

本次调查自2017年6月开始,历时6个多月,覆盖全省16个市,围绕"服务质量、服务态度、服务环境、服务创新、政风行风"五个方面,对供电、银行、保险、通讯、商贸、交通、医疗、供水、供油、餐饮十大服务行业进行了调查。调查结果按照实地问卷占40%,网络投票、微信投票、专家评审各占20%进行统计。在对样本城市发放的18500份问卷中,共收到有效问卷14922份。网络调查共有195万人(次)参与投票,微信调查访问量突破百万。调查对象涵盖各个年龄层段,比较全面、客观、公正地反映了我省服务业发展的实际情况。

2017年度全省十大服务行业的总体满意度得分为73.18分,具体排序依次为供电、银行、供水、医疗、保险、供油、交通、商贸、餐饮、通讯。满意度得分依次为80.40、78.98、76.32、73.91、72.06、71.80、71.32、69.90、68.83、68.30分(具体请见2017年十大服务行业综合满意度排名表)。

表 1　2017 年十大服务行业综合满意度排名表(单位:分)

综合排名	问卷得分	网络得分	微信得分	专家评审	综合得分
第一名	银行 78.32	供电 85.02	供电 83.44	供电 80	供电 80.40
第二名	供水 77.84	银行 79.65	供水 82.56	银行 80	银行 78.98
第三名	供电 76.78	保险 76.42	银行 78.62	医疗 76	供水 76.32
第四名	供油 76.38	供水 75.38	保险 72.00	供水 68	医疗 73.91
第五名	医疗 76.13	供油 70.35	供油 71.91	交通 68	保险 72.06
第六名	商贸 76.13	商贸 70.30	医疗 71.43	供油 64	供油 71.80
第七名	保险 75.94	医疗 69.88	通讯 70.58	商贸 64	交通 71.32
第八名	餐饮 75.78	交通 69.75	交通 68.89	保险 60	商贸 69.90
第九名	交通 74.97	餐饮 68.56	餐饮 65.30	餐饮 60	餐饮 68.83
第十名	通讯 74.96	通讯 65.02	商贸 62.94	通讯 56	通讯 68.30

在对全省十六市的满意度评价中,合肥市居民对该市服务业的满意度最高,得分为80.90分,其他各市满意度排序依次为:淮北市(77.68分)、宣城市(74.98分)、芜湖市(74.21分)、六安市(71.60分)、池州市(69.85分)、马鞍山市(68.52分)、亳州市(68.32分)、滁州市(68.31分)、淮南市(67.42分)、阜阳市(66.85分)、宿州市(66.68分)、铜陵市(66.45分)、黄山市(65.96分)、蚌埠市(64.61分)、安庆市(63.37分)。

三、我省与兄弟省市服务业发展对比情况

2015 年,我省服务业增加值仅相当于江苏的25.2%、浙江的40.3%、湖南的67.4%、湖北的67.5%,服务业占GDP比重低于全国11.4个百分点,居全国后列(详见与部分外省服务业发展对比情况表)。

表2　与部分外省服务业发展对比情况表

项目 省别	2015年服务业占地区生产总值（%）	服务业就业占社会总就业比重（%）	2010年服务业生产总值（亿元）	2015年服务业增加值（亿元）	年均增长（%）	2020年服务业增加值目标（万亿元）
安徽	39.1	39.5	4193.7	8602.1	10.6	1.5
浙江	58.2	38.5	12063.82	21347	9.4	3.23
江苏	48.6	—	16731.4	34000	10	—
湖北	54.9	38.8	5894.44	12736.79	10	2.27
福建	39.7	40.5	5850.6	10643.5	—	1.68
湖南	43.9	35.7	6442.6	12760.2	9	2.1
山东	45.3	31.5	14429.4	28537.4	8.7	5
广西	38.9	31.2	3383.11	6542.41	9.8	1.2

2016年，全国服务业发展的总体特征主要表现在总体水平稳步上升、经济贡献不断提高、区域结构呈现"东高西低"、中部地区位次前移、长江经济带势头强劲、十强省市贡献突出等方面。随着"中部崛起"战略的实施，中部地区服务业发展迎来新机遇。据资料显示，2016年中部地区服务业发展指数平均得分98.546，比上年（96.891）提升1.655分。中部地区湖北、河南、湖南、安徽、山西、江西六省服务业发展指数分别为105.545、101.313、100.184、97.004、93.668、93.566分，全国排名分别为第9、12、13、17、19、23位，与上年比较，湖北、安徽、山西与上年持平，河南、湖南、江西位次前移1位。值得一提的是，2016年，长江经济带11个省市服务业发展指数得分106.606分，高于全国平均水平。11个省市中有5个省市进入服务业发展指数十强，与2011年位次相比，中部六省中湖北上升4位，江西上升3位，湖南上升2位，安徽上升1位，显示出长江经济带沿线省市服务业发展势头强劲（详见2011—2015年全国31个省级行政区服务业发展指数排名）。

213

表3 2011—2015年全国31个省级行政区服务业发展指数排名

年度 地区	2011		2012		2013		2014		2015	
	得分	排名	得分	排名	得分	排名	得分	排名	得分	排名
北京	108.970	2	113.740	1	118.486	4	121.059	3	127.833	2
天津	98.621	7	103.845	6	105.280	7	107.185	7	111.265	7
河北	87.194	11	89.040	12	92.786	14	95.061	12	97.460	16
山西	79.191	25	83.228	21	86.390	22	86.458	24	91.964	19
内蒙古	88.059	9	88.557	14	91.615	16	94.741	16	94.337	18
辽宁	94.743	8	98.081	8	103.398	8	100.999	8	101.299	11
吉林	80.940	21	83.234	20	83.897	26	84.398	28	88.294	26
黑龙江	81.182	20	84.237	19	86.928	21	86.818	22		
上海	109.384	1	112.815	3	119.069	3	121.391	2	126.109	4
江苏	107.091	4	112.754	4	119.849	2	120.962	4	127.436	3
浙江	100.281	5	105.343	5	111.313	5	113.922	5	122.161	5
安徽	82.107	18	86.453	18	90.886	18	93.052	18	96.617	17
福建	87.552	10	91.994	9	97.116	9	99.142	9	105.558	8
江西	78.395	26	80.107	29	82.824	28	85.906	25	89.314	24
山东	99.551	6	102.868	7	109.022	6	109.993	6	116.750	6
河南	85.613	12	87.830	16	92.925	13	94.832	14	100.786	13
湖北	85.393	13	89.123	11	92.953	12	96.320	11	102.722	9
湖南	84.927	15	88.376	15	91.893	15	94.986	13	99.943	14
广东	108.837	3	112.944	2	120.269	1	123.542	1	132.144	1
广西	80.330	22	82.262	23	85.804	24	86.943	20	90.577	22
海南	81.907	19	83.112	22	89.865	19	86.864	21	91.708	20
重庆	83.900	17	88.621	13	94.178	11	94.798	15	102.053	10
四川	85.179	14	89.365	10	94.537	10	97.093	10	101.233	12

（续表）

年度 地区	2011		2012		2013		2014		2015	
	得分	排名	得分	排名	得分	排名	得分	排名	得分	排名
贵州	79.708	24	82.238	24	85.932	23	86.696	23	88.910	25
云南	79.932	23	82.185	25	87.347	20	87.311	19	91.341	21
西藏	78.227	28	81.036	26	81.251	30	82.376	29		
陕西	84.157	16	87.080	17	91.560	17	93.782	17	97.908	15
甘肃	75.716	30	77.609	30	81.415	29	82.194	30	84.804	29
青海	75.280	31	77.027	31	79.108	31	81.210	31	84.942	28
宁夏	77.467	29	80.786	27	82.841	27	84.409	27	85.941	27
新疆	78.273	27	80.360	28	84.152	25	85.254	26	89.342	23
平均值	87.358		90.524		94.674		96.119		101.405	
中位数	84.157		87.830		91.615		94.741		97.908	
最高分	109.384		113.740		120.269		123.542		132.144	
最低分	75.280		77.027		79.108		81.210		84.804	

数据来源:《现代服务业发展报告》

四、存在问题及建议

通过满意度调查与数据对比,近几年我省服务业虽然取得了一定成绩,但必须看到,与全国发达省份相比,还存在一定差距。受经济发展阶段、市场化水平、政策支持等主客观因素影响,还存在一系列问题。

一是规模比重较小。与沿海发达省份和部分中部省份相比,我省服务业规模较小,甚至还不及个别发达省份的四分之一,2015 年服务业占 GDP 比重低于全国平均水平 11.4 个百分点,居全国后列。二是产业层次亟待提高。我省批发零售、住宿餐饮、交通运输等三大传统服务业占比达 33.1%,生产性服务业专业化程度不高、对产业结构优化升级支撑不足,生活性服务业发展粗放,功能亟须加快提升。三是竞争力不强。

与其他省份相比,我省服务业龙头企业偏少,专业人才缺乏、品牌竞争力较弱、集聚质量不高等问题仍较突出。四是体制机制约束较多。服务业深化改革任务仍然艰巨,部分领域对民资和外资开放不够,诚信体系建设、知识产权保护、服务型政府建设等滞后于服务业发展要求。

综上所述,如何让我省服务行业紧跟新时代步伐,树立"大服务、大产业、大发展"的创新思维,更好地满足人民群众对美好生活的新需求、新期待,是值得深思的问题。现结合我省十大服务行业的调查实际,提出如下建议:

一要抢抓跨界融合,促进产业升级。运用互联网、大数据、云计算等推动业态创新、管理创新和服务创新,积极培育服务业新业态、新模式,大力发展新兴服务业。按照崇尚绿色环保、讲求质量品质、注重文化内涵的导向,运用现代服务技术和经营方式改造提升传统服务业,促进传统服务业转型升级。

二要实施创新驱动,提供发展支撑。一是建设一批新平台。围绕深入实施创新驱动发展战略推进创新型省份建设,鼓励企业开展服务创新,支持高校、科研院所与服务企业合作,建立以服务企业为主体、市场为导向、产学研用相结合的研发机制。二是打造一批新空间。深入推进大众创业、万众创新,支持创客空间、创业咖啡、创新工场等新型众创空间发展,打造一批服务业"双创"示范基地,更好地满足广大群众的消费需求。

三要创新服务种类,提高开放程度。服务行业要拓宽服务载体、净化服务业态、创新服务特色、研究消费者需求,最大限度满足群众多元需求。同时也要提高办事效率,构建现代服务创新体系,积极开展服务业的模式创新、服务创新、产品创新、技术创新,贴近群众、贴近生活、贴近实际。一是深化垄断行业改革,突破体制障碍,积极推进资源配置向市场为主转变。二是消除政策歧视,建立公开、平等、规范的行业准入制度和政策环境,引入竞争机制,允许更多外资、民营企业参与服务业的发展。三是扶持服务业龙头骨干企业的发展,做大做强一批具有核心竞争力的现代服务业集团。四是进一步加快社会化建设,推进服务由内部自主服务为主向社会服务为主的转变。

四要严打虚假宣传,树立服务品牌。企业在进行自我宣传时,要遵循公开、公平、诚实、信用的原则,形成真正的诚实信任体系。未来服务的竞争在某种程度上是服务品牌的竞争,诚实信任的服务品牌是吸引消费者重复购买服务产品的一个主要因素。政府部门要深化制度改革,促进各项政策措施落地生根。同时要加强服务业市场监管,打击商业贿赂、商标侵权、虚假宣传、侵害消费者权益等违法行业,为服务业发展提供良好的市场环境。

五要加强人员培训,严抓产品质量。服务是通过服务人员与顾客的交往来实现的,服务人员的素质对服务质量起着重要作用。因此,建设一支优秀的服务队伍,提升服务人员的专业技术水平,是增强竞争力的重要举措。同时,各服务行业要严把产品质量关,在保证质量的同时,还应不断创新服务方式,建立健全售后服务网络,扩大服务范围。

(作者单位:安徽省经济调查中心)

马鞍山市公共文化服务体系建设调查报告

陆勤毅

满足人民基本文化需求是社会主义文化建设的基本任务。马鞍山市在多年文化建设成果基础上,大力推进国家公共文化服务体系示范区建设,打造惠及城乡居民的文化幸福工程,满足人民群众对精神文化生活的新期待。近日,我们两次赴马鞍山进行专题调研,感受创建国家公共文化服务体系示范区给马鞍山市城乡居民带来的幸福生活。

一、目标:建设惠及城乡的公共文化服务体系

马鞍山市是一座伴随着中华人民共和国成长起来的新兴工业城市,20 世纪 60 年代曾以"江南一枝花"闻名全国。改革开放以来,市委市政府坚持"两手抓、两手都要硬",经济社会迅猛发展,精神文明建设卓有成效,先后获得全国文明城市、国家卫生城市、全国双拥模范城市、国家环境保护模范城市等荣誉,2011 年又被列入首批创建国家公共文化服务体系示范区名单。市委市政府按照"中部一流、全国先进"的标准,将创建示范区与文化惠民紧密结合,围绕重大文化基础设施、城乡公共文化服务网络的建设和公共文化活动常态化,大力推进国家公共文化服务体系建设,增强人民群众的幸福感。

城市公共文化设施进展顺利。高起点、高标准地推进以市级重大公共文化设施建设为龙头、县(区)公共文化设施建设为支撑的城市公共文化设施建设。全市拥有公共图书馆 7 座、社会图书馆(室)319 个,博物

馆 9 座,文化馆 7 个,数字影院 7 家、放映厅 29 个,大剧院和民营剧院 4 家,不少场馆达到了省内领先、国内一流的标准;市区和县城还有 10 多处市民文化广场,初步形成布局合理、功能齐全的公共文化服务网络,为市民打造以 15 分钟为半径的现代城市公共文化服务圈。

农村文化惠民工程全面覆盖。实施农村文化惠民工程,农村基层公共文化服务能力明显提高。全市建成 35 个乡镇文化站、472 个村农家书屋,在全省率先实现乡镇文化站、农家书屋全覆盖;建成市、县(区)乡镇(街道)、村(社区)四级联网的数字文化服务体系和农村综合信息服务站;在广播电视"村村通"的基础上推进广播电视"户户通",实现广播电视数字化整体转换,全市农村有线电视入户率超过 80%。

公共文化服务机制基本形成。以政府财政投入为保障,在全省率先实行博物馆、公共图书馆、文化馆(站)免费开放,为进城务工人员及子女、残障人员提供无障碍、零门槛的特殊服务;培育多元文化市场供应主体,推进公共文化事业机构后勤保障社会化、经营管理专业化。公共文化产品和服务供需见面,市场采购,政府埋单;鼓励引导社会组织文化单位捐助和参与公共文化服务,多渠道满足人民群众的文化需求。

公共文化人才队伍粗具规模。培养与引进并举、专业与业余并重,打造一支包括专业人才和管理人才在内的公共文化人才队伍,市县级文化事业单位定员定岗,业务人员比例超过在职职工总数的 70%,乡镇综合文化站和行政村(社区)配备专门文化管理人员;招募文化志愿者,建立文化辅导员制度,3000 多群众文艺骨干、乡土文化能人组成的文化志愿者队伍,活跃在城乡基层群众文化活动第一线。

公共文化服务活动经常有序。以大型节庆活动为龙头,以城市广场、剧院、社区和农村乡镇为平台,以专业院团和民间文艺团体为依托,实现公共文化服务活动的"三化":大型文化活动品牌化。连续举办 23 届"马鞍山中国李白诗歌节"和 26 届"江南之花"群众文化节,打造"中国诗城",获全国社会文化艺术"群星奖"。基层文化活动常态化。全市

300多支群众文化队伍、213支社区群众文艺团体和千名农村文体骨干常年活跃在基层,开展广场、社区、校园文化活动和乡村民俗民间文化活动,百场文艺下基层、百名艺术家进社区、进企业、进学校、进农村等活动,满足基层群众的文化需求。文艺创作精品化。推出电视剧《诗仙李白》、儿童剧《男子汉行动》《雪童》等有影响的文艺作品,大型黄梅戏《千羽锦》获省优秀剧目奖并进入保利院线在全国巡演,歌舞剧《姑溪情歌》、舞蹈《伊人如画》分获省级和国家级大奖。

一年来,马鞍山市创建国家公共文化服务体系示范区取得明显成效,获得文化部、财政部考查组的肯定。北京零点公司的独立调查结果也显示:城乡居民对国家公共文化服务体系示范区创建的知晓度、参与度、满意度和认同感很高,参与氛围浓厚,在参与文化活动、享受公共文化服务中,群众的幸福感明显增强。

二、方法:创建活力高效的公共文化服务体制

加强公共文化服务体系建设是实现人民基本文化权益的主要途径,创建国家公共文化服务体系示范区则是加快发展公共文化服务体系的重要抓手。马鞍山市委市政府按照统筹城乡、建管并重的思路,在谋划建设重大文化基础设施工程的同时,着力解决社区乡村等基层文化设施和力量薄弱的突出问题,基本实现公共文化服务均等化;在加快文化设施"硬件"建设的同时,强化提升公共文化服务的"软实力",实现公共文化服务常态化。创建国家公共文化服务体系示范区的过程,已然成为全市人民文化幸福指数不断攀升的过程。他们的主要做法是:

项目化推动。把重大公共文化设施建设作为全市的重点工程、民生工程来推进,像重视城市建设一样重视公共文化设施建设,像抓工业项目一样抓公共文化项目,明确重点文化工程建设的目标、任务和进度,实行项目化管理、定期考核,确保如期建成。现在,投资10多亿元的市图书馆、博物馆、大剧院已建成使用,正在建设的市科技馆、青少年宫、妇女儿童活动中心、体育(会展)中心进展顺利,筹划中的市美术馆等重大文化工程将在年内开工。乡镇综合文化站、农家书屋、广播电视村村通和城乡文化信息资源共享工程等农村文化惠民工程提前一年实现全覆盖。

品牌化塑造。创建国家公共文化服务体系示范区与地方特色文化相结合,挖掘地方历史文化资源,推进特色文化、品牌文化建设,走出一条富有地方特色的文化品牌建设之路:每年一届的"中国李白诗歌节"连续举办 23 届,成就"中国诗城"的美誉;坚持 26 年的"江南之花"大型群众文化节,为马鞍山赢得了国家群众文化工作最高奖;"周末大舞台"自 2010 年推出后,吸引数百节目演出、数千演员登台、数十万观众参与,影响与日俱增;"马鞍山音乐节"则成为马鞍山高雅艺术的代表性品牌。还有各区(县)乡(镇)村具有浓郁地域特色的群众文化活动、特色文化广场,方便城乡居民就近参与,享受便捷的公共文化服务。

市场化运作。深化文化事业单位内部改革,巩固发展国有经营性文化单位改制成果,公益性文化单位的主导作用明显增强。动员社会力量,学校、企业等文化体育设施向社会开放,实现资源共享,提高公共文化产品服务的供给能力。采用市场机制,创新公共文化产品和服务的配送机制,通过设立专项资金、政府购买、政府补贴等方式,用专业化、社会化的管理和服务,满足城乡居民多层次的文化需求。

载体化促进。市委市政府明确界定文化强市的"六强"目标:文化事业强、文化产业强、文化人才强、文化凝聚力强、文化影响力强、人民幸福感强。为了实现这一目标,他们将 2008 年确定为"文化发展年",2010 年以来更提出"四城同创"(全国公共文化服务体系示范区、全国文明城市、国家卫生城市、全国双拥模范城市),把建设公共文化服务体系列入文明城市创建的重要指标,与打造学习型城市结合起来,"以文化人",全面提升人的素质,实现人的全面发展。

制度化保障。将争创全国公共文化服务体系示范区列入全市"十二五"国民经济和社会发展总体规划,实行公共文化设施建设与城市开发建设"同步规划、同步建设"。将公共文化设施建设和运营经费列入市县

(区)财政预算,建立公共文化事业经费财政投入的稳定增长机制。将争创全国公共文化服务体系示范区列入政府目标考核体系,严格按照创建规划、创建时间表、路线图,有序推进全国公共文化服务体系示范区建设。加强制度设计,探索工业型城市公共文化建设的途径和办法,制定出台公共文化服务体系建设的政策、制度、规范和社会力量参与公共文化服务体系建设的具体政策,形成体系化的制度、政策成果。

马鞍山市在创建国家公共文化服务体系示范区过程中实现了"三大创新":创新公共文化资源共建共享机制。打破条块、部门分割,整合域内社会文化资源,实现公共文化资源共建共享和效益最大化。开展援助捐助、业务合作、人员培训、志愿服务等,强化社区、乡村等基层公共文化服务能力。创新公共文化服务方式。采用数字技术和多媒体技术,配备流动服务车,定点服务与流动服务结合,变等客上门为送服务上门。创新城际公共文化合作模式。搭建宁马(南京—马鞍山)、马芜(马鞍山—芜湖)公共文化服务交流合作平台,探索公共文化资源跨省跨地区的整合共享,促进区域经济社会文化发展一体化。

三、意义:编织覆盖城乡的公共文化服务网络

推进国家公共文化服务体系示范区创建工作,到 2020 年基本建成覆盖全国城乡的公共文化服务网络,是今后一个时期我国公共文化建设的重要任务。马鞍山创建公共文化服务体系示范区的经验对此具有示范意义。这些经验主要有五条:

满足人民群众精神文化生活的新期待。"十一五"以来,马鞍山主要人均经济指标位居安徽省首位,人民生活达到小康水平,进入精神文化需求急剧增长的阶段。人民群众不满意"温饱不足"的贫困生活,也不满足"物质富有、精神贫乏"的片面发展状况,经济社会发展和居民消费升级要求加快文化建设,满足人民群众不断增长的精神文化需求和发展需求。调研期间,我们听到不少干部包括做经济工作的干部和乡村干部向我们强调公共文化建设的重要性,把创建公共文化服务体系示范区,视为惠及城乡居民最实在的文化幸福工程,表现出难能可贵的"文化自觉"和"文化自为"。这是创建全国公共文化服务体系示范区最重要的思想基础和群众基础。

明确政府在公共文化发展中的新定位。市委市政府从构建城市灵魂、建设"文化强市"、促进城市经济社会协调发展的高度,将创建国家公共文化服务体系示范区纳入"十二五"规划和年度工作重点,加强党的领导,实行政府主导、社会力量参与。各级政府把建设公共文化服务体系看作打造服务型政府的重大举措,转变职能,履行职责,层层分解创建任务,纳入政府年度工作目标考核。优化公共财政预算,建立文化事业财政投入稳定增长机制,解决公共图书馆购书经费、群众文化活动经费,为创建工作提供资金保障。

把握文化与科技融合创新发展的新趋势。科技创新是文化发展的重要引擎。文化与科技的融合创新是文化和科技发展的新趋势。马鞍山启动 24 小时自助图书馆及数字化服务体系建设项目,配备 24 小时自助图书借还设备,推广自助图书借还运行模式。以市图书馆信息化系统为龙头,以信息资源共享工程为支撑,完善基层数字化网络布局,将数字服务延伸到乡镇、街道,打造出全省领先的公共数字文化服务品牌。启动数字文化馆建设,影院、剧院、博物馆等演示展示场所采用数字技术、光电技术,既丰富了公共文化服务内容,增强公共文化服务的吸引力,也创新了公共文化传播服务渠道,提升公共文化服务水平能力,扩大公共文化服务覆盖面。

打造公共文化综合性服务的新平台。坚持政府主导、以公益性文化单位为主体,向城乡居民提供基本的公共文化服务,鼓励支持企业、社会团体和个人广泛参与公共文化服务体系建设,打破政府"包办"的局面;将学校文体场馆对社会开放纳入社会文化建设,整合域内社会文化资源,全市 76 所大、中、小学校体育场馆、电子阅览室向社会免费开放,实现公共文化资源社会化和效益最大化,打破文化部门"一家独办"的格局;实行公共文化服务采购配送机制,设立专项资金,供需见面,按需供应,以专业化、社会化的服务惠及群众。政府公共文化服务从"养人"向"养事"转变,打破国有文化单位"包揽"公共文化服务的局面,不仅提高效率,而且以新的理念激发出文化活力。

拓宽公共文化建设的新思路。立足工业型城市特点、发展基础,统筹城乡,按照"全域马鞍山"的理念,加大财政对农村文化基础设施建设的投入,鼓励引导城市文化资源、资金、人才支援乡村,优化全市文化资源的空间布局,改变基层特别是乡村公共文化服务能力薄弱的状况,推进城乡公共文化服务均等化。发挥区位优势,促进与长三角地区公共文化建设联动合作,搭建马芜公共文化服务合作平台,推进宁(南京)马(马鞍山)公共数字图书馆一体化,共享读者认证、数字内容、目录查询,实现公共文化资源跨省跨地区流通整合和公共文化服务一体化。

(作者系安徽省社会科学院原院长)

淮南市服务业聚集区发展研究

储昭斌　等

为认真贯彻落实党的十九大精神,推进地区服务业集聚发展,促进淮南市服务业发展提速、比重提高、水平提升、结构转型、产业升级,全面打造提升淮南市经济发展水平。服务业集聚区是以某一个或多个服务业重点领域为主体,产业特色鲜明,创新能力较强,管理较为科学规范,具有要素集合、产业集群、空间集约、服务集成、高效联通等特征,集聚度达到一定水平的产业园区。服务业聚集区是新形势下服务业特别是现代服务业集聚发展的主要形态,是现代化经济体系中引领区域经济增长和促进经济转型的重要引擎。根据淮南市服务业发展的现状,在结合淮南发展的趋势和要求的基础上,通过研究,明确推出淮南市现代服务业集聚发展思路、发展模式、发展目标、空间布局以及主要任务等,为淮南市现代服务业集聚区建设和发展提供指导。

一、淮南市服务业发展态势

"十二五""十三五"以来,淮南市服务业发展稳步推进,产业规模逐步壮大,内部结构不断优化,服务品牌不断成长,对区域经济增长的贡献日益提升。2016 年,全市服务业增加值实现 390.8 亿元,增速达 7.4%,GDP 占比达 40.5%。截至 2017 年底,全市共获批省级服务业集聚区 3家,集聚区建设持续推进,集聚效应初步显现。

"十二五"期间,淮南市申报获批了 2 家省级服务业集聚区,淮南高新区研发创意园省级服务业集聚区(2012 年批准)、淮南市毛集实验区文化旅游园省级服务业集聚区(2013 年批准)。获批以来,2 家集聚区从推进产业集聚、政策扶持、建设公共服务平台等方面不断加强集聚区建设。目前,高新区研发创意园拥有国家级检测检验中心 1 所、省级科技企业孵化器 1 家,院士工作站 3 家,高新技术企业 14 家,省创新型(试点)企业 8 家。集聚区内安徽珂祯公司成功获批高新技术企业,壹土众创空间成功获批省级众创空间,万泰荣博照明科技申请省级创新型(试点)企业和"专精特新"企业,江淮云产业平台、大数据应用服务中心获批第二批安徽省信息消费体验中心。毛集文旅园完成焦岗湖影视基地等文化产业项目并对外开放,焦岗湖滨湖度假村、国家级焦岗湖湿地公园开发、文商—奥特莱斯小镇等项目积极推进,景区"七七"荷花文化节旅游品牌逐步树立,焦岗湖影视城、中沛集团、文商—奥特莱斯、白蓝集团等 50 余家企业入驻。

"十三五"时期,服务业集聚区发展快速推进。县区园区对服务业集聚区建设日益重视,2016 年寿县古城旅游、田家庵区中央商务、大通区新经济产业园,2017 年寿县"互联网+"产业园、田家庵区文化创意园等积极申报省级服务业集聚区。寿县"互联网+"产业园成功获批。谢家集区获批为"十三五"省级服务业综合改革试点区。高新区研发创意园省级服务业集聚区优势特色突出,拥有中国移动(安徽)数据中心、大数据交易中心、江淮云、智慧谷等领军企业或公共服务平台;科技服务产业有国家煤化工产品质检中心、煤矿瓦斯治理国家工程研究中心等 8 家国字号科研创新平台,软件信息服务和科技服务业发展迅速。

但是,推进服务业集聚区发展也存在着困难和问题。一是数量少和体量小并存。2017 年底,全省共有 161 家省级服务业集聚区,淮南市仅有 3 家。二是管理体制和联动机制有待完善。服务业集聚区建设是现代服务业发展的新趋势,不同于工业园区发展有着较成熟的管理体制机制,虽然有的集聚区建立了管理机构,但管理力度弱,集聚区建设过程中与上下左右联动集中力量推进建设方面,也亟待加强。三是政策扶持和招商引资亟待加强。服务业集聚区可以享受到的政策优惠少,资金、土地、人才等要素保障相对缺乏,集聚区发展对外开放和招商引资工作有待加快加强。

1.发展优势

区位发展优势。淮南地处安徽中部地区,也是中部地区重要的中心区域,是合肥都市圈的核心城市之一,是皖北区域的重要节点城市,其服务业发展具有区位上的天然优势,尤其是以信息科技、大数据为核心的现代服务业发展具有辐射力强的优势。

交通运输优势。淮南市铁路(包括高铁)、公路、高速、水运、航空等立体综合交通网络四通八达。老工矿城市形成的铁路运输十分便捷;淮河从西向东贯穿其境,以及以江济淮形成的江淮大运河,形成了100多公里的运河黄金运输通道;紧临的新桥机场正从E4级向F4级转变形成的航空物流会进一步扩大,加之以其地理居中的优势,淮南现代物流服务业的发展前景十分广阔。

科教资源优势。淮南市是重要的科教之城,拥有6所省属高校和20多所中等职业技术学校。目前,万博职业技术学院、新华学院、合肥信息技术职业学院、50中教育集团等高校、职教在淮南设立分校区或合作办学,以高校和职业技术学校、高质量的基础教育为支撑的淮南科教优势将不断显现,现代服务业人才培养优势也将更加鲜明。

历史文化优势。淮南文化在安徽和中部地区地域文化中独树一帜,淮南寿县是四朝古都,十朝古郡,是淮南王刘安都城,是中国特色美食豆腐的诞生地,豆腐文化源远流长,百年煤矿开采史,是近现代社会发展的历史见证,留下了极多的文化、工业遗存和重要的红色革命遗迹。丰富的文化遗存是现代服务业发展的深厚基础。

生态山水优势。淮南山水资源丰富,拥有八公山—舜耕山山脉资源,淮河、焦岗湖、瓦埠湖等河流湖泊,以及采煤区沉陷形成的湖泊湿地,这些给淮南市带来了极佳的生态山水环境,从而形成了八公山、上窑山、焦岗湖、龙湖公园、峡山口、卧龙山、忘情谷、十涧湖国家城市湿地公园等国家级的 AAAA 级景区和湿地公园。这些为淮南的现代服务业中的旅游休闲服务业集聚区和健康养老服务业集聚区的发展提供了良好的基础。

2.发展机遇

工矿城市转型发展带来的现代服务发展机遇。淮南是一个工矿发展的城市,当前面临着煤炭等矿业资源开发效益降低与生态环境建设的要求越来越高的双重压力,淮南市经济社会发展面临越来越严峻的资源环境瓶颈制约,生态建设与节能减排压力也不断增大,形成了资源环境约束倒逼服务业发展的态势。工矿城市的转型发展已成为全市进一步发展的共识,现代服务业集聚发展模式已是大势所趋,与第二产业相比,服务业能耗和污染排放较小,尤其生产性服务业集聚区的发展有助于提高第二产业发展档次和水平,淮南市积极谋划的以大数据为核心的软件信息服务业、以煤炭开采与治理为核心的科技服务业,均较为有效地占住了专业领域的制高点,工矿城市转型发展带来的现代服务发展机遇十分明显。

合淮同城大发展格局形成的空间联动发展机遇。合淮同城化空间发展战略推动的交通系统、产业经济、城乡功能、生态环境等四个方面的一体化,它在交通上建立起了合淮 1 小时交通通勤圈,依托合肥、淮南的高速公路枢纽、铁路枢纽和合肥新国际机场建设一体化的客货运输体系;在产业经济上以高新技术产业、先进制造业为核心,依托合肥、淮南的产业园区,合淮交通通道沿线的小城镇工业区共同建构产业经济发展平台。合淮同城化,有效地解决了合肥地区发展耕地占补平衡难度越来越大、土地资源要素制约将长期存在的矛盾,因此,在合淮同城化空间发展格局的影响下,淮南市服务业集聚区发展的空间更加广阔,将更加吸引各方高端产业、高端人才和资金集聚淮南,服务业发展将形成更大的空间。

供给侧改革推动现代服务业提升的发展机遇。地区产业结构的优化升级,更需要的是地区服务业的高端化发展。服务业供给侧结构性改革的核心在于提高供给侧对需求侧变化的适应性,更好满足广大人民多样化、多层次的需求,有力地推动了地区产业结构的发展和升级。抢抓供给侧的结构性改革这一重大决策机遇,将加快现代服务业改革发展,推动生产性服务业向专业化和价值链高端延伸、生活性服务业向精细化和高品质转变,增加公共产品和公共服务供给,培育出若干具有较强国际影响力的服务品牌,促进服务业发展提速、比重提高、水平提升。

现代服务业发展的政策机遇。一是安徽省创新型试点城市建设。淮南市作为省级创新型试点城市,通过实施创新驱动战略,全面贯彻创新型省份"1+6+2"政策,加快构建区域创新体系,实现经济结构转型升级和服务业的提升发展。二是"调转促"行动计划。省委、省政府制订的调转促"4105"行动计划提出了调结构、转方式、促升级的产业发展要求,淮南市相应制订了"4106"行动计划,为创新性发展现代服务业营造了更好的环境。当前,安徽省包括淮南市在加快推进服务业集聚区的建设,实施服务业加快发展工程,重点围绕规划引领、示范带动、平台升级、主体壮大、重点项目推进、体制机制创新等方面,全力推动服务业集聚区的发展。

二、淮南市服务业发展思路与目标

以习近平新时代中国特色社会主义思想为指导,全面贯彻党的十九大精神,深入实施五大发展行动计划,大力推进服务业集聚发展工程,按照"空间集中、产业集聚、资源集合、服务集成"的要求,把发展现代服务业作为全市经济社会发展的重要支撑,以结构升级和经济发展方式转变为主线,通过载体和功能平台建设,加快推进各具特色的服务业集聚区建设,推动服务业实现高端化、集聚化、融合化、跨越化发展,使服务业集聚区建设成为推动全市经济社会发展的生力军、主动适应和积极引领新常态的经济增长新引擎、承载新技术新模式新业态的新平台、"双创"活力持续释放的宜商宜业新高地、功能完善环境优美的产城融合新样板,为建设六个强市、决胜全面建成小康社会,加快建设现代化五大发展美好淮南做出重要贡献。

1.发展思路

依据服务业产业空间布局与城市发展规划,立足产业基础、发挥区位优势,通过市场配置资源与政府政策引导,以重大项目建设为抓手,推进供给侧结构性改革,以打造"安徽省有影响的现代服务业中心城市"为目标定位,重点做强大数据为核心的软件信息服务业和科技服务业,做大现代物流业、电子商务、金融商务、新型专业市场、创意文化服务业和商贸服务业,做优旅游休闲服务业和健康养老服务业,加快服务业集聚区建设,突出高端化、集聚化、融合化,优先发展优势服务业,优化提升传统服务业,加快发展新型服务业,推进淮南"服务崛起",培育淮南服务业特色品牌,提高服务业集聚区的服务集聚力和辐射力,把服务业集聚区建设成为现代服务业发展的示范区、城市功能提升的样板区、转变经济发展方式的引领区。

2.发展原则

市场主体、政府引导。充分发挥市场配置资源的决定性作用,积极引进和培育服务业龙头企业,进一步突出企业主体地位,在集聚区投资、建设、运营、管理中不断激发出新的活力。强化政府在制度建设、宏观指导、营造环境、政策支持等方面的职责,通过规划为引领,落实集聚区发展政策和认定标准,加强集聚区发展组织管理,为集聚区发展营造良好环境。

创新引领、产城融合。引导各类创新要素向服务业集聚区集中,推动技术创新、业态创新、模式创新、管理创新,以创新驱动产业发展,以创新促进产业转型升级,形成以创新为引领和支撑的产业体系。加强资源整合力度,促进产城深度融合,将服务业集聚区发展与地方优势产业紧密结合,将城市功能拓展、新型城镇化建设与集聚区建设有机衔接,集中优势力量建设切合地方城市发展和产业提升的服务业集聚区。重点把优化服务业空间布局与解决工业园区产业提升相结合,合理配置公共服务设施资源,促进服务业良性发展。

突出重点、集约高效。紧紧围绕全市"两优、两强、三大"的服务业产业体系,引导各地和集聚区以生产性服务业为重点,以专业化公共服务平台为支撑,加快提升优势特色产业,培育特色服务品牌,形成产业导向明确、集聚协作紧密、地域特色突出、发展优势明显、集聚能力强的服务业集聚新格局。

示范引领、分类推进。强化服务经济体制改革,不断完善工作机制,按照"提升一批、完善一批、新建一批"的思路,通过分类指导、因区施策、示范带动,强化系统协调,鼓励先行先试,形成梯次推进、竞相发展、有进有出的局面,推动整体发展水平上台阶。

3.发展目标

按照"安徽省有影响的现代服务业中心城市"的总体目标定位要求,到"十四五"初期,全市服务业集聚区建设成效显现,基本形成定位科学、布局合理、特色鲜明、功能完善、集聚效应明显的发展新格局,实现数量、规模、质量、效益同步提升,真正成为加快服务业发展、促进经济转型升级、提升城市功能和提高居民生活品质的重要载体。

综合实力不断增强。服务业发展全面转型升级,全市服务业增加值增速高于同期 GDP 增速,占全市 GDP 的比重超过 41%。"十四五"初期,力争建成特色鲜明、功能完善、集聚度高、辐射带动力强的省级服务业示范园区不少于 2 个,省级服务业集聚区 5 个,市级服务业集聚区 10 个以上,服务业集聚区营业收入达到 100 亿元以上。

质量效益显著改善。"十四五"初期,集聚区总营业收入、吸纳就业、完成税收均较 2017 年翻一番以上。集聚区投资增速高于服务业平均投资增速,服务业营业收入和税收逐年递增,在全市培育一批科技含量高、辐射带动强、具有较强影响力和竞争力的服务业领军企业,打响"江淮大数据""淮南煤矿科技治理""寿县电子商务"等知名大品牌,初步建成安徽省有影响的现代服务业中心城市。

服务机制日益健全。政府引导、市场运作、多方共建的公共服务平台加快布局与建设,建成各类公共服务平台3~4个。科技、知识产权、服务外包等配套功能日益健全,各项生活服务设施更加完善,产城融合效应逐步显现。市、县、区服务业集聚区联动管理体制基本确立,规划布局、政策引导、监督考评、协调联动进一步加强,企业主导的园区运营模式逐步成熟,要素保障和政策支持更加充分。

三、淮南市服务业集聚发展的主要任务

为推进淮南市产业结构的转型升级,做实淮南"安徽省有影响的现代服务业中心城市"目标,立足产业基础、发挥区位优势,对标安徽省省级服务业集聚区发展规划的九大领域,优化空间布局,提高集聚水平,重点发展软件信息服务、电子商务、现代物流、旅游休闲、创意文化、健康养老、科技服务、新型专业市场、金融商务等影响范围广、辐射带动力强的服务业集聚区。具体通过科学谋划淮南市服务业集聚区发展路径,依托省级服务业示范园区、省级服务业集聚区和市级服务业集聚区等三个层级,按照提升一批、完善一批、新建一批进行分类指导推进。

1.软件与信息服务集聚区发展

软件与信息服务集聚区是指以软件开发、服务外包、信息服务等为重点,依托高新区、高校及科研机构等建设,软件与信息服务企业及相关服务机构较为集中的园区。淮南市软件与信息服务集聚区主要布局在高新技术开发区和经开区等2个城区,具体建设是淮南大数据软件信息服务业集聚区(高新区)、网云小镇软件信息服务业集聚区(经开区)等2处服务业集聚区。

(1)发展目标

到"十四五"初期,力争全市软件与信息产业主营业务收入达到60亿元,入驻软件或IT企业60家以上,其中淮南大数据软件信息服务业集聚区入驻企业50家以上,年营业收入超过2000万元的企业在10家以上。把高新技术开发区的淮南大数据软件信息服务业集聚区建设成为1

个省级示范园区,同时依托高新技术开发区淮南大数据软件信息服务业集聚区打造 1 个科技信息公共服务平台。力争把大通区的网云小镇软件信息服务业集聚区建设成为 1 个市级服务业集聚区。

（2）发展重点

到"十四五"初期,重点把淮南大数据软件信息服务业集聚区打造成省级服务业示范园区。具体以推进淮南大数据战略性新兴产业集聚发展基地为核心,打造江淮地区软件与信息服务业战略新高地,在聚集区内培育一批特点鲜明、国内领先的软件信息服务企业,重点引进 10 家以上国内乃至全球有影响力的大数据龙头企业,积极培育 30 家以上提供端产品、云服务和领域应用服务的企业,引进 5 家以上国家级重点科研院所在淮南设立与大数据端产品、云服务、领域应用相关的研发中心。

（3）发展路径

创新发展软件与信息服务业,积极推进新一代信息技术在两化融合各领域各环节的应用。围绕数据感知、传输、处理、分析、挖掘、应用、安全等大数据产业链,积极开展数据采集、存储、交换和处理等关键技术公关,支持技术产品产业化,积极发展增值业务。加快发展服务外包、软件研发、公共和商业信息服务等,提升软件和信息技术服务业技术,打造完整的软件研发、生产和服务体系,提高软件和信息技术服务业市场竞争力和知名度。推进"互联网+"、大数据、云计算、物联网、智能电网等一批重大示范工程建设,积极构建淮南软件与信息服务业公共服务创新平台。

2.电子商务集聚区发展

电子商务集聚区是指以互联网为依托,通过地理位置或虚拟网络平台集聚电商企业、配送服务及辅助企业,形成电商产业链,促进电商集聚发展的专业园区。淮南市电子商务集聚区主要布局在寿县、高新区和凤台县等城区和开发区相应区域。具体建设并完善的是寿县互联网+电子商务产业园、高新区电子商务集聚区、新桥电子商务产业园(寿县)和凤台电子商务产业园等 4 个集聚区。

（1）发展目标

到"十四五"初期,全市电子商务集聚区年营业收入达到 20 亿元,入驻企业 150 家,并把寿县互联网+电子商务产业园提升为 1 个省内更高级的省级服务业示范园区,并在寿县互联网+电子商务产业园内打造 1 个有特色的现代电子商务公共服务平台;力争把高新区电子商务集聚区建设成为 1 个省级服务业集聚区,把新桥电子商务产业园(寿县)、凤台电子商务产业园等建设成为 2 个市级服务业集聚区。

（2）发展重点

到"十四五"初期,重点把寿县互联网+电子商务产业园提升为省内更高级的省级服务业示范园区,把高新区电子商务集聚区建设成为省级服务业集聚区。具体以按照省级服务业示范园区和省级电子商务服务集聚区构建要求,加大投入和扶持力度,推动寿县互联网+电子商务产业园、高新区电子商务集聚区的发展,支持和引领两大电子商务集聚区不断申报省电子商务示范区和省级服务业集聚园区,鼓励两大电子商务园区的电子商务企业线上线下融合发展,鼓励中小零售、餐饮企业、批发商等积极到两大园区使用第三方电子商务平台,引入电子商务解决方案。推动两大园区跨境电商平台建设,打造完整的电子商务服务体系。

（3）发展路径

以"电商安徽"建设为契机,培育打造一批特色电商集聚区,加快推动有条件的地方建设一批布局合理、业态先进、带动性强的电子商务产业园区。以寿县互联网+电子商务产业园和江淮智慧谷电子商务集聚区、安徽智谷电子商务产业园、新桥电子商务产业园、凤台电子商务产业园为基础,重点支持和培育煤电化工、装备制造、生物医药等主导产业与电子商务产业深度融合,继续开展"农村电商""社区电商"工程,建设完善县乡村三级电子商务服务体系。

3.现代物流集聚区发展

现代物流集聚区是指依托交通枢纽或海关特殊监管区,以现代物流产业为主体,以集聚第三方或第四方物流企业为主,形成社会化仓储、运输、配送、分拣、包装、加工、货运代理、信息有效集中的园区。淮南市现代物流集聚区主要布局大通区、寿县、谢家集区、潘集区、凤台县、高新区等地区,重点规划建设6个现代物流集聚区,它们分别是:大通现代电商仓储快递物流园(大通区)、新桥现代物流园(寿县)、谢家集铁公水联运物流园区(谢家集区)、煤电化产品大件物流园(潘集区)、凤台粮食物流园(包括马店物流园)(凤台县)、高新现代物流产业园(高新区)。

(1)发展目标

到"十四五"初期,力争全市物流园区入驻物流企业150家以上、总营业收入达到25亿元,其中年营业收入超过4000万元的在20家以上。力争把大通现代电商仓储快递物流园、新桥现代物流园、谢家集铁公水联运物流园区等3家建设成省级现代物流集聚区;把煤电化产品大件物流园、凤台粮食物流园(包括马店物流园)、高新现代物流产业园等3家建设成市级现代物流集聚区;建设1个服务功能较为完备的淮南地方现代物流专业化公共服务平台。建成皖北地区的区域性物流中心,物流产业辐射合肥都市圈、长三角区域的能源物流中心城市,成为黄淮海的沿淮物流产业带和皖豫鲁苏地区重要的物流节点,基本形成以港口、高铁、空港物流为龙头,能源物流、制造业物流、农产品物流、煤炭物流及城市配送物流等为重点,其他专业物流协调发展的现代物流产业体系。区域现代物流服务环境条件大为改善,物流业对区域经济的支撑和保障能力进一步增强,物流运行效率进一步提升,现代物流业成为淮南市经济发展中新亮点。

(2)发展重点

①全面推进大通现代电商仓储快递物流园建设。依托重点产业园区和新沪商世纪论坛、淮南港洛河作业区、浙江电商公司、邮政快递企业

等,按照省级现代物流集聚区建设标准,把大通现代电商仓储快递物流园建成省组物流业集聚区,具体通过充分发挥区位交通优势、岸线资源优势和合蚌高铁、商杭高铁等铁路干线优势,打造东部水上物流集散地,建成集医药物流、烟草物流、农产品加工于一体的物流中心,不断推进建设集创新研发、创业孵化、人才培训、技术扩散、成果交易、学术交流、综合配套于一体的电商仓储快递物流集聚地。

②加快推进新桥现代物流园。依托临空港和合肥寿县结对共建优势,积极开拓新桥国际物流产业园区建设,重点承接发展电子信息、生物医药、新能源、新材料等高轻化类产品制造业,配套发展商务金融、总部办公、科技研发、高档商住等现代服务业,逐步把园区打造成为安徽省承接产业转移示范园区、结对合作示范园区、现代临空指向性产业集聚区,把新桥现代物流园航空物流培育成淮南市新的经济增长点,把新桥现代物流园建成省组物流业集聚区。

③加快推进谢家集铁公水联运物流园区。以谢家集省级服务业综合改革试点区为契机,依托航道、港口打通西淝河—淮河—瓦埠湖—江淮运河三级航道,连同正在推进的商杭高铁、102省道改造、江淮运河堤顶路、城市轻轨交通等谢家集段项目,重点以淮矿物流、鑫森物流等骨干物流企业为支撑,加快谢家集铁公水联运物流园区建设,形成集铁路、水运、陆运为一体的联运物流园,满足淮南煤炭、矿建材料、化工原料及制品、水泥、农产品外运需求,让淮南现代物流业积极融入长江经济带的发展格局之中。

④积极打造淮南地方现代物流公共信息服务平台,不断提升物流智能化管理水平。支持和引导物流企业加快信息化建设,推广电子面单、电子合同等数字化物流手段,发展"互联网+"高效物流。建设淮南物流公共信息平台和物流大数据中心,汇聚政府、企业各类基础和专用信息,实现物流信息资源互联共享,逐步实现与国家和省级交通运输物流公共信息平台,港口、铁路等相关部门信息平台和社会化物流信息平台的数

据对接,支持社会资本建设综合运输信息、车货匹配、仓储资源交易等专业化信息平台,提供信息发布、线路优化、仓配管理、追踪溯源、数据分析等服务。

（3）发展路径

①依托两个高铁站以及新桥国际机场和引江济淮工程与淮河港建设,加大物流基础设施建设,重点推进建设完善一批现代物流园区,扶持引进一批物流企业,启动实施一批重点项目,构建社会化、专业化、信息化的现代物流产业体系,提升区域物流中心物流网络系统和物流信息系统能级,引进现代物流装备、技术和管理运作经验,推进淮南物流服务向高端化、绿色化、低碳化方向迈进。

②推进物流资源整合,实现产业融合,并在现有企业可以通过连锁经营的方式进行扩张规模,可以是不同部门、不同行业的整合,也可以是不同地区、不同性质企业的整合,如在装卸、运输、配送、仓储之间实现整合,着力向第三方物流方面转换,扩大经营效率,通过给予政策及资金方面的支持,加大第三方物流的发展扶持力度,有效提高第三方物流的服务质量。

③加快建立布局合理、技术先进、便捷高效的现代物流体系。联动发展水运、空运、铁路运输、公路运输,推进各物流园区错位发展,推进各种运输方式协同竞合、加强有效衔接,努力完善基础设施网络,提升运输服务品质,完善物流网络,打造体系化物流,提高淮南市整体物流业和经济发展水平。

4.旅游休闲集聚区发展

旅游休闲集聚区是以休闲度假、观光旅游、购物娱乐、文化体验等功能为主,依托风景名胜区、特色文化街区等载体,相关服务企业集聚的区域。淮南市旅游休闲集聚区主要布局在毛集实验区、寿县、八公山区、潘集区、大通区、凤台县、谢家集区、高新区、田家庵区等区域,在规划期内重点规划建设 14 个旅游休闲集聚区,它们分别是:焦岗湖旅游休闲集聚区(毛集实验区)、寿县八公山—豆腐小镇旅游休闲集聚区(寿县)、寿县古城旅游休闲集聚区(寿县)、寿县小甸集第一面党旗纪念园旅游休闲集聚区(寿县)、八公山区旅游休闲集聚区(八公山区)、潘集—泥河旅游休闲集聚区(潘集区)、九龙特色小镇旅游休闲集聚区(大通区)、淮河旅游风情带旅游休闲集聚区(凤台县)、老工业基地生态修复旅游休闲集聚区(谢家集区)、淮南(凤台)现代农业产业园旅游休闲集聚区(凤台县)、凤台县凤凰镇旅游带旅游休闲集聚区(凤台县)、高新区高铁商圈现代旅游休闲商务区(高新区)、龙湖娱乐购物旅游休闲集聚区(田家庵区)、新桥恒大旅游休闲集聚区(包括健康养老)(寿县)。

(1)发展目标

在全市构建"一心、二带、二区"的旅游发展格局。最终将淮南市建设成为集山水观光、文化体验、工业旅游、乡村休闲、养生度假等功能于一体,具有国内一流、皖北领先、淮南特色的中部地区最佳旅游目的地城市。一心:城市旅游集散中心。以高铁淮南南站、淮南东站、新桥国际机场为重要节点,实现城市旅游综合交通枢纽和集散、接待、购物、娱乐等功能。两带:淮河旅游风情带,依托凤台县城区至茅仙洞沿淮河两岸生态资源,建设淮河旅游风情带;打造"舜耕山—蔡城塘—高塘湖—淮河—上窑山"城市旅游带。以舜耕山脉为纽带,串联九龙特色小镇、淝水之战古战场、龙湖公园、潘集—泥河湿地公园,构建城市旅游休憩带。二区:一是八公山历史文化旅游区。以寿县古城为内核,联动八公山、茅仙洞、卧龙山、春申君文化园,建设以楚汉文化、养生文化、宗教文化、战争文化以及生命起源为主题的历史文化旅游区。二是焦岗湖休闲度假旅游区。以焦岗湖国家湿地公园、影视城、温泉度假村为支撑,建设滨湖风情小镇和奥特莱斯小镇,形成以生态湿地、温泉度假、影视基地、马术、游艇等为主题的亲水乐水休闲度假旅游区。因此,在"一心、二带、二区"的旅游发展格局的框架下,到"十四五"初期,在全市打造14个旅游休闲集聚区,整体具备相对完善的旅游服务功能,入驻旅游休闲类企业(经营户)250

家以上,其中规上(限上)企业50家以上,力争全市旅游业年收入达145亿元以上,年旅游人次达2600万人次以上。具体将创建1个省级旅游休闲示范园区、3个省级旅游休闲集聚区、2个市级旅游休闲集聚区。

(2)发展重点

①全面推进焦岗湖旅游休闲集聚区建设,使之达到省级旅游休闲示范园区的要求。具体以焦岗湖国家湿地公园创建AAAAA级景区、焦岗湖花田花海旅游区等项目为基础,在旅游风景区、特色文化街区内,积极培育住宿、餐饮、购物、商务、会展、演艺、节庆等多种生产经营形态,重点引进旅游休闲企业与业态,使入驻旅游休闲类企业(经营户)60家以上,其中有省级以上非物质文化遗产、省级以上服务业品牌企业(含中国驰名商标、中华老字号、安徽著名商标、安徽老字号等)达到总入驻企业10%,年旅游总收入3亿元以上。

②以创建大八公山AAAAA级景区为抓手,以寿县"国家历史文化名城"为依托,充分挖掘楚汉文化(淮南子文化、豆腐文化)、淮河文化、红色文化、民俗文化、煤矿文化等地域特色文化底蕴,加快培育八公山历史文化旅游区和寿县古城文化旅游区,重点推进寿县八公山—豆腐小镇旅游休闲集聚区、寿县古城旅游休闲集聚区、八公山区旅游休闲集聚区等三大旅游休闲集聚区的建设,推进其上规模上档次,力争在规划期末,三大旅游休闲集聚区达到省级旅游休闲集聚区建设的标准,每个省级旅游休闲集聚区均做到入驻旅游休闲类企业(经营户)30家以上,其中规上(限上)企业10家以上。

(3)发展路径

利用淮南市优越的生态本底和丰富的文化内涵,依托焦岗湖国家AAAA级旅游景区、八公山风景名胜区、寿县八公山—豆腐小镇、淮河旅游休憩带,加快旅游业基础设施和公共服务设施建设,支持毛集实验区内的中沛集团等骨干企业和八公山特色品牌做大做强,构建融合淮南特色的旅游休闲产业链,形成一批功能完善、特色鲜明、服务优质的旅游休闲集聚高地。深入推进以毛集实验区内的焦岗湖、寿县八公山—豆腐小镇、八公山风景名胜区、寿县古城墙等旅游景区建设,加快发展一批旅游休闲型特色集聚区。推进同合肥都市圈旅游联动发展,突出科教人文、都市观光和休闲度假特色,抓好九龙文化特色小镇建设,打造环焦岗湖、环八公山国家旅游休闲区。支持淮南市周边地区积极发展乡村旅游、红色旅游、历史故居、康体旅游、户外运动等特色旅游。

5.创意文化服务集聚区发展

创意文化服务集聚区是指以文化传媒、新闻出版、咨询策划、工业设计、建筑设计、动漫游戏、时尚消费等为主体,创意资源、创意人才、创意企业相对集聚的区域。淮南市创意文化服务集聚区主要布局在淮南市田家庵区的安成大市场、八公山区的淮南子文化产业园和寿县的新桥经济技术开发区。规划将建设安成装饰创意文化设计服务集聚区、淮南子文化创意服务集聚区和新桥文化教育服务集聚区等 3 个集聚区。

(1)发展目标

到“十四五”初期,全市创意文化产业增加值达到 6 亿元以上,占全市服务业增加值比重达到 1% 以上。其中安成装饰创意文化设计服务集聚区具备开展创意研发、设计、孵化和成果转化等活动的软硬件环境,入驻创意文化类企业 30 家以上,拥有一定数量的自主知识产权,原创产品占有一定的市场份额,初步达到省级创新文化服务业集聚区的要求;淮南子文化创意服务集聚区和新桥文化教育服务集聚区等 2 个创意文化服务集聚区初现雏形,入驻创意文化或文化教育类企业各区均达到 10 家以上,力争市级创意文化服务集聚区的标准与要求。

(2)发展重点

当前淮南创意文化产业发展,重点在于发展安成装饰创意文化设计服务集聚区,通过引导淮南装饰创意文化设计服务业的创新发展,进一步做实地方装饰文化服务业,推进创意文化产业集聚发展,让文化创意与设计产业集聚区建设形成一定规模,形成淮南市 1 个有一定集聚效应的创意文化园区。

（3）发展路径

以装饰文化设计产业园、旅游文化创意产业园区、文化教育产业园等为主要形态，坚持创意引领，重点发展时尚设计、文化艺术、建筑装饰设计和专业策划等高端创意与设计产业。引进一批国内知名创意设计机构，大力培育一批骨干创意设计企业发展，加快引导一批高端文化创意设计企业及创意产业发展相关企业，促进创意设计、广告发布及广告包装产品生产高度融合和快速发展。支持在肥、淮高校在淮南建设创意设计产业孵化器，完善创新创业孵化功能。继续优化政策集成扶持，加大小微型创意设计企业培育力度。

6.健康养老服务集聚区发展

健康养老服务集聚区是依托良好的生态资源、优质的医疗保健资源等，以养老服务、医疗保健、健康管理、养生康复、健身休闲等为主要形态，相关服务机构集聚发展的功能区域。淮南市健康养老服务集聚区主要布局在田家庵区、毛集实验区、大通区、凤台县、八公山区、寿县、谢家集区等地区。在规划期内重点规划建设 7 个健康养老服务集聚区，它们分别是：淮矿舜新家苑康养中心集聚区（田家庵区）、毛集健康养老服务业集聚区（毛集实验区）、淮南安颐健康养生养老中心集聚区（大通区）、凤临湖健康养老服务中心集聚区（凤台县）、八公山区健康养老服务中心集聚区（八公山区）、寿县八公山生态健康养老服务中心集聚区（寿县）、老工业厂房打造健康养老服务中心集聚区（包括文化创意服务业）（谢家集区）等。

（1）发展目标

到"十四五"初期，全市健康服务集聚区内具有较为完善的居住、文体娱乐、疗养、餐饮等条件，入驻企业 90 家以上，年营业收入达 5 亿元以上，建成中部地区知名的疗养康复中心、养生休闲基地，力争形成淮矿舜新家苑康养中心服务集聚区和毛集焦岗湖健康养老中心集聚区等 2 家省级健康养老服务集聚区;同时力争形成淮南安颐健康养生养老服务集聚区、凤临湖健康养老服务集聚区、八公山区健康养老服务集聚区、寿县八公山生态健康养老服务集聚区、老工业厂房提升打造健康养老服务集聚区(包括文化创意服务业)等5家市级健康养老服务业集聚区。

(2)发展重点

依托淮河两岸、八公山生态资源和寿县古城历史文化旅游资源优势,积极发展健康养老服务业,重点在田家庵区、毛集实验区等地区,分别以淮矿舜新家苑康养中心和毛集焦岗湖健康养老中心重点项目为基础,加快发展疗养康复、养生健身等健康产业,建设一批集医疗、康复、养老、养生、体育休闲健身为主体功能的健康产业项目,逐步培育成为服务合肥都市圈、辐射华东地区的沿淮健康养老服务产业集聚带。

(3)发展路径

坚持康养结合发展战略,挖掘八公山、春申湖、焦岗湖等山水禀赋优势,建设休闲、保健、疗养、康体、养老等相融合,医、护、养三位一体的园林式、居家式、亲情式、精品式健康养生与养老示范区。重点打造以健康养生养老、生态休闲为主体功能,呈现依乡村自然形态、山水田园风光,集休闲度假、康体养生、生态游乐、农业观光于一体的旅游度假区,发展生态旅游休闲养生产业。

7.科技服务集聚区发展

科技服务集聚区是指以科技创业和研发创新为重点,依托开发园区、高等院校、研究机构等建设,为区域提供研究开发、技术转移、检验检测认证、企业孵化、知识产权、科技咨询、科技金融、科学技术普及等多样性专业技术服务的园区。淮南市科技服务集聚区主要布局在高新区、经开区、寿县新桥、潘集、凤台县等区域,在规划期内重点规划建设6个科技服务集聚区,形成"两专四综"的科技服务集聚区格局,它们分别是:煤矿开采治理科技服务集聚区(高新区)、经开区科创中心服务集聚区(经开区)、双创大厦现代科技服务集聚区(高新区)、新桥科技服务集聚区(寿县)、潘集煤电化循环产业园科技服务集聚区(潘集区)、凤台科技信息服务集聚区(凤台县)等。

(1)发展目标

到"十四五"初期,力争建成 2 家(高新区煤矿开采治理科技服务集聚区、经开区科创中心服务集聚区)省内有一定影响力的省级科技服务集聚区、4 家(高新区双创大厦现代科技服务集聚区、寿县新桥科技服务集聚区、潘集煤电化循环产业园科技服务集聚区、凤台科技信息服务集聚区)市内有一定影响力的市级科技服务集聚区,基本形成覆盖科技创新全链条的科技服务体系,建成 1 个全市科技双创公共服务平台,科技服务业从业人数和专业人才素质进一步提高,服务科技创新能力大幅增强,科技服务市场化水平和国际竞争力明显提升,全市科技服务业产业营业收入达 20 亿元以上,入驻科技服务类企业 100 家以上,研发投入占营业收入的比例达到 3%以上,其中高新区煤矿开采治理科技服务集聚区和经开区科创中心服务集聚区入驻科技服务类企业均在 30 家以上,研发投入占营业收入的比例均在 5%以上。

(2)发展重点

①全力推进煤矿开采治理科技服务集聚区建设。依托国家煤化工产品质量监督检验中心、煤矿瓦斯治理国家工程研究中心、安徽省煤矿安全仪器仪表产品质量监督检验中心等科技服务平台,重点发展煤瓦斯治理、煤矿安全等煤炭产业科技服务。在集聚区内,重点新建 10~20 个国家级、省级、市级重点实验室、工程技术研究中心、企业技术中心和科技公共服务平台,培育 2~3 家科技服务业小巨人企业,培育 2~3 家骨干服务机构。

②大力推进经开区科创中心服务集聚区建设。以电子信息业为支撑,建设淮南经开区科创中心科技服务集聚区建设,积极引进与培育 2~3 家科技服务业小巨人企业,培育 2~3 家骨干服务机构,成为促进科技经济结合的关键环节和经济提质增效升级的重要引擎。

③建设1个全市科技双创公共服务平台。全力建成1个全市科技双创公共服务平台,引导扶持平台为科技服务企业开展研究开发、工业设计、技术转化、创业孵化、技术(产权)交易、科技咨询、科技金融、科技普及、检验检测等活动。

(3)发展路径

①突出优势,大力发展煤炭产业技术服务业。以高新技术开发区为载体,依托煤炭开采国家工程技术研究院、国家煤化工产品质量监督检验中心、煤矿瓦斯治理国家工程研究中心等5个国家级研发及产业促进服务机构提高科技成果转移转化能力。加快发展检验、检测、认证等科技中介服务,加快科研机构创新基地建设,使之成为集科技创新、成果转化、技术服务于一体的科技服务集聚区。以潘集煤电化循环产业园科技服务集聚区为重点推进方向,推动煤炭清洁利用、煤炭深加工、污染排放控制与废弃物处理、采煤塌陷区综合治理等技术研发应用。提升开发利用伴生矿产资源(煤矸石、粉煤灰、煤层气)技术,生产多门类、多品种、多层次的煤炭产品。

②优化科技服务业业态。鼓励发展科技战略研究、科技评估、科技招投标、管理咨询等科技咨询服务业,积极培育管理服务外包、项目管理外包等新业态。引导、支持生产力促进中心等科技咨询机构应用大数据、云计算、物联网等现代信息技术,创新服务模式,开展网络化、集成化、个性化的科技咨询和知识服务。加快专业孵化器、创新型孵化器和综合孵化器、众创空间建设,着力构建"创业苗圃+孵化器+加速器"的创业孵化服务体系。加大科技金融服务力度,鼓励风险投资、私募股权基金等新金融业态发展,探索科技保险、科技担保、知识产权质押等科技金融服务,推动商业银行在淮南高新技术产业开发区、淮南经济技术开发区等园区设立科技支行或将现有分支机构改造为科技支行。依托安徽理工大学、电子八所、淮化集团、皖淮机电、文峰线缆等单位,扶持一批军民两用技术示范基地和科技示范园。

③壮大科技服务业主体。依托骨干企业自建或与高校、科研院所合作共建一批重点（工程）实验室、工程（技术）研究中心、企业技术中心；围绕战略性新兴产业发展，建设一批工业设计中心、协同创新中心、产业技术研究院等新型研发机构。加强与中科院等离子体所、中科院大气物理研究所等国家级科研院所合作，加快淮南新能源研究中心、淮南大气科学研究院建设。培育壮大科技服务机构，重点支持研发设计、创业孵化、技术转移、知识产权服务等领域的服务机构规模化、集群化发展，培育和引进一批科技服务骨干机构。鼓励高等院校、科研院所和企业等单位有经验的科技人员创办科技服务机构。培养科技服务人才，支持教育培训机构、学术咨询机构、协会、学会等社会组织，开展科技服务人才专业技术培训，提高科技服务业从业人员的专业素养。加强科技服务业学科专业建设，加强产学研联合，培养符合市场需求的实践型科技服务人才。引导行业协会建立和完善技术经纪人、科技咨询师、评估师、信息分析师等人才培训和职业资格认定体系。

④整合相关资源，促进科技服务业集聚发展。形成科技服务业特色集聚发展。发挥中国移动（安徽）数据中心资源优势，积极推进"互联网+"行动，加快物联网、大数据、云计算等新一代信息技术推广运用，以中国科学院合肥物质科学研究院等离子体物理研究所与淮南共建新能源研究中心为契机，大力推进国际热核聚变实验堆（ITER）计划采购包、聚变实验堆（CFETR）、聚变衍生技术与配套产业等项目建设，打造高新技术服务集聚区。重点发展高效采矿与资源综合利用技术，利用大气污染防治和控制、新型节能光源设备制造应用等生态环保技术建设循环经济科技服务集聚区。

⑤建设全市科技双创公共服务平台。以省级高新区为载体，鼓励更多科技服务骨干机构集聚发展，构建贯通产业上下游的科技双创公共服务平台。以煤矿开采治理科技服务集聚区和经开区科创中心服务集聚区为核心，构建全市科技创新服务平台，开展研究开发、工业设计、技术

转化、创业孵化、技术(产权)交易、科技咨询、科技金融、科技普及、检验检测等活动,使之成为集科技创新、成果转化、技术服务于一体的科技服务公共平台。

8.新型专业市场集聚区发展

新型专业市场是以产品批发和交易集散为主体,以大宗特色产品批发市场、进出口商品交易中心、国际商贸城、商贸综合体等为载体,集商品集散、批发零售、交易展销、价格形成、信息发布、储运配送等功能为一体的区域。淮南市新型专业市场集聚区主要布局淮南的田家庵区、经开区、凤台县和寿县等区域。在规划期内,规划建设4个新型专业大市场,形成区域综合大市场。它们分别是:永安建材—大海物流大市场(田家庵区)、淮南国际汽贸汽配城专业市场(经开区)、亿联皖北商城大市场(凤台县)和瑶海大市场(寿县)等4个新型专业市场集聚区。

(1)发展目标

到"十四五"初期,力争全市新型专业市场集聚区总体年销售额能超过30亿元,力争永安建材—大海物流大市场(田家庵区)、淮南国际汽贸汽配城专业市场(经开区)、亿联皖北商城大市场(凤台县)和瑶海大市场(寿县)等4个新型专业市场达到市级集聚区要求。

(2)发展重点

按照差异化、特色化、便利化的原则,依托家居建材、汽摩配件、粮食生产加工、区域小商品市场和重要交通枢纽以及人口稠密地区,在淮南市区近郊和凤台、寿县县城周边,依托现有的专业市场,建设4个新型专业市场和批发市场,形成部分大宗特色产品区域性商贸中心。在市场内部,积极发展电子商务、物流配送、产品展示、信息发布、检验检测等综合服务功能,推进市场的专业化与高端化发展。

(3)发展路径

引导各类专业市场运用新一代信息技术和供应链管理,对传统商贸升级改造,推进现代化设施建设,加快完善商品集散、批发零售、交易展销、价格形成、信息发布、储运配送等功能,推动有形市场与无形市场、线上与线下融合互动发展,打造形成一批具有区域影响力、面向全省的商品集散中心和采购中心。支持淮南市加快现有专业市场整合改造提升,探索O2O等新业态,逐步形成面向高端消费的新型专业市场集群。支持永安建材—大海物流大市场、淮南国际汽贸汽配城专业市场、亿联皖北商城大市场和寿县瑶海大市场等利用地区人口、农业资源优势和综合交通优势,形成大宗商品、农特产品集散中心和采购中心。

9.金融商务集聚区

金融商务集聚区是指以金融、商贸、商务、展览活动为主体,以商务楼宇、总部基地、会展中心等为载体,高级商务酒店、高端生活服务相配套,金融和总部集中、交通通达便捷的城市中心区域。淮南市金融商务集聚区主要布局在田家庵区和高新区,在规划期内,规划发展2个金融商务集聚区,它们分别是:现代金融商务服务业集聚区(田家庵区)和直接金融基地商务服务业集聚区(高新区)。

(1)发展目标

到"十四五"初期,力争在田家庵区朝阳路与广场路周边,以及高新区大数据核心基地周边建设两个市级的金融商务集聚区,使入驻的金融和相关商务企业(机构)两地均达到30家以上,基本满足企业共性生产服务需求。

(2)发展重点

在田家庵区朝阳路与广场路周边,以及高新区大数据核心基地周边,大力建设支撑金融商务机构集聚的基础营运平台和公共服务体系,积极引导银行、保险、基金、期货、证券公司、新型金融机构和培训、会展、会计审计、信息、物流、研发设计等商务企业(机构)入驻,打造城市金融服务基地商圈。

(3)发展路径

①打造现代金融总部基地。鼓励淮南金融机构集聚发展,加快金融

247

总部集聚区建设。整合淮南现有各类金融监管机构、金融机构、非监管准金融机构、金融中介服务机构以及其他产业知名企业总部等入驻,重点引进地方金融机构总部、各类金融机构分支机构,以及会师事务所、律师事务所、融资担保、资产评估、资信评级等金融中介服务机构入驻。

②鼓励多种主体金融业市场发展壮大。鼓励组建地方性证券、保险、期货、信托等法人金融机构。引导有实力的企业参股、控股或出资组建地方金融机构,有效整合金融资源,积极建立淮南地方性的金融控股(集团)公司。发展地方法人金融机构,引进先进经营模式。

③推动企业改制上市。加强与深圳、上海证券交易所合作,加大对企业改制上市培育与指导力度;积极筛选优质后备企业资源,实行分类指导、动态管理,不断提高拟上市企业质量;建立全市上市后备企业数据库信息,搭建银企对接平台,积极引导优质企业进入资本市场融资。

四、淮南市服务业集聚发展提升工程

立足淮南发展实际,加快推进淮南市服务集聚区建设,全面实施五大服务集聚建设提升工程,全面推进淮南市现代服务业的转型升级。

1.交通系统完善工程

加强综合交通基础设施建设,大力完善铁路、高速公路、水运的联运体系与枢纽建设,政府性投资要优先向园区、工业企业倾斜,包括各重点工业园区的对外快速交通网络,淮河水运与港口建设,为服务业集聚区发展夯实基础。

全力推进高速公路建设。加快合霍阜高速淮南段前期工作进展,力争2018年开工建设;积极推进北沿淮高速公路(宁洛高速淮南连接线)前期工作,争取纳入新一轮《安徽省高速公路网规划》,待淮河生态经济带规划获得国务院批复后即时启动项目前期工作,争取早日开工建设。

继续推进跨淮河通道建设。在规划期间完成淮上淮河大桥建设并通车运营,积极推进淮南淮河二桥项目前期工作,争取早日开工建设。

加快推进干线公路建设。全面实施国省道调整,按照"统一规划,标准衔接"的原则,消除"瓶颈路段",提升干线路网覆盖能力、通行能力和服务水平。实施一级公路"提升工程"、二级公路"达标工程"和提升综合服务水平的"品质工程",构建"畅通高效、能力适应、安全经济、结构合理"的国省道干线公路网。

加快高速铁路和城际铁路建设。完成商合杭客运专线续建、开工建设合肥—淮南城际铁路;实现铁路客运快速化;完成淮南铁路电气化改造,新建淮六铁路,提升能源运输通道;推进沿淮铁路、阜宁城际铁路前期工作,争取早日开工。

大力做好运输场站枢纽工程建设。按照客运"零距离换乘"、货运"无缝隙衔接"的要求,建设不同运输方式衔接,高效畅通的客货运输综合枢纽;提升客货场站规模和等级,建设一批专业化、大型化的客货运输场站。

积极做好内河水运航道与港区码头建设。在内河水运航道建设方面,要重点进行淮河航道疏浚工程,打通通江达海通道;推进西淝河、泥河、窑河、茨淮新河等支线航道整治,全面实现内河航道等级化。在港区码头建设方面,要加快淮南港公用型、专业化码头泊位和港口物流园区建设,以煤炭运输为主,逐步发展件杂货、化学危险品、集装箱等综合物流运输,形成具有装卸储存、运输组织、临港工业、煤炭交易、中转换装、现代物流等多功能的综合性港口。

2.公共平台升级工程

加大服务业公共平台基础设施建设。着力改善各园区、各产业集聚区的基础设施条件,加大园区电网、气网、水网、无线网络建设,进一步推进产城融合建设,支持各重点园区开发配套性的商业设施与住房设施。加大通信基础建设投资力度,引导和鼓励电信运营商加快信息网络建设,建设宽带及城市光缆网络并重点打造百兆以上接入能力,建成城市高速宽带网,实现城市光纤化和第四代移动通信(4G)网络城乡全覆盖,构建多层次、广覆盖的全市无线宽带网。

　　引导建设集聚区专业化公共服务平台。鼓励支持各服务业集聚区面向园区内企业共性需求,围绕科技研发、创业孵化、信息服务、投融资、会计、审计、法律、会展、人才、培训、产权交易、检验检测等领域,加快建设专业化公共服务平台,健全管理机构,强化人员、场地和经费保障,打造一批省级示范平台。积极创新公司化运作机制,鼓励采取"民建公助"模式,吸引社会资本、行业协会、高校、科研院所等参与共建,提升公共服务平台专业化水平,切实发挥服务中小企业的功能,同时强化公共服务平台的辐射带动作用,吸引中小城市和县、区参与建设,强化创新服务、创新资源供需对接,探索跨市、县、区共建服务业公共服务平台。力争到"十四五"初期,市内每个省级服务业集聚区均建立1个公共服务平台。

　　着力推进智慧城市建设。依托互联网、物联网、云计算等技术,建立服务业大数据平台。围绕重点产业布局和产业集群特色,推动信息互通、联动发展,发展区域性特色产业公共服务平台,鼓励信息服务企业、电子商务企业、电信运营企业、软硬件厂商和系统集成企业积极参与信息化建设。积极推进智慧城市建设,在政府主导下,建立数据交换、数据挖掘、数据应用等技术标准体系,解决数据信息共建共享问题。打造智慧治理综合平台、智慧民生综合平台、智慧产业综合平台、智慧生活综合平台、智慧双创综合平台,搭建一多维的应用体系。

　　3.产业主体壮大工程

　　招商引资引进一批现代服务业经营主体。建立全市统一的服务业招商平台,宣传各集聚区发展规划、产业定位、引资重点项目,大力引进国内外资本参与建设。制定发布服务业集聚区招商引资指导目录,明确招商重点领域、准入条件和支持政策。创新招商引资方式,探索开展不同层级的集聚区整体招商。支持建立产业招商联盟和招商引资智库,探索政府购买社会服务招商。

　　扶优扶强壮大一批现代服务业经营主体。适时开展服务业"百强企业"评选认定,在现代物流、电子商务、科技服务、软件与信息服务、金融商务、新型专业市场、创意文化、旅游休闲、健康养老等服务业集聚领域，遴选认定 30 家左右重点企业，鼓励引导做大做强，带动相关产业加速集聚。

创新创业培育一批现代服务业经营主体。优化创新创业环境，推进中小微企业公共服务平台建设，引导中小微服务企业通过联合采购、共同配送、平台集聚、设立联盟等方式，提高组织化程度，实现协作协同发展，积极打造一批服务业"小巨人"。

4.重点项目推进工程

建立完善服务业重点项目库。支持各县区和集聚区围绕主导产业链拓展延伸，加大谋划和招商力度，大力实施一批技术领先、业态新、影响力强、带动效应明显的服务业重大项目，并引导向集聚区集中布局。建立市服务业重点项目库和三年滚动计划，强化项目储备，实施动态管理。未纳入重点项目库和三年滚动计划的，市级服务业发展引导资金原则上不予支持。

建立健全服务业重大项目分级推进机制。支持引导各县、区建立服务业项目推进机制，制订服务业重点项目年度计划，对列入计划的项目，集中资源要素，强化帮扶联动，定期调度推进。每年遴选一批引领作用大、示范功能强的服务业重大项目，列入市级调度。

5.特色人才引进工程

多方拓展人才引进渠道。针对服务业高端人才紧缺问题，完善人才引进政策，拓宽人才引进渠道，畅通人才引进"绿色通道"。依靠项目吸引人才，鼓励带资金、带技术、带项目的人才落户淮南，多渠道、多方位邀请高层次的国内外专家来淮南开展多形式的项目合作研究、指导、技术攻关和人才培养等活动。大力建设和充分运用企业博士后科研工作站、科技研发机构、研究生实践基地等柔性引进特色载体，着力引进一批国内顶尖人才，特聘重大项目、重点领域的领军人物。制订淮南籍在外人才返乡建设计划和淮南籍在外高校毕业生回乡创业计划，鼓励淮南籍在外专家采用兼职、项目推动等方式参与家乡建设。积极引入专业培训机构,培养服务业急需专业人才。支持高等院校和各类职业学校加强相关学科、专业建设,鼓励有条件的单位与相关高校、科研院所联合建立实习基地、创新实践基地。定期举办人才交流会,为人才双向选择提供平台。

大力引进高层次创新型人才。围绕建设区域现代服务业中心城市目标,重点培育集聚一批金融、软件、信息、高新技术等现代服务业领域的创新型人才团队。通过外聘或兼职、合作与交流、讲学和咨询等多种方式引进海内外高端人才和智力。实施博士后工作计划,着重引进高新技术领域、先进制造业和现代农业急需的科技攻关人才、熟悉世界贸易规则、适应国际竞争需要的国际化专业人才、设计和实施重大工程项目的技术带头人、各类现代咨询服务人才等。在重点服务业行业、重点集聚区设置淮南市特聘专家岗位,选聘淮南市特聘专家,带动培养一批中青年人才。建立高层次人才创新资助制度、高层次人才创业扶持制度和重大决策专家咨询制度,加快推进产学研结合,大力扶持高层次人才创新创业。落实已出台的人才政策,对为淮南市服务业发展做出卓越贡献的个人或团队予以奖励,对于引入人才在保险福利、子女入学等方面提供便利。积极引进创业创新型科技研发团队和行业领军人才,并给予相应补助。

五、推进淮南市服务业集聚发展的建议

1.强化组织管理

发挥市、县、区、开发区、高新区等推进现代服务业发展领导小组的职能作用,加强规划引领,在各类规划编制过程中,重点把现代服务业发展放在优先位置,做好各个服务业集聚区规划编制,明确集聚区的产业功能定位、空间布局、产业政策导向、工作措施、支撑项目和目标任务。做好服务业集聚区规划的推进落实工作,加强发改、财政、工商、税务、统计等成员单位的沟通和协调,形成齐抓共管的工作合力。

各县、区政府可从实际出发,成立集聚区管理委员会或集聚区开发公司,负责制订和组织实施建设方案;积极开展适合地区特色的现代服务业的招商引资,培育大企业大集团;积极推进集聚区的基础设施和公共平台建设等工作。

建立服务业集聚区统计调查方法和指标体系,全面掌握淮南市服务业集聚区的规模、结构和发展水平。及时监测分析运行状况,为政策制定与发展规划等提供依据。建立服务业集聚区发展评价体系,对发展较好的服务业集聚区优先申报示范园区、省服务业集聚区和市服务业集聚区,并对其实行动态管理。

2.加大资金扶持力度

加大财政资金的扶持力度。推进财政扶持服务业集聚区建设,协调设立市级服务业发展引导资金,积极发挥财政资金的引导作用。对于服务业集聚区内的重点项目要优先推进,整合各类资金给予支持,积极利用股权基金杠杆效应,放大信贷资本补充作用,综合运用贷款贴息、投资入股、以奖代补、担保补贴、基金注资等方式,引入金融机构撬动社会资本,支持服务业集聚区重大项目建设。加大对集聚区关键领域、薄弱环节、公共服务业和创新产业的支持。

有效拓展政府购买现代服务业的领域和范围。建立健全政府购买社会服务机制,加大政府向社会力量购买服务的力度,逐步增加政府采购范围、类别和数量。研究制定政府向社会力量购买服务的指导性目录,明确政府购买的服务种类、性质和内容。积极研究自主创新产品首次应用政策,增加对研发设计成果应用的支持。

改善服务业集聚区发展的融资环境。在服务业集聚区平台建设时,深化与股权投资机构的战略合作,积极推荐集聚区龙头骨干企业到资本市场融资。鼓励担保机构为示范园区内的企业提供知识产权质押、股权质押、无形资产抵押、应收账款质押、租金收入质押等贷款担保业务。建立服务业企业拟上市储备库,搭建集聚区企业与券商的对接平台。

3.认真做实政策引导

落实税收优惠政策。执行国家已有的各项服务业税收优惠政策,政策规定有幅度的,在权限范围内,按照最优惠的执行。对认定为高新技术企业的服务业企业,或经认定的技术先进型服务企业,依据相关规定减免企业所得税。支持工业企业主辅分离,其自用房地产缴纳的房产税,符合税收优惠政策条件的,报经地税部门批准,可给予减征或免征。

用好各级政府的产业引导资金。鼓励市县区设立产业发展引导基金。加大对集聚区基础设施、公共服务平台、重点产业项目及商业模式创新等的扶持力度,扩大引导资金的引导作用。积极对接国家、省级服务业发展引导基金,积极利用文化、旅游、流通、金融、科技创新、信息化等专项基金,探索以奖代补、股权投资、债券投资、融资增信等方式,支持服务业集聚区建设。

积极鼓励各类服务业创新业态的发展。利用各种政策,积极鼓励发展创客空间、极客空间、创业咖啡、创业训练营、虚拟孵化器、创业社区等新型孵化器,以及科技创业苗圃、科技企业孵化器、科技企业加速器、小企业创业基地。

4.保障重点项目用地

积极预留服务业发展用地。在土地利用总体规划和城乡规划中,市、县区政府要将服务业用地纳入土地利用总体规划、年度用地计划和年度供地计划,在年度新增建设用地计划指标中要保持服务业用地合理比例,统筹安排服务业集聚区项目布局、用地规模,预留服务业发展空间。对于重点服务业集聚区,按照集中统筹和分级保障、总量控制和动态管理的原则,采取全市统筹、盘活存量等方式保障现代服务业项目用地需求,符合条件的积极争取省市相关的专项指标。

科学安排服务业发展项目用地。按照集中统筹和分级保障、总量控制和动态管理的原则,对符合国家和省市产业政策的集聚区重大服务业项目优先安排用地。对列入鼓励类的服务业项目、列入省级层面统筹推进的项目,优先安排用地。扩大土地供应渠道,鼓励存量土地再利用,积极推进"退二进三"土地转换开发,鼓励利用存量房产兴办集聚区和服务业企业。

创新服务集聚区用地方式。利用服务业轻资产运营的特点,优化用地门槛标准,允许通过代建厂房等方式吸引企业入驻。鼓励各地在利用收储的土地、依法处置的闲置土地来发展服务业集聚区。支持中心城区土地功能变化、用途变更、产权模式变化等的创新探索。积极探索服务业集聚区参照工业用地价格标准供地。

5.优化服务业发展环境

营造服务业集聚区发展氛围。积极培育各类市场主体依法平等进入、公平竞争的营商环境。推动行业协会、商会建立健全行业经营自律规范、自律公约和职业道德准则,规范会员行为,推进行业诚信建设,自觉维护市场秩序。探索集聚区品牌标准,培育集聚区品牌,拓展集聚区品牌效应。

创新服务业集聚区建管模式。积极引导和支持市场化运作、公司化运营的集聚区发展管理模式,引导集聚区形成规范化的管理机构,明确专职人员,指导集聚区的招商引资、公共服务平台建设、重点项目谋划推进、数据采集上报,以及为入驻企业"一站式"服务。鼓励有实力、有经验的园区、专业机构参与集聚区的投资运营。支持服务业集聚区开展合作共建,探索多种形式的集聚区共建模式。

推进服务业知识产权的保护与利用。加大对知识产权和商业秘密等保护力度,依法打击侵权、不正当竞争行为,规范市场秩序。积极搭建有效、健全的知识产权市场体系,形成强有力的执法体系、交易体系、运营体系、投融资体系等。建立健全知识产权交易平台与交易网络,规范和完善技术产权挂牌竞价、交易结算、信息检索、政策咨询、价值评估等服务功能。

(作者系安徽省社会科学院城乡经济研究所研究员)

后　记

　　诺贝尔经济学奖获得者斯蒂格利茨曾预言："美国的新技术革命和中国的城镇化,将是 21 世纪带动世界经济发展的两大引擎。"改革开放以来,我国城镇化进程快速推进,按照常住人口计算,2018 年全国城镇化率已达 59.58%。40 年间中国的城镇化水平提高了 41.68%,几乎就是每年提高 1 个百分点,这是世界少有的城镇化奇迹。城镇化不仅推动了国内经济发展,也带动了世界经济增长,并将继续为中国经济高质量发展提供持久动力。城市是城镇化的重要载体,只有规划建设管理好城市,才能推动城镇化健康发展。城市发展研究是中国现代化进程中面临的一个大课题。

　　《安徽城市发展评价与探索》是安徽省城市研究中心的最新研究成果。安徽省城市研究中心自成立以来,每年推出一部安徽城市发展报告,从《城市发展报告·安徽 2008》到《城市发展报告·安徽 2018》,已坚持十年有余。安徽城市发展报告关注城市发展中的问题,在研究内容上坚持与时俱进,从最初的安徽城市竞争力研究,到安徽省城市科学发展评价、安徽省城市居民幸福指数分析评价,再到基于"五大发展理念"的安徽五大发展指数评价,紧扣城市发展的热点、痛点。安徽城市发展报告的关注度和影响力日益提升,已成为人们关心了解安徽城市发展的重要窗口,为政府相关部门决策提供了重要理论依据和参考。

　　适值本书出版之际,谨向所有关心、帮助、支持本书和安徽城市发展报告编写工作的部门、领导和同志致以衷心的感谢!感谢安徽省住房和城乡建设厅、安徽省科技厅、安徽各市住房和城乡建设委员会的大力支持,感谢安徽省社科院韦伟、陆勤毅、朱士群、刘飞跃等历任院长和曾凡银院长的全力支持,感谢省直单位倪虹、侯淅珉、徐根应、李明、宛晓春、吴晓勤等有关领导的热心支持,感谢安徽人民出版社白明副总编辑、李芳副主任等在图书出版过程中的艰辛付出,感谢安徽电视台、《新安晚报》《市场星报》《安徽商报》《合肥晚报》等媒体的关注和报道!感谢安徽省城市研究中心成员,尤其是安徽省人大常委会原副主任郭万清在整个编写过程中的辛勤付出!感谢安徽大学、安徽师范大学、安徽农业大学、合肥学院、安徽行政学院等单位专家学者踊跃投稿!

　　由于能力和条件所限,本书难免存在疏漏之处,恳请广大读者批评指正,对提出的宝贵意见和建议,我们将在后续研究中不断改进。

编　者

2019 年 5 月